今/日/海/淀/教/育/丛/书

今日海淀

校长

JINRI HAIDIAN XIAOZHANG

尹丽君　陆云泉　王建忠◎总主编

北京师范大学出版集团
BEIJING NORMAL UNIVERSITY PUBLISHING GROUP
北京师范大学出版社

图书在版编目(CIP)数据

　今日海淀校长 / 尹丽君，陆云泉，王建忠主编. —北京：北京师范大学出版社，2016.8
　(今日海淀教育丛书)
　ISBN 978-7-303-20824-1

　Ⅰ. ①今… 　Ⅱ. ①尹… ②陆… ③王… 　Ⅲ. ①中小学－校长－学校管理－经验－海淀区 　Ⅳ. ①G637

中国版本图书馆 CIP 数据核字(2016)第 145347 号

出版发行：北京师范大学出版社　www.bnupg.com
　　　　　北京新街口外大街 19 号
　　　　　邮政编码：100875
印　　刷：北京易丰印捷科技股份有限公司
经　　销：全国新华书店
开　　本：730 mm×980 mm　1/16
印　　张：21.25
字　　数：340 千字
版　　次：2016 年 8 月第 1 版
印　　次：2016 年 8 月第 1 次印刷
定　　价：48.00 元

策划编辑：徐　玥　　　　　　责任编辑：徐　玥
美术编辑：王　蕊　纪　潇　　封面设计：楠竹文化
责任校对：陈　民　　　　　　责任印制：李汝星

总　序

　　《今日海淀教育》丛书的编辑和出版标志着海淀教育进入了深化发展的新阶段，是继 2008 年《海淀教育改革与发展》丛书之后，又一反映新时期海淀教育全面贯彻党的教育方针，全面深化教育改革的重要成果，为我国区域推进教育事业改革与创新提供了宝贵借鉴。

　　近十年来，海淀教育追求"公平、质量"和"内涵提升"，是我国教育事业深化发展的真实写照。在北京市全面深化教育改革的进程中，海淀总是稳步向前，从全国首批课程改革实验区，相继成为教育部"中小学教育质量综合评价改革实验区"、教育部《义务教育学校管理标准（试行）》实验区、教育部首批全国中小学心理健康教育示范区、中国教育学会"海淀区基础教育国际化实验区"、教育部"区域综合信息化试点"单位。是改革为海淀教育发展带来生机与活力，促进海淀教育不断迈上新的台阶。

　　海淀积极利用科技引领经济与社会发展的独特环境，发挥高等教育资源密集的先天优势，主动应对中关村国家自主创新示范区核心区与全国科技创新中心核心区融合发展的趋势，努力满足人民群众对基础教育高水平的需求与高标准的要求，秉持教育优先发展的战略地位，树立大教育观，全面统筹区域教育资源，努力扩大区域教育规模，稳步推进教育改革创新，全区各级各类教育实现协调发展，教育优质均衡发展水平显著提升，区域教育整体质量继续处于领先地位。

　　海淀注重科研引领发展，"十二五"期间承担了城区义务教育均衡发展、探索城乡教育一体化发展的有效途径、基础教育办学体制改革、基础教育课程教材改革实验、探索拔尖创新人才培养模式、高中特色发展实验、中小学德育内容方法和机制创新 7 个国家级基础教育体制改革项目。同时，积极探索"因人、因事、因需"设题，倡导解决区域和学校教育教学实际问题的教育科学研究，推进和夯实了教育科研基础和实效，在国家级教学成果评奖中，荣获特等奖 1 项，一等奖 3 项，二等奖 4 项。以课题实验项目为载体，以改革创新推动教育发展，已成为海淀促进教育健康可持续发展的重要模式。

海淀注重教师队伍和教育管理队伍的专业发展，从满足不同类别学校干部和教师数量的要求，到全面提升干部教师的学历层次；从基础学历结构的改变，到全面、完整、合理的专业素养结构的提升；从职前培训，到不同层次干部教师专业培训和继续教育，特别是成立敬德书院，开展系统的中华优秀传统文化培训课程，为干部教师专业发展注入了强大精神动力。海淀教育凝聚了一代又一代教育工作者的实践智慧与领导者的战略眼光，一支忠诚于党的教育事业的干部教师队伍正承担起发展海淀教育事业的历史重任，充满着使命、激情、奋斗与担当。

海淀教育走以课程建设为核心的内涵式发展道路，坚持"政策导向、整体协调、项目引领、自主创新"的课程建设与管理思路，以立德树人和整体育人为核心，注重学校课程结构创新，注重课程改革的先期探索与整体推进，充分发掘和利用地域资源优势，开发了一批精选的地方与校本课程，逐步形成具有海淀特色的基础教育课程教材体系，促进学生全面而有个性的发展，培养具有优秀传统文化底蕴、深厚家乡地域情感、积极心理品质、坚实科学与文化素养、良好体育艺术修养、勇于创新探索、富有国际视野和爱国之心的"海淀学子"。

海淀坚持依法治教，逐步建立和完善了义务教育的管理体制和投入保障机制，使教育公平和质量保障基础更加稳固。公办为主的学前教育得到大力发展，义务教育优质规模不断扩大，多元开放的普通高中教育体系已经形成，现代学校制度与治理体系正在建立。义务教育入学政策更加规范，校企共育的职业教育人才培养模式已经建立，残疾儿童随班就读支持保障体系更加完善，民办教育健康发展，社区教育和终身教育推进更加活跃。各方共同参与的育人机制初步形成，各级教育衔接和优质教育资源共享得到明显加强，海淀学习型社会水平和质量稳步提高。海淀教育为海淀区乃至北京市及全国的经济社会发展，为提高海淀区的国民素质，培养优秀人才，做出了不可磨灭的贡献，使海淀区成为我国的人力资源强区。

"十三五"是适应时代进步与发展，深化教育领域综合改革的关键时期。海淀作为北京教育首善之区，在全面建成小康社会，实现中华民族伟大复兴中国梦的进程中，正面临着深化教育领域综合改革、扩大优质教育规模、建设多层次教育体系的艰巨任务，建设一批新优质学校和特色品牌学校，以更高标准推进教育综合改革试验区建设，在教育基础设施、师资水平、教育质量三个方面继续保持全国一流。值此，回顾过往，总结规律，明确方向，强化前进的动力，具有特别重要的意义。海淀区及时做出编辑出版《今日海淀教育》丛书的决定，无疑会对北京市及我国教育事业的改革与发展产生深远的影响。

我们相信在新的历史起点，海淀的教育事业一定会在探索中前行，不断迎接新挑战，创造新经验，实现新发展。

2016 年 3 月 7 日

前　言

　　21 世纪的中国教育正经历着一场前所未有的改革与发展。就基础教育而言，其发展越是深入内涵，深层次的矛盾越是显现，这对教育者和办学者的能力、素质、修养以及办学思想等都提出了严峻的挑战，让步入现代化的中国教育经历着考验。

　　近年来，"教育家办学"的主张由呼之欲出到声音响亮，"教育家办学"这一命题一直为教育界人士反复阐释，不断回味。《国家中长期教育改革和发展规划纲要（2010—2020 年）》指出，要"倡导教育家办学。创造有利条件，鼓励教师和校长在实践中大胆探索，创新教育思想、教育模式和教育方法，形成教学特色和办学风格，造就一批教育家"。可以说，教育家办学已上升为一种国家战略，造就一大批能够办好学校的教育家，势必影响到国家和民族的未来。

　　什么样的学校是教育家办学？什么样的人可称得上教育家？对学校和校长做具体的判定并无多大意义，可贵的是促进教育家办学价值的彰显和精神的弘扬。虽然人们对当代教育家和教育家办学的标准莫衷一是，但仍有许多共识：教育家能够把教育当作事业和毕生的追求，具有伟大的社会理想和抱负，具有坚忍不拔的奋斗意志，留给后人永恒的精神财富；教育家办学的核心价值在于尊重、遵从教育本身固有的规律，使教育返璞归真，实现科学、内涵式发展。教育家办学是对教育本意的理性回归。

　　海淀教育紧扣中国教育发展的脉搏，大力倡导教育家办学。在"十二五"期间，海淀区实施"成长中的教育家"培养工程，将培养"海淀基础教育名家"作为战略性行动，明确提出"培养造就 20 名海淀区基础教育名家"，"形成一批在国际国内有较大影响的名师名校长队伍"。经过几年实践，这一战略举措产生了良好的示范效应和带动作用。在校长队伍建设方面，海淀区通过多项举措，为培养造就新一代名校长提供良好的专业发展条件。如建立了人大附中、十一学校、一〇一中学、北大附小、中关村一小、中关村四小 6 所校长培养基地，还建立了 23 个校长（园长）工作室，为校长们搭设了互相交流、学习和借鉴的平台，在海淀教育系统营造了浓厚的尊重教育家、支持教育家、培养教育家的氛围，构建了教育家成长的良好生态环境。在舆论宣传方面，海淀区利用报刊、杂志、网络、电视等多种媒体，宣传名校长办学思想和管理经验。所有这些措施都折射出这样一种认识：呼唤教育家校长出现，倡导以教育家的精神办学，是海淀教育的一种集体意识和共同追求。

在海淀教育这片沃土上，名校长层出不穷。透过这些校长，可以看到教育家校长的一些特质：第一，他们具有源自内心的教育理想、坚定不移的教育追求和发自内心的教育责任感，将基础教育看作一种崇高的事业；第二，他们守护着教育的本真，固守着校园和课堂，发挥着课程领导力，引领着学校走向特色办学；第三，他们都有着深厚的学科功底、长期的教育阅历和丰富的管理经验，无论是管理学校还是指导教师，他们都能得心应手，井井有条；第四，他们能以开放的心胸吸纳并践行先进的教育理念，坚持解决实际问题与开阔学习视野相结合，不固执己见，不故步自封；第五，他们都有独特的人格魅力和巨大的感召力，能将自己的教育理想转化为团队的共同愿景，既仰望星空，又脚踏实地，带领师生员工一起行动，缔造一个温馨的家园；第六，办好一所学校是他们毕生的追求，他们勇往直前，持之以恒，追求教育的质量与特色，对他们而言，办学只有起点而没有终点。

教育家办学是一个具有重大意义的命题。"只有当一所学校的大批优秀教师以教育家的情怀、教育家的境界、教育家的心态和教育家的教育艺术来推动学校发展、影响学生成长的时候，这所学校才真正实现了教育家办学。"这是北京十一学校以自己的探索和实践给"教育家办学"下的一个独特的定义。海淀区努力创设适合教育家成长的环境，相信教育家来自于校园，来自于课堂。

　　虽然，大多数校长还不能称为教育家，但这并不影响我们奉行教育家办学的主张。以教育家的精神办学，是对教育功利行为和短视行为的严肃批判，也是尊重教育规律、回归教育本质的必由之路。

　　《今日海淀校长》这本书，就是对海淀区倡导"成长中的教育家"和"教育家办学"的一种诠释。该书收录了44位中小学校长的精彩论述，这些文字陆续通过《海淀教育》杂志发表出来。这里有他们的教育思想、理想信念，也有他们的教育智慧、成长之路。他们是海淀校长中的杰出代表，他们所领导的学校，都形成了独特的办学理念和成功经验，形成了被社会广泛认可的办学特色和办学成就。

　　海淀教育崇尚"海纳百川，开放包容"的大教育理念，致力于传承红色传统的责任担当，同时强调创新绿色发展，铸造金色教育品牌。"十三五"期间，海淀教育将以十八届五中全会提出的"创新、协调、绿色、开放、共享"五大发展理念为指导，努力适应全国科技创新中心核心区建设对教育的要求，在全面深入推进教育优质、均衡、公平的新形势下，继续造就一大批能践行教育家办学方略的教育领衔者，凝聚一大批扎根学校教育实践的高素质的教育开拓者，培养一大批具有广阔视野、以教育家精神办学的教育探索者，为全面建设"高水平均衡化的教育强区"提供不竭的人才和智力支持。

目　录

中　学　篇

小 学 篇

中学篇

守正·出新

——为了心中的教育梦想

北京一零一中学　　郭　涵

来一零一之前，我在海淀区教科所工作，置身于学校现实之外，谈起教育，多是对现实的评判、批判。当置身于学校，才想着把自己装进去，我给自己提了个问题，从自己成长中思考什么是好的教育。

我的中小学与最好的学校相关联：小学上的是景山学校，中学上的是一零一中。归纳两所学校的教育，有一些共同的特点：一是平台无限广阔，能让学生发现自己的潜力，给了每个人伸展的机会，建立了自信，锻炼了能力。后来当校长，对体育和艺术的推进都是源于我内心的热爱，内驱力使然。二是老师水平高，好教师各有各的底色，或有强烈的改革探索意识，或学养深厚。

我中学毕业后下乡插队，接触中国社会的底层。大学毕业后，曾在基础薄弱的学校工作。这些经历，使我对教育公平天然接受。以后到教科所工作，有一些基本的科研训练，对事物的感觉比较敏锐。我认为，一个人的过去，必定会影响其未来，过去的经历是未来成长与发展的基因密码。

一零一中的历史，就是继往开来、几代人持续奋斗的历史。以往的经验成就了今天的进步。要具备领导这所学校的才能，必须向前辈学习。来一零一之前，我问自己的第二个问题是：想到一零一就想到什么？我对这所红色世家的学校遗产进行梳理，通过了解一零一开拓者的特征，回答校长是什么角色，谁来做，如何做。

在学校70年的历史中，前几任老校长的共同特点是：安心办教育，直逼教育的本真，尊重教育的规律，目中有人，勇于创新。

全面发展的高质量教育，强大的师生文化，贯穿一零一中70年。历史为一零一的教育使命这样定位——义不容辞的责任和担当。接班，接的是文化和责任——守正出新，国事担当。我是一零一70年接力赛中的一名接棒人。1999年4月，我以校长身份回到一零一，至今整整17年。

主政一零一以来，我坚持继承与发展，在办学中有许多的思考与实践。

一、行政管理是校长的基础能力

我心里明白，无论历史多么辉煌，终究是既往回忆，陶醉于既往，前行的动力就会丧失；无论未来蓝图多么壮丽，终究是明日悬疑，终日憧憬未来，必然会失去当下。胸怀变革之志，走好当下每一步，是我刚接手一零一时的心语，我优先关注的是给教师什么样的信号，让他们知道我是怎样一个人。但教师们最关切的是，我能不能解决当时学校面临的两大挑战：一是学校建设；二是教学质量。简单地讲，就是拆迁能不能拿下来，高考成绩能不能提上去。

现在的一零一，波光艳影，美丽如画。但是，17年前的一零一，由于种种复杂的历史原因，与农村校无异，甚至更像一个村落。荒草和土路，鸡窝与住户，形成了京城一零一独有的"校园特色"。按当年北京市示范校的硬件条件，一零一除了校园面积，其余都不能满足。校园需要全面修建，而拆迁是最大的难题。学校共有132户住户，有的是本校教职工，有的是外单位人员，成分复杂。一部分教职工还住在圆明园里，拆迁难度相当大。

一零一优越的地理位置，为学生成长提供了得天独厚的环境，但是面临校园规划和建设，却平添了许多难处：添一砖一瓦都需要与国家文物局、北京市文物局反复沟通；动一草一木都需要求得圆明园的理解与支持；并且必须得到教职员工的理解与支持。6年间，全体老师都在西边小平房办公，毫无怨言。

我的体会是：工作要用心。用心是什么？一是对学校整体发展的渴望，对学校的责任与情感；二是对员工的体谅、耐心与理解；三是对工作标准与细节的把握。当时校园整体规划就是高标准、超前意识，要和育人文化吻合。整个校园的功能分区，以及一零一宿舍的独立卫生间等，都成为后来举办奥运青年营获批的重要条件。四是对机遇和局势的判断与把握。面对复杂多变的环境，风起云涌的改革，要有驾驭全局的智慧和应对变局的能力。

二、用愿景与策略引领学校发展

(一)关于学校愿景的思考

1. 描绘愿景必须把握 21 世纪的时代主题与教育使命

当代学校的规模动辄数千人、上万人，预算上亿，数个校区，复杂程度和社会影响遍及世界。学校和校长的公共知名度和公共责任成正比，要求校长像领导者、经理人、政治家，管理工作更加复杂和精细。学校是政治的风暴眼，社会有争议的话题都会跑到学校来。

学校是国际化的，教育要面对并参与解决未来一系列全球性的问题。特别是全球化与信息化使得教育不仅创造自身的未来，而且孕育着未来世界的创造者。变革时期需要对复杂的环境、发展的全局有所掌握，特别要有识别机遇的敏感和抓住机遇的魄力。

2. 形成愿景的前提是实事求是、独立思考

处于深度调整期的变革，变化的深度、广度、烈度远非正常可比，理念过多，面面俱到。规则变了，活法要变，要有对新时代的触觉，实行自我革命。同时也要知道，对国家是政策，对学校就是细节与技术，赢在战略，输在细节。愿景是做自己，是从未来决定现在。机会是什么？抓住了就是机会，抓不住就是挑战，焦距要对准，聚焦才能聚力，自己的实践经验是最宝贵的(55 届校友李铁映语)。

3. 自我教育——追寻与坚守的教育理想

校长必须清楚自己心中理想的教育，学习的经历和生活的阅历给了我很大的启发，"自我教育"便是我心中的灯塔。哈贝马斯说：教育就是人的社会化过程，社会化的目的，就是培养，形成独立稳定的反思性自我，自我建构，自我认同。

自我教育是一种教育理念，也是一种教育要求，本质是对自身的主宰，体现人的自主性、社会性、能动性。自我教育的目标，一是追求个体的自我实现；二是超越小我，实现大我。在强调个体自主性的同时，必须追求作为大自我的集体自我的实现。一零一中一直坚守"自我教育"的理念，并以此指导教育教学。

4. 未来杰出的担当人才——一零一中的培养目标

自强不息、不辱使命的责任意识；百尺竿头、更进一步的进取精神；

全面育人、健康成长的育人宗旨，是一零一中经过 70 年历史风雨的洗礼，用民族责任、教育智慧和强大实力形成的教育内涵。

培养具有担当能力和担当品格的未来杰出人才，是一零一中的历史与现实共同作用形成的育人目标。担当品格包含身心健康、公民道德、家国情怀、国际视野。担当能力包括语言与沟通能力、科技与信息能力、人文与审美能力、领导与创新能力。

5. 促进每一名学生生命个体的健康成长——我们的教育追求

"每一个"说明孩子之间有差异，"为了每一个"则是学校的使命，"为了每一个学生的发展"是说当学生把 3 年的生命成长托付给我们，学校能尊重学生在学校 3 年健康成长的权利。"为了每一个"，体现的是以人为本的教育价值观，全面发展的质量观，确保学生主体地位的学生观，打造学生终身受益的基础素质。让学生的人生理想从这里起步，知识基础在这里奠定，精神气质在这里形成。亚里士多德说：幸福是人类存在的目标和终点。"走进一零一，幸福你一生"，是一零一中对学子的庄严承诺。

(二)关于学校发展策略的选择

制订策略应该关注系统化，整体构建与细化落实相结合；应关注多样性，不同对象应有不同的方式；还要关注实效性，满足学校发展的现实需求。例如，学校管理结构的变革，原有的管理机构保留，同时成立 5 个中心：学校发展研究中心、学生发展服务中心、课程建设研究中心、教师发展研修中心、国际交流服务中心，实行项目推进、协同发展的混合式管理模式。又如，"年级＋书院"的经纬式管理，班级和书院的有机结合，使学生在集体中发现人生的意义。

1. 守正出新——一零一办学的策略选择

守正就是教育理想不能动摇：红色历史，家国情怀，担当意识；基本理念不能动摇：全面发展，遵循教育规律、人才成长规律、教师成长规律；注重学校的历史积淀：优良传统和文化；关注学校的现实资源：区域，规模。要了解社会舆情，赞扬指责瞬间转换，只有分数没有质量，有时甚至没有是非。功利主义环境下坚守彼岸世界的东西需要勇气。全面育人，促进学生全面发展，重在打造学生终身受益的基础素质。"育"是教育的重心，学校最应该提供的是常人教育，常态教育。

出新以守正为基础，不搞颠覆性改革。颠覆性改革是对教育的曲解和背叛。教育不应该是"否定之否定"的前进模式，教育改革也不应该惊天动地。倡导微创新，循序渐进，观念出新。确定创新有时只需在观念上领先一两步，反映在定位、特色上。办人民满意的教育，人民群众的需求是分层次的，要求我们为每位学生提供适合的教育，这就要实施特色发展战略。所谓特色发展，不是特色项目的发展，而是以特色办学理念为核心，引领并逐步形成学校的特色课程、特色教学、特色教研、特色管理，最终培育出独特成熟的学校文化。

2. 主动创新——引领时代发展的要求

2007年北京市进行的高中课程改革，我校主动拥抱，积极推进，赢得了机会。例如，自主排课、自主会考，使教师对课程有了全新的认识，使国家课程校本化有了整合的空间。2011年申请人文实验班，探索学生人文素养的培养，后来成为北京市翱翔计划的人文实验基地。人文教育使得人们以更为超越的眼光，不只看到自己，还从不同视角看世界，更可以挑战习以为常的事物，这种思维方式将影响人的一生。人文教育的目的是发展学生批判性的思维、创意以及自省能力，这种能力在各种社会变迁中都适用。

3. 微创新——学校发展最具活力的生长点

创新驱动发展，我们往往希望通过理念的革命和体系的重构去实现学校的跨越式发展，但是，真正推动教育发展的是源自基层的微创新。一零一中非常重视师生的微创新，除了组织针对性的专题讨论会、青年教师沙龙，集思广益，每学期都组织教育教学以及学校管理的微创新案例评选。

三、学校文化建设是学校发展的灵魂

学校文化是学校共同的价值判断和价值取向，是学校师生体现出的独特的做事方式和处事态度。它产生于学校自身，具有极强的"校本"特征，成为学校重要的教育资源和促进教师专业发展和学生生命成长的深厚土壤，是学校的性格基因和发展密码。一零一中形成了大气包容、大义担当、和谐民主、追求卓越的学校文化；拥有负责自律、平和大气、积极进取的教师文化；具有责任担当、多元自主、求索创新的学生文化。

1. 校长的境界与追求将影响学校文化的价值走向

校长要建立自己的精神高地，其中包括：文化和思想，胸襟和气度，修养与品格。校长的境界决定学校的品位，校长的操守关联学生的人格。它看不见，但无处不在。它的神奇在于营造氛围和场域，弥漫在每一位教师和学生心里。

在道德上，校长要守护学校的价值，强调正直诚信、社会责任、学术优先。有正气，有原则，不招摇，不炫耀。敢于承担风险，有持续的激情和创业的干劲，能给学校提供新愿景。

校长必须学会适应教师队伍多元的价值观和生活方式。互联网时代，面临的环境复杂，不可能只有我们喜欢的舆论存在。学会倾听、发问、区分、回应，要懂老师，主动沟通，要防止制造挫伤积极性的气氛，让学校成为值得老师工作一辈子的地方。

2. 干部队伍是学校文化的核心引领团队

一零一中对干部队伍的基本要求是，干部要以学校的繁荣为己任，把责任举过头顶。责任上多一份清醒，思想上多一份深邃。领导一所学校，不仅仅是提出愿景，更需要倾向于凝聚共识，带领大家共同前行。

主管校长要对主管领域有清晰明确的思路、举措与创新点，要追问：主管的领域哪一点领先？中层管理干部是实现愿景和策略的第一梯队，要有创造性的执行力，有团队意识，互相补台，学会从对方角度看问题，分享思路。

3. 用文化去引领教师的专业成长

每年毕业典礼的最后一个环节，是学生向老师鲜花。坐在台下，看着台上的几十位老师，他们的喜怒哀乐、脾气秉性，在我脑子里一一掠过。就是这样一批教师，以爱和责任带领一礼堂的学生，负重前行，将学生送向人生高地。我更深刻地体会到，有好的教师才有好的教育，队伍建设是提高学校竞争力的核心。我们这个队伍有品位、有内涵、有风骨，我们的学校就有坚实的基础，就有元气，有生气。一零一教育大厦，靠的是教师团队的奉献，教师队伍建设不变的方向是德才兼备。要学会对社会因素的关注，对大气候的研究，而不是对流行概念的学习模仿，瞄准世界发展变革的前沿，每天追逐时代的脚步。

4. 让学校文化引领和滋养学生文化

教育犹如养花，目的是为了让花儿在自然中更美丽地绽放。我们不能仅仅教育孩子本质的善良和做人的道理，人生的道路何其宽广，必须让孩子自由地选择自己人生的方向。一零一中一直追求"责任与担当，自主与多元，求索与创新"的学生文化。

（1）责任与担当

一零一中的红色基因与生俱来。关心社会，为国奉献，勇于担当，是一零一深入血液的自觉。这种传统如何传承成为学校的文化？学生的自我教育、主体参与是学校"红色"文化活跃的重要保证，学校的价值引领不可或缺。

让学生在红色传统的自主活动中体会责任与担当。在一零一中，有几个所有学生都必须参加的活动。3月校庆日到西柏坡寻根，4月清明节到圆明园祭扫"三一八"烈士墓，5月举办施光南艺术节，9月新生入校了解学校的革命历史，10月高三年级到圆明园大水法举行成人仪式，11—12月有一二九革命歌曲合唱节。这些活动全部由学生自己组织开展，都贯穿同一主题——家国情怀，责任担当。

学校通过自我教育活动激发学生自主意识与人文情怀。人文实验班的同学从2011年开始一届届传承，坚持到打工子弟学校支教，还写出了两万多字的调查报告，给政府部门提出了六项政策建议。学生们从爱护校园小动物、荷塘荷花，到积极倡导生态文明理念，发出各种倡议、公约。学生们已经从小我中超越出来，投入对世界的大爱之中。

（2）自主与多元

为学生创造参与学校管理的机会，为学生搭建自主多元的发展平台。支持和引导共青团、学生会、学生社团的发展，是一零一中从建校之初就建立起来的传统。学生会完全由学生自主选举产生，而且不断提出对学校管理的建议。从2000年以来每周一中午安排校长接待例会，专门召开校务会研究讨论学生的提案，各职能部门都做出书面答复并公告。学校登记的学生社团有学术类、科技类、文学类、艺术类、体育类、实践类，比较活跃的社团有80多个。学生社团跨越了班级、年级的界限，在活动中增进了人际沟通能力，增强了社会适应能力。

（3）求索与创新

"百尺竿头，更进一步"的校训将求索与创新的元素融进了一零一人的灵魂，70年的历程，一零一人一直走在求索与创新的路上。一零一学生出色的科技创新的成绩，获得了国际宇航联合会授予的主带小行星命名的荣誉，钟越尘和王昊昱两位同学都在英特尔国际科学与工程大赛（ISEF）中获得大奖。得以以自己的名字命名一颗小行星，对于中学生来说这是至高无上的荣耀。

创新教育要面向全体学生，以拔尖带动普及，在普及中拔尖。将创新教育渗透进学校的课程体系，贯穿于学校的课堂教学，探索与创新教育相适应的教与学的方式，通过研学、科技创新项目等落实面向全体的创新教育。

从一零一走出去的学生，正派、大方、大气、厚道。他们具有兼济天下的情怀。一名高三毕业生这样描绘他无限留恋的一零一："她的大气、平和、深厚让我自信而沉静；她的平等、博爱、包容让我温暖看世界；她的艺术气质、质朴品格牵引着我追求高尚生活。"

专家评述

"守正·出新"是北京一零一中学郭涵校长办学思想与实践研讨会上的报告主题。在教育改革的大潮中，这是一位优秀校长难得的筑梦自白。我敬佩她难得守正，因守正而清醒；又敬佩她难得出新，因出新而提升。我们现在就是需要一批既能在传承中守正，又能在变革中出新的教育家。

郭涵校长一直坚持在传承中守正。她所要守的"正"，就是教育的天职，教育的传统和教育的规律。

她从自身受教育和从事教育工作的经历中生成了对好的教育的朴素理解，她自1999年4月担任学校领导工作起，就明确了，接班接的就是义不容辞的责任和担当。因此，必须有自强不息、不辱使命的责任意识，百尺竿头、更进一步的进取精神，全面发展、健康成长的育人宗旨。

她开掘并坚守学校的光荣传统。她认为，传统是指已成为学校的主流价值取向、形成学校学习、生活的主要形式和习惯的那一部分，是一个学校的文化标志。传统是学校历史的积淀，失去传统也就必然出现文化断层。一零一中学的历史，就是几代人持续奋斗继往开来的历史。正是以往的经验，成就了今天的进步。要具备领导这所学校的才能，必须向前辈学习，重视世家具有的影响力。因此，她对这所红色世家的遗产进行了梳理，通过了解一零一中学开拓者的特征，找到了校长应当是什么角色，应当如何做的答案。

她又坚守规律，直逼教育的本真，应当说，既懂规律，又按规律办学，在现在的确难能可贵。当下虽然大家嘴里都在说要按照规律办事，但中外教育专家对教育的规律各有深入的研究和不同的表述，而教育管理者和教育工作者有时难于理解而无所适从，有时迫于压力而无奈违心，有时索性无视规律。最近，海淀区一位教育界老领导对我说，讲了半天教育规律，最重要的还不就是 16 个字：有教无类——这是教育职责；德才兼备——这是教育目标；因材施教——这是教育方式；教学相长——这是教育结果。真是言简意赅，发人深省。

郭涵同志主政一零一中学 17 年来，始终把自己作为学校 70 年接力赛中的一名接棒人，坚持在传承中守正。

但是，守正不等于守成。正如她所说，"无论历史多么辉煌，终究是既往回忆，陶醉于既往，前行的动力就会丧失"。因此，她坚持在变革中出新，就是以愿景激励创新，以变革实践创新，以理念引领创新。

校长要有愿景，愿景来自理想，又不同于理想，愿景是对可实现目标的预期。她说："作为校长，局限于管理技能是远远不够的，你必须将目光投向更遥远的地方，把握时代特征，结合学校实际，为师生描绘一个引人入胜、丰富多彩、不可抗拒的愿景。"

创新总要做三件事：一是没做过的事；二是不愿做的事；三是不敢做的事。股神巴菲特说过一句话："做没做过的事是成长，做不愿做的事是改变，做不敢做的事是突破。"我想，创新其实就是成长、改变和突破的过程。郭涵校长对学校课程、教学、文化、管理进行了一系列富有实效的改革，实现了她确立的追求。

先进的教育理念引领正确的教育创新，没有正确理念引导，随心所欲地"创新"，会造成创新的排浪式，使创新倡导者成为匆匆过客，使创新成果不能融入和丰富优秀传统，甚至可能使优秀传统断层。

郭涵校长倡导的"自我教育"是一种教育理念，也是一种教育要求。自我教育的目标：一是追求个体的自我实现。教育要促进个人潜能的发挥，自我教育作为尊重人的自主性的教育能够激发、唤醒、发现、发掘人的潜能，以实现真正的自我。二是超越小我，实现大我。人类关系是彼此依存的，因此自我是一种"依存的自我"，在强调个体自主性的同时，必须追求作为大自我的集体自我的实现。这种教育理念正是站在当代教育理念的前沿——人文主义教育观。

联合国教科文组织在 2015 年出版了自成立 70 年来最有影响的第三个关于教育的报告——《反思教育：向"全球共同利益"的理念转变》，这份报告提出将人文主义价值观作为教育的基础和目的。

报告指出时代在变化。这是一个动荡的时代，不同社会之间的联系比以往任何时候都更加密切，但不宽容现象和冲突依然层出不穷；不平等正在走向深层，地球正承受着压力；虽然可持续和包容性发展的机会广阔，但是挑战也是严峻和复杂的。世界在变化，教育也必须变化。报告指出：维护和增强个人在其他人和自然面前的尊严、能力和福祉，应是21世纪教育的根本宗旨；我们需要采取整体的教育和学习方法，克服认知、情感和伦理等方面的传统二元论。

报告挑战了主流的发展言论。认为教育的经济功能无疑是重要的，但我们必须超越单纯的功利主义观点以及以众多国际发展讨论体现出的人力资本观念。教育不仅是关系到学习技能，还涉及尊重生命和人格尊严的价值观，而这是在多样化世界中实现社会和谐的必要条件。

一零一中学自我教育的理念正是人文主义教育观的生动体现，对个性化学习的理解超出了自我发展的层面，做出了更为全面的解读，站在了时代的前沿。只有以先进理念指导下的教育创新才真正具有生命力。

我国有一支优秀的校长队伍，是他们的守正出新实现着中国的教育梦。他们的教育理念与实践，不仅告诉教育工作者如何办教育，也告诉教育管理者如何领导教育。优秀校长的办学理念与实践，的确是国家最宝贵的教育财富。

（国家总督学顾问　　陶西平）

教育是我的人生

中国人民大学附属中学　　刘彭芝

人们对中学校长往往有三种印象，一种是孔武有力型的，不苟言笑，对下属要求严格，对错误毫不放松；一种是教练型的，精力充沛，头脑冷静，有着良好的技能和经验；一种是家长型的，慈祥而又严厉，不轻易表达自己的感情。对照之下，我觉得自己部分地与这些原型相似，但又并不同哪一种完全符合。我从教40多年，当校长十几年，十分注意根据社会的发展需要、学校的文化和生活以及自己对教育不断深入的认识和理解，调整着自己的管理方式和形象。我想我身上既有强硬的气质，又不乏温和的方式。不过有一点是可以肯定的，我的几乎全部心血和精力都投入教育事业中，可以毫不夸张地说，离开教育就找不到刘彭芝了。这样的人生在有人看来也许单一，可我却无怨无悔，因为我从中享受到了常人无法想象的快乐与满足。

一、我的理想：建世界一流学校

长期的教育实践，使我对教师这个职业怀有深厚的感情。做教师，我的理想是做一名好教师；当校长，我的理想是办一所世界名校：让人大附中成为世界一流学校，让我的学生接受世界一流的教育，让我的同事在世界一流的环境中成就世界一流的工作业绩。

建世界一流学校何止是我个人的理想，数百年来教育先哲们都曾倾尽心血追寻教育强国之梦。怎样把这百年梦想在我们这一代教育工作者手上变为现实？怎样把人大附中建成世界一流的学校？几十年来，我满脑子想的全是它，拼命追求的也是它，我的青春、我的心血、我的一切全都献给了它。

18年前，我的学生颜华菲在高二时参加第30届国际奥林匹克数学竞赛，获得了一枚银牌。如今，在麻省理工学院数学系获得博士学位的她，已成为美国一所大学的终身教授。2004年，颜华菲在写给我的信中说："刘老师，如果我没有遇到您，也会是一名好学生，但只是普普通通的好学生，那样我就不会进入数学迷宫，体会到数学的奥秘和无穷的乐趣。"

8年前，我已担任人大附中校长，为了让学生参与到世界顶尖的科学研究项目中，我专程到中科院遗传所人类基因组商谈，希望能让学生参与科学家的研究工作，培养科学素质，增强动手能力。经过多方努力，人类基因组中心终于向人大附中敞开大门，12名学生亲身参与了生命科学最前沿的破译人类基因图谱的研究实验，并写出了有价值的科研论文，世界权威的科学杂志《Nature》出现了人大附中学生和老师的姓名。这也是中国中学生的名字在《Nature》上首次出现。如今这些孩子已经走进剑桥、哈佛、清华等名校深造。我相信当年在人类基因实验室里所播下的种子会结出丰硕的果实。

6年前，得知有着绘画天分的王羽熙因文化课成绩不够没能考入人大附中高中，我心里很不平静。像这样有着特殊天分的孩子，更需要一个宽松、宽容的学习环境，人大附中一定要接纳他。这之后，王羽熙在人大附中度过了最富创意的三年，他导演并兼舞美设计的大型英语剧《指环王》在校引起了轰动。高中毕业，他以高出艺术院校本科200分的成绩考入北京电影学院电脑动画专业。他的母亲在儿子接到大学录取通知书后，给我写了一封长信，其中有些段落我至今难忘。

一个既没钱又没权的知青的孩子，一个视数理化为天书，死活也学不会的孩子，按常规只能就读于一般学校，可他却穿上了人大附中的校服。正是您这位校长以教育家的慧眼，认识到他所具有的艺术天赋和发展潜力，并在附中给了他最好的教育和施展特长的环境，才使他能在艺术特长和文化课上，取得今天的成绩。在您的学生中，在人大附中精英辈出的人才中，羽熙不过是沧海一粟，斑斓中的一色，但对羽熙来说，却是他的全部。

2006年月10月，美国麻省州立大学校长威尔逊博士一行到人大附中参观访问，座谈中他由衷赞叹："我到过世界上很多中学、小学，人大附中是我见过的最好的学校。"这位外国同行对人大附中的评价更坚定了我们创建一流名校的信心。

如果问我实现理想过程中最深切的体会，那就是：投身教育工作，必须将教育作为事业，这样，才能有强烈的事业心，崇高的使命感；才能视教育如生命，视学校如家庭，视学生如子女，视同事如手足；才能有信念，有责任，有激情；才能拒绝平庸，追求卓越，出类拔萃。

二、我的使命：领跑人大附中

2002年，在接受中央电视台记者敬一丹采访时，我曾说："我是人大附中的第9任校长，50多年来，人大附中由一所普通的工农速成中学发展到今天，是历任校长和几代员工不懈努力奋斗的结果。和其他校长相比，我觉得自己肩负的使命是跨世纪的，这就是设定21世纪学校的办学目标并付诸实践——将人大附中办成一所世界一流的名校。这并不是我个人有什么本事，而是我赶上了一个开放与变革的伟大时代。与众多著名中学的交流，使我有了更广阔的视野，让我学会了尽可能地用世界的眼光、时代的眼光、未来的眼光去审视人大附中，改变人大附中。"

10年来，我对"校长"含义的理解最深刻之处在于，校长是个"领跑人"——面向世界，面向未来，面向现代化，领着全校的教职员工不停地奔跑，领着一茬又一茬的孩子不停地奔跑。"领跑人"的办学理念在奔跑中反映，"领跑人"的心智情感在奔跑中展现，"领跑人"的人生价值在奔跑中实现。

上任伊始，我就给人大附中提出了新的发展目标："国内领先，国际一流，创世界名校"。当时看来，这是一个自加压力、超常发展的目标，也是一个必须奔跑才能达到的目标。但一个想干事、会干事、能干成事的校长，就应该是一个充满激情的校长，有干事的冲动，有成功的渴望，有永不满足的追求。我希望在人大附中的校园里，学生与员工都能得到充分发展，每天都会有奇迹发生；我希望他们每一个人都能成就自己的人生大业，为国家，为社会，为人类做出大贡献。校长的激情可以感染教师，教师的激情可以感染学生，校长、教师、学生的激情融汇在一起，校园里就能充满蓬勃朝气、浩然正气、昂扬锐气，学校的事业就能永葆生机与活力。

在我和全校员工的努力下，人大附中开中国基础教育之先河，率先建起汽车模拟驾驶室、远程教室和虚拟科学实验室等学科教室；第一个实现与加拿大、美国、日本等国际知名中学进行远程多媒体互动教学；也是国内最早引入博士教师的中学，现已建立了拥有21名博士、28名特级教师、28名外籍教师的一流教师队伍，在科技发明、音乐、体育、心理、研究性学习、信息技术等方面的教师素质和人数在国内也居领先地位。人大附中曾为学生开办个人音乐舞蹈专场，举办个人摄影展；为立志从事台球运动的学生开辟出台球室；为热爱卡丁车运动的学生提供各种便利条件，使这位学生有望成为中国F1第一人；为有心理问题的学生提供心理辅导和帮助；为有行为问题的学生开设一个人的班级……凡此种种，是我们更新教育理念，以人为本，关注每一个学生的发展需求的结果。在人大附中，学生是个性化的、主动接受教育的个体，教师和学校是为他们的发展提供条件和帮助的人。

自 1989 年至今 16 年来，人大附中坚持不懈地在课程改革和教学改革方面进行了卓有成效的探索。我们开设了双语教学、自主实验、网页制作、天文观测等 150 多种选修课。几年前，我们又陆续开设了英、日、法、德、意、西班牙、阿拉伯、韩、俄 9 种外语课和 18 门外教学科课。现在，它们已成为人大附中特色课的亮点，它的多样性、层次性和前瞻性，不仅为学生自主学习提供了足够的选择空间，并且搭建起人大附中素质教育的大舞台，它所涉及的范畴已大大超出高中新课程改革设定的教学模块，为即将到来的高中课改奠定了厚重的基石。

近年来，人大附中有上千名学生以其杰出的创造力和优异的成绩，在创造发明比赛和各类学科竞赛中获奖。到 2004 年，人大附中学生在 30、35、42 届国际奥林匹克数学竞赛荣获两枚满分金牌和一枚银牌；荣获 35 届国际奥林匹克物理竞赛金牌；2004 年、2005 年连续两年分别摘得高考文、理科状元；2 人获"北京青少年科技创新市长奖"；1 人获"明天小小科学家"一等奖第一名，并于 2006 年获得"北京青少年科技创新市长奖"；2006 年，人大附中交响乐团在第 35 届维也纳国际青年音乐节上夺得艺术节交响乐组金奖第一名，大赛评委会盛赞他们的演奏"给人们带来了视听的享受"，展示了"一流的音乐教育"。

曾有外来的参观者说："人大附中校园里创新之风扑面而来"，"人大附中的人气旺，都写在老师学生们的脸上！"

我们的老师说：在这里"奋斗和创造已经成为一种制度和文化，任何懒惰和无聊都无法生存，任何勤奋和创新都会得到鼓励"。

我们的学生说："人大附中有自己独特的文化，她蕴含着无尽的动力与勃勃生机"。"这里，每个角落都充满活力；这里，每个时刻都孕育着奇迹；这里，占据着天时地利；这里，每个人坚守着自己的足迹；在这里，我们找到了真正精彩的自己！"

三、我的思考：着眼未来的发展

2005 年秋天，人大附中和北京四中共同主办了"中英名校论坛"，建校 55 年的人大附中和已有 500 多年历史的英国名校伊顿公学，以及北京、上海、成都、深圳等各地名校教育同行汇集人民大会堂，研讨世界各国教育同行共同面对和关心的问题。当我和不同地域、不同国家，有着不同文化背景的同行在一起交流时，深感我们所面临的问题与困惑是共通的，这就促使我必须以更宽阔的视野，在更高的层面进行思考。

首先，建设世界一流名校的"关节"何在。在当今全球一体化的大趋势下，和平、合作、发展，已成为世界舆论的主旋律。站在这样的高度看教育，中国完全可能，也必须建设"国内领先、国际一流"的学校。"国内领先"，要求我们具备历史的眼光，对中国的教育传统，对中国的教育现状有精深的了解；"国际一流"，要求我们具备世界的眼光，及时掌握国际上最新的教育思想和教学方法。建设"国内领先、国际一流"的学校，要求我们熔铸中外精华，坚持综合创新。具体讲，要把着眼点和着力点主要放在"五个打通"上：打通科学精神和人文精神，现实关怀和终极关怀之间的关节；打通信息、知识、智慧、能力之间的关节；打通严格考试与素质教育之间的关节；打通规定动作与自选动作之间的关节；打通感情凝聚和制度管理之间的关节。

其次，教育公平环境下优质校应该如何发展。第十届人代会《政府工作报告》在阐述"推进社会主义和谐社会建设"时指出："教育是国家发展的基石，教育公平是重要的社会公平，要坚持把教育放在优先发展的战略地位。"这表明，创设公平的教育环境将是国家教育的基本政策。

创设教育公平的环境与优质校的发展不是对立矛盾的。教育公平的目的是让全体适龄学生都享受到优质的教育，实现这个目标的前提是每所学校都能提供优质教育。教育公平的目的是提高而不是降低，教育均衡不意味着削峰填谷。在国家将教育资源、资金投入向薄弱学校倾斜的同时，应该鼓励优质校带动提升薄弱校以实现教育的均衡，让更多的学生享受到优质教育资源，这是利国利民的积极之举。

国家培养大批自主创新的领军人才靠的是一流的大学教育。但一流大学不是空中楼阁，没有一流中学，特别是一流高中，就难有一流大学。在教育大格局中，高中教育地位重要，它好比一个人的腰，腰间无力，什么事也难干好；高中教育又好比足球比赛的中场，中场不好，进攻和防守都成问题。国家要建设世界一流大学，必须要建设世界一流中学。有鉴于此，我曾向国务院提出建议，将高中教育作为我国教育体制改革的试验田，加大高中教育改革的力度。

最后，怎样高效发挥品牌学校的辐射作用。几年前我们已进行过多种尝试，以扩大人大附中优质教育资源的辐射面。具体做法是：与薄弱校手拉手；承办薄弱校；与薄弱校及中西部农村地区合作办学；在一些特殊领域兴办教育公益事业。人大附中发挥品牌学校作用的最大项目，是发起建立"国家基础教育资源共建共享联盟"。作为"国家基础教育网络应用示范项目"的实施单位，我们正在联合全国100所优质中学，在教育部、信息产业部和国家发改委的支持下，通过网上远程教学，支援西部地区的中学。只要我们胸怀"兼济天下"的志向，发挥品牌学校示范带动效应的潜力巨大，前景广阔。

人大附中近些年的发展很快，作为校长，面对这种形势，我更需要反思，需要警醒。如何能让一所中学保持持续的发展，如何使我国的基础教育发展得更快更好，都是摆在我和所有教育工作者面前的问题。我将自己的思考与大家分享，希望与各位同行在未来的教育实践中继续探索，寻求答案。

(本文刊发于《海淀教育》2007年第2期)

同事评说

"在教育界有胆量创造的人即是创造的教育家，有胆量开辟的人即是开辟的教育家，都是第一流的人物。"这是教育前辈陶行知先生的精辟论述。在中国当代教育界，在京城众多学生和家长心目中，人大附中校长刘彭芝是一个锐意改革、不断创新的当代教育家的代名词。面对这样一个传奇人物，人们也许会有一种好奇，有一股探究的冲动：同样是学校，人大附中为什么能快速发展？同样是校长，刘彭芝为什么能够创造奇迹？

人大附中"尊重个性、挖掘潜力，一切为了学生的发展，一切为了祖国的腾飞，一切为了学生的进步"的办学理念，给了学生放飞梦想的天空。她说："要让学生接受一流的中学教育"，"办世界一流的中学是我毕生的理想"。刘校长经常说："不知道学生在想什么，不知道学生需要什么，不能与学生进行心灵交流的校长，不是合格的校长。"对学生既能洞察，又能影响，这往往令老师和家长称奇。

刘彭芝从事教育几十年，担任校长十几年，她把教育视为自己的人生大事，把爱看作教育的最高境界。她爱学校、爱学生、爱同事，这种爱是她"在教育岗位进德修业的原动力"。为此大事，她几十年来无私奉献，追求卓越，开拓创新；为此大事，她又高瞻远瞩、脚踏实地、求真务实。她每天工作十几个小时，对学生循循善诱，引领和"逼迫"教师成长。"创建世界一流名校"的理想目标，是点燃全体人大附中人奋进之心的精神火焰。"不干便罢，干就要最好"成了人大附中人共同的信念，自觉自愿的追求，成为每位员工带有独创性的实践过程。

刘彭芝对教育有"以身相许"的追求，有着用历史的眼光、世界的眼光把握教育发展走势的智慧，有着泛舟学海、海纳百川、兼容并包的学习精神。刘校长的这些精神像空气一样弥漫在人大附中，已经成为人大附中的文化。竺豪桢老师曾说过三个"最"——站在最前沿、吸引最好的资源、培养最好的学生，这就是如何实现世界一流最好的诠释。人大附中无数个竺豪桢走向"山顶"的过程，就是成就世界一流名校的过程，也是十几年来刘校长以她对事业"捧着一颗心来，不带半根草去"的赤诚，带领人大附中无私奉献、拒绝平庸、追求卓越的过程。副校长王珉珠说："彼此间的信任和理解使我们心甘情愿地跟着她冲锋陷阵，不惜付出，不计报酬，跟着她成就人大附中辉煌的事业，再累也是快乐，再苦也是甜蜜。"数学教师王金战说："其实没有人逼我们工作，我们只觉得这是我们的神圣使命，只是觉得人大附中的人就应该这么干。其实刘校长比我们干得更猛，我们这样干也是为了让校长省点心。"刘彭芝校长能够领跑的原因还在于她真诚地关爱每一位员工，并把这种关爱发挥到极致。她用人之长，记人之功，容人之过，解人之难。

解读刘彭芝校长的内心世界，破解人大附中快速发展之谜，刘校长的话是最好的答案："教育不只是职业更是事业，是一种人生追求。将教育作为事业，才能有强烈的事业心、崇高的使命感；才能视教育为生命，视学校为家庭，视学生为子弟；才能朝夕虑其事，日夜经其务，无私奉献，鞠躬尽瘁；才能拒绝平庸，追求卓越，出乎其类，拔乎其萃，以第一等的正气、第一等的襟怀、第一等的追求，臻于第一等的境界，取得第一等的业绩。"

舒乙先生对《人生为一大事来》的书评中写道："这样的校长是不应该退休的，也不应让她当官，要让她终生当校长，要珍惜她，成全她。这样的教育家多难得啊！"舒乙先生说出了所有爱她、崇拜她的人的心里话。

（中国人民大学附属中学 张莉莉 崔 潞）

在一所学校内部，分配权力是治理结构建设的核心问题

北京市十一学校　　李希贵

　　北京市十一学校是一所有着良好的改革文化的学校，在20世纪90年代初期的京派"四制"改革中，十一学校不仅走在北京市前列，也是较好地把"校长负责制、教职工聘任制、结构工资制和岗位目标责任制"全面落地的学校之一。

　　在新的历史时期，我们始终在思考的是，如何守正出新，让学校管理机制不断完善，让学校内部治理更加科学，以此保障学生在学校的中心地位，更好地逼近教育本质。

一、权力来自何方

　　如何让权力在对上负责与对下负责中取得平衡，将二者的利益相统一、相融合？我们需要理清每一个主体、每一个岗位的权力来源。

　　十一学校在保留传统管理方式的前提下，增加了自下而上的赋权环节。不仅组成教职工代表大会和学生会的代表一定是民主选举产生的，校长也必须每年向全校述职，接受教代会全体代表的信任投票，并当场公布计票结果，达不到规定的信任度，校长必须自行辞职。同样，副校长和中层干部也必须接受每年一次的教代会满意度测评，达不到规定满意度的干部，在接下来的年度里，不得继续担任干部。

　　权力来自何方，服务对象往往就在何方。当我们的干部以自己获得的权力和资源真心实意为一线老师们服务的时候，权力和资源才有了最大的价值。

二、权力如何分配

　　在传统的组织里，处于金字塔顶层的最高权力，往往具有对所有事情的决定权，这种位高权重者通吃一切的管理现象恰恰是令人忧虑的。

　　因而，在一所学校内部，分配权力是治理结构建设的核心问题。正

确的做法是，首先弄清设置任何一个岗位的理由，同时弄清其所需要的权力，以制度的方式予以明确并保障。

▶教代会的权利

在十一学校，就各方治理主体来说，是一个分权的格局，如学校行动纲要、战略规划、人事聘任方案、薪酬分配制度、职称推荐办法等，这些事关大局，事关教职工重大利益的决定，必须经过教代会审议，且要经过无记名投票，当场公布计票结果，既不得举手表决，也不能鼓掌通过。对教代会通过的各项决议，任何个人和组织均无权改变。

▶校务委员会的权利

校务委员会主要由校长和主管各年级教育教学的干部组成，主要负责课程规划、教职员工的劳动合同聘用、年度财务预算、教职工和学生奖惩等日常工作。校务委员会采取审议制。当无法达成一致意见时，校长具有最终决定权，责任也由校长承担。

▶学术委员会的权利

学术委员会同时作为教师职称初评委员会，其委员则全部由教师组成，行政干部一律不得参加，以防止双重权力对学术决策的垄断。教师职称初评，特级教师和市区学科带头人、骨干教师推荐，教师学术工作室的设立、管理与评价，重大科研经费的招标，全部由学术委员会审定，且作为学校的最终决策，校长及校务委员会无权更改。

▶学生会

学生会着眼于那些与其切身利益有关的事项，尤其是事关学生的规章制度、学习生活中的切身利益，必须先经过学代会或相关学生组织审议。校服款式由学生投票，食堂的承包根据全校学生每年两次的满意度测评，且有最终决定权。

权力分配还有一条纵向的链条，就是在同一个领域或者同一个因素的不同环节上，谁应该拥有哪些环节上决策的权力，这同样也是学校内部治理科学化的重要内容。

▶教育教学领域

校长与年级、学科有着明确的权力边界，校长的权力被限定在课程规划、教育教学各领域的主旨价值引领和评价方案的设定上，而具体每一个学科、每一位老师使用什么样的教学方法、教学模式，则是他们自己的权力，校长无权在校园里靠行政力量推行某一种模式或某一些方法。

▶人力资源管理领域

校长的权力是决定新教师的招聘，但必须是在学科面试过关的基础上；聘任中层以上干部，当然也是在教职工代表满意度测评过关的条件下；校长的权力还包括确定各年级、各部门的编制及薪酬总量。

而每年一次的全校教职工的岗位聘任，则完全由年级、部门与全体教职工双向选择，年级、部门主管享有聘任教职工的最终决定权，而每一位教职工也可以自主选择适合自己的岗位，校长不得插手或者影响他们之间的双向选择。

▶财务管理方面

校长的权力是通过校务会审定年度预算，对年度财务工作审计监督，而各年级、部门在年度预算实施过程中无须时时请示、事事审批，只要是预算安排过的，他们完全有权自主支配。这样的权力分配，同样是为了每一个环节上的责任履行。

分配权力绝不是为了推卸责任，而恰恰是为了让不同的责任主体能够游刃有余地履行责任；尤其当每一个治理主体承担着最终决定权的时候，他们在使用权力的过程中，往往慎之又慎，决策的质量会远远超出我们的预期。

三、权力如何制约

"把权力装在笼子里。"要真正实现这一目标，并不是那么容易。

在学校，首先需要制约的就是校长的权力。

如果借用目前比较时髦的话语体系，可以给校长列一个负面清单，规定出一些校长无权决定的事情，这是比较简单易行的措施。

在目前的十一学校，我们不仅规定校长不得改变教代会的各项决议，而且不能在全校以行政手段推行某一种教学模式。

教职工代表 20 人及以上联名提议，可临时召开教代会，提请对校长的弹劾或对有关政策方案修改的建议议程，经全体代表 60％以上同意，可启动弹劾校长或修订政策方案的程序。

尽管教代会的决议任何人不得改变，但是，为了防止因时间变化、上级政策调整等各种原因带来的失误，特殊情况下，校长有权对教代会通过的方案提出暂缓实施的建议，提交教代会主席团同意后，可对有明显问题的方案实施冻结，待下一次教代会审议修订后实施。如有必要，也可经主席团同意，提前召开教代会审议修订相关方案。

财务权的相互制约可以用两句话概括。

一是不让有权的人理财。在学校内部，校长的权力最大，但他只能决定年度预算，具体的财务收支则无权管理，校长不能够直接签字报销任何费用，防止校长在财务支出上的畅行无阻。

二是不让理财的人有权。根据上级关于"一支笔"签批的财务管理制度，校长要通过法律手段委托一位财务专业人员代行校长签批的职责，负责监督各年级、各部门年度预算的实施，但是对预算之外的任何支出均无权决定。

对学术委员会的决定，特殊情况下，校长可以提出重新审议的建议，学术委员会应该在全体委员中充分沟通校方提供的相关信息，重新进行投票表决，如二次表决仍维持原来的意见，则校长不得再次干预。

我们深深感到，学校内部治理的良好生态，必须建立在多主体、全领域、各环节之中，也只能在实践过程中不断深化。

第一，理清学校治理的主体，是完善学校治理结构的前提。

传统的校园里，权力主体单一，于是责任主体必然单一，在不同领域的不同环节发生的诸多事情，均由校长或者行政管理者决策，不仅容易导致决策失误或不够专业。让行政一方承担难以承受的压力，也难以调动校内各方参与管理的积极性和创造性。

从目前的情况看，我们在学生会为代表的治理主体的责权研究方面尚不够深入，只有完善治理结构中的学生主体，让他们以各种可能的方式参与到学校治理中来，才能确保学校工作始终不偏离中心。

缺失的另外一个主体是家长。尽管目前家长委员会在大部分学校已经建立，但由于管理体制、财税体制、学区管理尚不配套，导致家长诉求常常扭曲。如何循序渐进地稳步推进家长在学校治理中的主体地位，充分尊重他们的权利，积极发挥他们的建设性作用，合理满足他们的诉求，对我们既是挑战，也是使命。

第二，学校治理的出发点和落脚点应该是学生。

其治理结构和治理能力建设应该围绕着学生而设计。学生的诉求，学生的利益，应以制度的方式予以保障。

在这里，除了必须理清学生一方作为治理主体的地位之外，对学校治理的每一方主体，都必须通过权责设计，让他们始终把学生放在第一位。只有如此，"一切为了学生"才会不仅仅是一种理念，才能从墙上的口号变为落地的行动。

第三，要逐步明确各主体在不同领域的各个管理环节上的权力和责任。

在我们的习惯里，喜欢各自划界、独自承包，一旦某一领域划归某一治理主体，其他方就很难介入其中，造成条块分割，致使不同环节应由不同治理主体介入，应由不同主体决策的科学治理方式落空。

在教学领域，校方、学术方、学科、教师、学生以及家长，各自应该在各个不同的教学环节上具有怎样的责权？

在资源的配置方面，管理者与使用者，教师与学生应该在资源链条的哪一些环节发挥作用？

明确上述权责，保障没有哪一个领域、哪一件事情可以仅仅靠一个独断的决策说了算，这样的学校治理结构可能会更加安全，其治理能力也相伴而生。

（本文刊发于《海淀教育》2015年第2期）

专家评述

进入21世纪，我国基础教育迈入了快速发展的轨道，优质教育资源不断扩张，大校名校不断涌现，出现了一校多址，名校跨区域、跨地区办分校的新型教育生态，导致中小学校规模越来越大，人数越来越多。十一学校作为全国知名中学自然也不例外，在近十年的发展过程中，已经成为一个优质教育资源"帝国"。对于这样一个庞大的教育组织机构，学校内部治理体系的建立就显得尤为重要。李希贵同志接任十一学校校长以来，锐意改革，勇于开拓，致力于建设新型的现代学校内部治理体系。从根本上讲，学校内部治理体系建立，无非是涉及学校管理权力的集中或分散的问题，这是教育管理的核心问题。

在建立学校治理体系过程中，李希贵校长首先要做的就是理清学校管理的权力边界。校长的权力，年级的权力，学科的权力和教师的权力边界在哪里？如果他们之间权力边界不清晰，那么学校各项改革就是相互掣肘，学校管理创新是很难实现的。学校作为一级教育实施组织，从某种意义上讲，相当于一个大企业，校长则相当于一个学校的CEO。为了提高办学效率、效益，就必须减少层级，实现"扁平化"管理。所谓"扁平化"管理，就是要去中层化。十一学校把所有的中层部门变成职能部门，不再是管理部门，所有的副校长不再分管任何一个领域，不是分管每一个年级，而是兼任年级主任。"扁平化"是一种权力分解的过程，也是一种"责权"边界更加清晰的过程，实质上也是一种教育管理民主化的过程，需要把学校教育管理的"权力"逐级分解，逐步清晰明确，需要调动学校所有人员参与学校的管理过程，成为学校管理的主力军。

有人对李希贵30多年教育管理经验进行了总结，从教师到校长，从校长到局长，再从局长到校长，他的教育思想与实践似乎总与"放权"和"分权"分不开。做老师，向学生放权，让学生成为学习的主体；做校长，向教师放权，"让每个人都感到自己的重要"；做局长，向校长放权，用"职级制"对校长进行动态管理。正如李希贵校长所言："分配权力绝不是为了推卸责任，而恰恰是为了让不同的责任主体能够游刃有余地履行责任；尤其当每一个治理主体承担着最终决定权的时候，他们在使用权力的过程中，往往慎之又慎，决策的质量会远远超出我们的预期。"通过各种分权和放权，将原本攥在校长手里的权力，分散到教代会、校务委员会、学术委员会、学生会、家长会。原来处在金字塔顶端大包大揽的校长，将成为扁平化管理体系中行使有限职权的职业管理者。

提到李希贵校长着力建立的现代学校治理体系改革，不能不提到两个标志性事件：一是他带领全校教职员工制定《十一学校行动纲要》；二是在他带领下制定出台《十一学校章程》。如果说行动纲要是十一学校的办学精神文化，那么学校章程则是学校的制度体系结构，其根本目的都是把多年积淀的办学思想文化以"章程"的形式"固化"下来，成为现代学校内部治理体系的基石，也成为学校管理改革的行动指南。十一学校的《章程》不仅将学校运行中各个领域的工作加以规约，而且还将弹劾校长和校长辞职等涉及人事制度的敏感内容纳入了治理结构的描述之中。多年积淀的办学精神文化，再加上科学论证的"章程体系"，为每一位教师创设安全的工作环境，为每一位学生创造了适合的教育，让校长在有限的范围内行使权限，学校的改革与发展将不会因人事更替而产生动荡。学校章程是学校办学行为的指南，是一所学校文化发展的成果体现。有了章程就有了现代制度体系，就有了办学精神文化延续的科学保障。

总之，近年来，十一学校各项教育改革推进得"顺风顺水"，主线清晰，多而不乱，井然有序，就是得益于这种内在的精神文化和治理体系。

学校治理体系改革的目的直接指向创造适合学生的教育，为学生提供最好的可供选择的课程体系，保障学生接受最好教育的基本权益。干部教师体验到了权力带来利益，自然而然会为行使这种权力而付诸努力，自觉自愿成为推进学校各个领域教育改革的主力军，学校也就踏上了良性发展的轨道，成为当代基础教育改革的一颗耀眼的明星。

（北京市海淀区教育科学研究院　　吴颖惠）

守望·求索

——为未来领袖人才奠基

清华大学附属中学　　王殿军

从 1981 年参加工作到今天，我投身教育已经整整 33 年了。从 2007 年来到清华附中担任校长也有了 8 个年头。看着自己的一本本工作日历，看到那一格一格挤满了小到一般人几乎看不清的日程安排，怎一个"忙"字了得。我不怕忙，不怕苦，不怕累，但是有些事情比忙、苦、累都要难。我们想坚守的东西有时候难以坚守，我们想改变的东西有时候难以改变，我们想探索的东西有时候没有机会。可以说许多该干的、想干的事情不一定能干得了，而许多不想干、不该干的事情又不得不干。更重要的是，面对种种矛盾、挑战和困境的时候，我们还不能丧失信心，要在现实的压力下尽可能地为理想的教育创造条件，尽我们所能搞好我们的学校教育。在过去的几年里，我和我的团队坚持不懈努力，发扬清华"自强不息、厚德载物"的精神，克服了许多困难，渡过了许多危机。经过团队共同努力，不仅让清华附中焕发出新的风采，各方面发展迈上了新台阶，而且在一些关乎教育全局的重要问题上，有了自己的探索，积累了一些实践经验，也得到了广泛的关注。

我并不想去详细地描述我们的具体做法，也不想过多展示我们的学生和老师所取得的骄人成绩，而是想与大家交流一下我们的思索、探索和求索，说说我们办学的心路历程，交流我们眼中的教育、心中的教育和手中的教育。

一、接受突如其来的任务

2007 年年初，我来到清华附中担任校长，当时许多人都感觉到奇怪，也非常好奇。为什么会突然把一个大学的教授任命到附中来担任校长？我自己也感到有点意外。但是，时任清华大学党委书记陈希老师找我谈话之后，我觉得也在情理之中。

记得那是 2006 年的冬季，大学即将放寒假，作为数学系党委副书记的我正在组织教师和研究生进行研究生入学考试数学的阅卷工作。组织部的领导突然找我谈话，说要有一项新的任务交给我，那就是去清华附中担任校长。我当时有点懵，满脑子都是问号。并且试着问道："这是征求我的意见还是组织已经决定了？"领导笑了，但是并没有回答我的问题，而是说书记会找我谈话。谈话时，陈希书记没有征求我意见，直截了当告诉我，为什么要派我到附中，并对我们的工作和附中未来的发展提出了明确要求。陈希老师对我说："你在附中工作的意义并不比在大学的小，作为师范大学的毕业生，也算科班出身，又是学数学的，数学课也教得不错，在大学期间一直担任本科招生组长，经常与中学打交道，又有一定的管理经验，到附中挺合适的。听说你女儿也是附中毕业的，还考上了清华，而且你也住在清华边上，应该对附中有一定了解吧？"看到我依然有点犹豫，他又说："大学有几百个教授，少一个多一个关系不大，而附中只有一个校长，一定要办好附中，要办得与清华的地位相称，要让广大的教职工满意，要在中学教育方面有所创新，有所作为，有所引领。"他一再叮咛我，不仅要愉快接受任务，而且要安心工作。说只有三种情况可以考虑离开附中：一是身体不允许了；二是干得出色组织另有任用；三是该退休了。他说附中是一个值得踏踏实实干下去的岗位，是一个大有可为的岗位。

既然是组织决定，作为党员，作为清华人，就没有什么好说的了，就要全身心投入工作中。我对教育当然不陌生，但是我对中学教育真的有点陌生，但是我当时想，数学那么难都能学会，难道中学教育就学不会？后来我才发现，中学教育真的比搞数学难。

来清华附中前，我与中学的亲密接触有两次：一是我自己读过中学；二是在大四的时候去中学进行过教育实习。但是由于在清华工作期间我负责一个省的招生工作，与许多中学校长、中学教师和学生打过交道，深知中学各方面的难处，我知道未来一旦接受这样一项工作，那就意味着每天要为百亩校园，为几千学生、为几百老师的学习、工作、生活和安全负责；手机得 24 小时开机，这意味着你几乎要牺牲所有的周末甚至节假日，必须全身心地投入；更意味着要放弃自己研究了几十年的数学，走下熟悉的清华讲台，放弃自己的全国名师梦；还意味着面对近乎惨烈的应试教育竞争大潮。面对种种压力和挑战，我该何去何从？我该如何应对？

清华附中有百年雄厚的历史积淀，有一支团结的领导团队，有一支优秀的师资队伍，更有一群充满天赋、活力的优秀学生。尽管前路漫漫，但我对此充满了信心。

二、融入百年名校，确立发展目标

8年来，我经历了从陌生到熟悉，从熟悉到热爱的过程，我已经融入这所百年名校，与清华附中人一起成长。

2007年2月我正式走马上任，利用寒假时间，我熟悉了一下附中的历史，找附中所有的校领导进行了谈话和交流。之后，有半年的时间，我一直在努力从陌生走向熟悉。每一所学校的教育目标、教育追求和教育行为都需要设计，需要选择。我想这种设计和选择，需要体现教育者的价值追求，需要基于学校的历史积淀、文化特色，需要选择的首先是目标，其次是路径，然后就是达成路径和目标的做法。我们的培养目标是：为未来领袖人才奠基；我们的办学目标是：中国一流，世界名校。2007年暑假干部会上，在充分调研和分析并经过班子会多次讨论之后，我们明确提出了"九年发展规划"的战略构想，制订了"三个三年，分三步走"具体目标，为师生与学校共同发展做出努力。

九年规划的主要内容是：

2007—2010年完善准备阶段：利用这三学年的时间，基本确立学校整体战略布局，创新学生培养模式，全面改善教育教学环境；抓学校内涵发展，努力形成普遍认同的学校核心价值观；启动校园文化建设，启动教师专业发展计划；生源质量要有改善，学风要有改观，学生培养质量要有明显提高。各种重要的办学指标要名列海淀区前茅，得到社会广泛关注和积极评价。

2010—2013年稳步发展阶段：基本完成学校战略布局，学校的环境和硬件建设得到明显改善，教育、教学内涵得到充分发展，初步建立起共同的文化价值观，打造出一支优良的教师团队，基本完成校园文化建设工作，形成清华附中独特的办学思想和人才培养模式，办学成绩和水平受到社会各界高度评价和认可，成为国内具有一定影响力的学校。

2013—2016年实现腾飞阶段：学校全面完成战略布局，学校管理科学高效，校园文化和谐美丽，育人环境、师资队伍、教学水平、生源质量等都达到较高水平，办学的各种重要指标名列北京市前茅。尤其在拔尖创新人才培养、国际化水平、特殊人才培养等诸多方面，独树一帜，独具特色。办学理念、办学实践和办学成果在中国基础教育界具有很大的影响力，基本实现学校"中国一流，世界名校"的办学目标。

在 2008 年暑期干部会上，我们对战略目标进行了进一步的具体规划，形成了"一个规划，四个构想，七项目标"的具体行动方案，明确了学校的发展目标。

一个规划指的就是 9 年发展规划。四个构想指的是创新培养模式、实行开放办学、开展国际教育、拓展培训业务。这些年我们一直都按照这四个构想在不断地努力。

关于"实现 9 年发展目标的 7 大具体指标"是：①正确的教育理念；②良好的育人环境；③和谐的校园文化；④一流的师资队伍；⑤最好的社会资源；⑥骄人的办学成绩；⑦凶猛的发展势头。

现在看起来当时的提法确实有点"凶猛"，但是我们都特别有干劲。随着这些具体行动的落实，附中的发展步入了良性循环的轨道，一步一个脚印，一步一个台阶，一年更比一年强，一年更比一年好。

三、统一价值追求，注重实践探索

我们开展全校大讨论，通过制订校园文化手册，进一步明确了发展目标，统一了思想和价值目标。

对于学生发展而言，我们认为品德志向最重要。而学生中间的领袖人物对于其他学生的影响力最关键，同时他们的志向、品德、修养、能力对于未来能否成为领军人才也至关重要。于是我们决定开办"学生领袖训练营"，促进优秀学生更加卓越，用优秀学生带动全校学生更加优秀。

清华附中"学生领袖训练营"是清华附中在人才培养方面的一个新的探索，它通过专家讲座、课外活动、读书交流、项目设计等活动来培养学生的公民意识、创新精神和领袖气质。

1. 生涯规划课程

清华附中生涯规划课程出于学生自我定位、明确自我奋斗目标，确保未来发展的持续性和有效性，为未来成功奠定基础。首先要让学生发现和搞清楚主要的人生目标是什么；其次是分析如何着手实现上述目标，通过学习生涯规划的具体细节设定短期目标并策划如何达成，向着梦想切实行动；然后在学习和行动中不断修改和更新人生目标。

2. 校外考察课程

清华附中考察课程充分利用社会资源，带领学生走出校园，接触社会、了解社会，从而增加学生对社会的生活积累，并获得对社会物质文化、精神文化和制度文化的认知、理解、体验和感悟。校外考察课程作为学校教育的拓展和延伸，在学校教育的基础上，注重对学生进行素质教育的培养，在课程设置上，比较重视学科课程与活动课程的结合。

3. 社会服务学习

清华附中学生志愿者协会以"弘扬志愿文化，爱心服务学校，微笑服务社会"为宗旨，积极倡导"奉献、友爱、互助、进步"的志愿者精神，充分结合中学生特点，以校园服务、知识传播、关爱社会为主要特色，深入学校、社区和社会的各个层面，促进了志愿服务的常态化、社会化和持续化。

我们改革课程，努力实现因材施教。清华附中的学生发展需求更富多样化，学生之间的个性差异也比较大，为了满足不同发展倾向的学生的需要，学校将国家课程进行了重新整合，构建出了"基础类课程、拓展类课程、研究类课程"这样面向不同（能力与兴趣水平）层级学生的层次化核心课程。同时，为了开拓学生视野，为了培养学生的学习和创新技能、信息、媒体和技术技能、生活和职业技能等21世纪核心技能，学校形成了旨在培养学生综合能力的综合课程。而为了体现清华附中的育人目标，更好地培养清华附中学生的竞争力和领导才能，学校设计并实施了旨在培养学生的大局观、责任感、创造力等能力素养的具有清华附中特色的领导力课程。此外，为了给拔尖学生以研究个人所擅长的领域和展示个人专长的平台，促进学生学习方式的多样化，还形成了具有多元知识内容的、由学生自主选择内容并自主授课的学生自创课程。这样，学校就形成了以核心课程为中心，以综合课程、领导力课程、学生自创课程为补充的多层次（类别）、立体化的课程体系。

我们以科研促进教师专业水平的提高，建立了教师学术积分制度，改善了教师评价体系。特别注重更新教师观念方面的培训，在全国率先开展MOOC和反转课堂的实践，培训和推广了互动式教学和讨论式教学。只有解决好了教什么、怎么教的问题，才能改变学生的培养方式。

四、履行名校责任，努力服务社会

我觉得名校至少应该有三大责任：为未来人才奠基，引领教育改革创新，努力承担社会责任。清华附中作为一所知名大学的附中，一所全国知名中学，不仅要办好学，也要在改革、创新方面，社会责任的承担方面，有所作为。

建立中国大学先修课程的想法始于2009年，有两个重要原因：一个是中国的课程体系缺乏层次性，无法满足优秀学生的需求，许多学有余力的同学存在"吃不饱"的问题，这严重影响了许多富有天赋和潜质的优秀学生的培养和发展；中国的中学教育和大学教育严重脱节，许多高考成绩特别优秀的学生在进入大学之后难以适应大学的学习和生活，严重影响了后续的发展。而美国利用大学先修课程很好地解决了这两个问题。那时我就想，我们为什么不建立自己的大学先修课程体系呢？我是一个说干就干的人，当时也有点不知天高地厚，立即成立了一个小组，启动大学先修课程的研究设计工作，今天看来当时的胆子确实有点大。

从那时起，我们一直在不遗余力地推动大学先修课程体系的建设，虽然现在看来还不算成功，但是已经有很大进展。今天作为中国大学先修课程试点项目负责人，可以很高兴地告诉大家，试点工作已经启动，开发了6门课程，全国60多所高中参加试点，3000多名学生同时上课。从一个小组成立到今天成为教育部的委托项目，经历了5年时间，把这个理想变成现实的动力也许就是清华自强不息的精神吧！

如果说中国高校招生和高考难以真正改变，素质教育在中学难以实施，学生全面发展难以实现，重要原因之一是我们没有一个系统和完善的评价体系，我们的评价指标只有一个，那就是高考成绩。没有科学的评价就不可能有正确的选拔，没有正确的选拔就不可能有健康的教育，这也许就是在新的教育综合改革方案中提出高校招生要参考学生的综合素质评价的原因。

我们过去在自主招生推荐过程中，只参考了文化课成绩，学生的综合素质表现没有发挥作用，没有权威性、科学性和公信力的评价方式可以使用，于是我们在2012年秋季决定自己研发一套综合素质评价积分系统，现在系统开发完毕处于测试阶段，我们期待这个系统能够在未来的综合素质评价中发挥作用，为深化考试招生制度的改革和人才选拔培养方式的改进发挥更大的作用。

从"诚信联盟"的发起、成立到"寒门英才"培养计划的实施，从承办分校到扶贫支教，从国际部的举办到与国外名校深度的交流与合作，清华附中一直在探索着、创新着和追求着，为了今天的教育，为了今天的人才培养，更为了明天国家和民族的兴旺。

（本文刊发于《海淀教育》2015年第1期）

专家评述

清华附中办学真正贯彻了我们教育的基本规律，以学生为本，这是最重要的。一个基础教育的学校办得好不好，其实不看设备，也不看学校有多少好的条件，关键看是不是真正为学生发展在考虑。对王殿军校长和清华附中的办学，我概括为三句话：以学生的去向来明确学校的地位；以学生的发展来建设学校的课程；以学生的需求来深化学校的改革。

第一，以学生的去向明确学校的地位。一般而言，从国际上的经验可以看到，对中学尤其是高中有两种不同的定位，一种是终结性教育，也就是说大部分学生毕业后就要去工作，走向社会。第二种中学教育定位叫作Preparatory Education，即预备型教育，也就是中学的绝大部分学生毕业以后还要接着上大学，这是从国际上对高中教育的两种基本定位。

那么，这里定位的一个重要依据不是校长的意愿，而是学生的去向，体现以学生为本，体现对学生需要的重视。清华附中在办学过程中之所以能够取得成功，很重要一条是紧紧抓住了清华附中学生，抓住大部分学生去向的方向性问题。对清华附中我没有做充分的调查，但我想可能100%的学生是要上大学的。那么这时候，应该给他们一种什么样的计划？在学校的课程中，强调高水平的基础性课程和素质性课程。所以，学校做这些课程是着眼于学生发展走向的。这跟我们前些年的高中是完全不同的，那时候整个高中毕业生的升学率，即使是重点学校也就是50%、60%，而大多数高中也就在10%、20%。所以，以学生发展为本位首先要考虑学生的去向，以学生的去向来为学校定位，为课程定位，这是课程建设最重要的依据，这是清华附中的经验之一。

第二，以学生的发展来建设学校的课程。中学课程的发展有三种目标。有的中学以升学为目标，最终看有多少学生升上大学；还有一类中学是以多少学生升入重点大学为目标，追求重点；第三类中学是着眼于学生未来发展，它不仅考虑升学，不仅考虑重点，更多去考虑上大学以后，甚至是大学毕业以后。这类中学我觉得是我们应该树立为样板的学校。清华附中恰恰是为学生的未来发展，包括为将来的领导人才、为未来的创新人才而考虑。我想这样一种分类并不意味着办学水平越高的学校、层次越高的学校，一定是着眼于学生未来发展的学校。可能办学条件差的学校同样可以着眼于学生未来的发展，同样可以提供高水平的服务。我觉得清华附中的案例恰恰在于它所提供的示范意义，不仅是对于重点中学有意义，对于所有高中和中学都有意义。因为不同的高中，即使是在贫困地区的中学，如果从学生未来发展的需要去建设课程，都是很好的。大家可以看看它所提供的这些基础性的德育课程，包括一些可持续发展的课程、领导力的课程等。这是它作为一种经验的可贵之处。

第三，以学生的需求来深化学校的改革。中学生发展的需求是什么？为什么清华附中会强调这么多的文化课程和德育课程？我们在中学工作很多年，我们清楚中学生真正关心的是什么吗？他们关心上大学吗？上大学之后呢？从很多的教育专家、教育理论、教育经验可以看到，中学生最关心的是认识他自己，回答"我是谁"的问题，要解决自我认同的问题。究竟自己是谁，对于自己是谁而产生的困惑，在高中阶段表现得最突出。

清华附中的经验在学生成长过程集中了个性化的课程和教学，通过个性化的课程、教学，帮助学生在认识"我是谁"、回答"我是谁"的问题上有了突破，进而为他们将来成为领袖型的人才打下基础。大学先修课程除了强调中学与大学衔接之外，更重要的意义在于他们在高中阶段能够认识自己适合学什么，将来选择什么专业，包括综合素质评价的探索。以学生为主贯彻清华附中整个教学改革实践，就是成功的基础。

在王殿军校长的报告中，经常看到的是人才和领袖人才培养，这里面就涉及基础教育理论中的一个重大问题，而在一定意义上也是清华附中一个非常大的创新，我们的高中不仅要培养"人"，也要培养"才"。在过去，我们常说基础教育是培养人，这没有问题，我们一直要坚持做一个好人，符合一个社会的接班人、建设者的要求。但是，从接班人和建设者的角度我们回过头来看，尤其是在高中阶段除了"做人"的培养以外，恐怕还要考虑"成才"的准备。

所以，在高中阶段如何做人，对"人"的培养和对"才"的培养这两者结合起来，我觉得既是附中办学经验的创新，也是理论上的创新，下一步在理论认识上要进一步清醒，进一步加强探索和实践的方向。

（清华大学　　谢维和）

创设和谐发展的心理健康教育环境

北京大学附属中学　　王　铮

北大附中的心理健康教育起步早，起点高，基础厚实，全员参与性强。学校主动开发和利用心理健康教育资源，积极打造高层次的国内外心理健康教育研究和交流平台。

一、依托大学培训师资

自20世纪90年代以来，北大附中依托北大、北师大、中科院心理所等心理教育重镇，系统开展心理健康教育的师资培训和课题研讨，心理健康教育进入持续发展的快车道。1996年，由林崇德教授牵头的北师大儿童发展心理研究所首次为中小学教师专门开设了研究生课程培训班，我校派出两批共40余名教师利用为期两年的寒暑假参加了此次大规模培训。现在，这些老师都已成长为我校的学科主任和骨干教师。1998年6月17—22日，由北京大学主办、北大附中承办的"全国中学心理素质教育培训班"开班，来自全国80多所学校的老师参加了培训，我校班主任和青年教师也参加了培训并获得了北京大学心理系颁发的"全国中学心理素质培训班结业证书"。当年参加培训的这些老师现在很多都已成长为校级中层干部和各学科骨干教师，并在日常工作中自觉运用心理学知识开展学科融合性教学。

二、国际交流分享智慧

近些年来，我校除了继续保持着与上述机构的合作，还积极开展心理健康教育的国际交流。2006年4月和2008年4月，北大附中心理老师与友好学校芬兰罗素高中的心理老师就中学心理辅导、高中生的生涯教育等课题，进行了广泛深入交流，他们还应邀参观了团体活动室。北大附中的学生也经常能听到外国专家的讲座。2005年10月22日，美国国家医生家庭资源中心代表团专家们为学生讲青少年的人际交往、品格培养、情绪控制、如何对待"性"，还为家长讲怎样和青春期的子女沟通。

同学们积极参与，现场气氛活跃。以海淀区为主的各区县老师也应邀出席了这项活动，反响强烈。

三、注重研究，立足活动

北大附中积极重视心理健康教育专职教师的成长和发展，通过课题研究、职业培训、课程建设、活动室建设和心理咨询服务等途径发挥其专业引领作用，同时注重调动全体师生和家长的广泛参与，努力构筑开放式、体验性和多样化的心理健康教育模式。学校现有曲小军和刘增雅两位专职心理教师，她们均为心理学硕士，取得国家二级心理咨询师资质，工作之余不断参加各种培训，并多次获奖。两位老师作为志愿者，都参与了海淀区组织的心理健康教育志愿活动以及北川灾区的心理援助活动。

学校历来重视心理健康教育的科研工作。我们很早就与中科院心理所合作，参与时勘研究员主持的课题，并给全校班主任进行人格投射测试。从2000年起，北大附中就参加了黄悦勤教授领导的关于"青少年健康人格研究"的课题，2009年又参与了"北京市高中生网络成瘾现况调查及干预效果评价"课题。我们申报了国家教师科研基金"十一五"规划重点课题"新课程背景下高中阶段'生涯教育'研究"。在此基础上，刘增雅、周磊两位老师在高一全学年开设了心理选修课"规划你的人生"。

学校本着"自主、开放"的理念，开展了必修课、选修课、心理社团活动等形式多样的心理健康教育，取得了丰硕的成果。在课堂教学这个主阵地，心理老师选题紧扣入学适应、价值选择、人际沟通、心理减压等学生成长实际，内容贴近学生心灵，形式灵活多样，既有游戏，也有辩论赛，还有小组为单位的社会调查展示。学校构筑起"课堂外参与，课堂内分享"的必修课模式。初一、初二以班级为单位的"青春期心理健康课"，以活动和体验为主，并培养学生的社会性视角，让他们从行动中思考，从行动中感悟。学校在非毕业年级开设心理选修课，通过案例分析、角色扮演等形式，提升助人的专业能力，并在毕业年级开展考试减压讲座等指导与服务。学校还专门开设了团体沙盘等校本选修课程。生动活泼的心理课堂成了学生自主成长的舞台，自然深受学生喜爱。

在积极实施校本课程《北大附中心理健康教育课》的过程中，我们更是把学生视为第一资源，积极引导他们开展各种形式的自主探究活动。

为了帮助初一新生顺利完成小升初的过渡和新生入学适应，开设"走进我的北大附中"为主题的综合实践活动，引导学生通过自主调查、采访等途径，就自然环境、生活环境、学习环境和文体娱乐四个方面在小组、班级和年级多个层面开展合作探究与分享，通过学生反馈的活动感想可以看出，他们在这一过程中增进了彼此的了解，培养了能力，增强了合作、分享、参与、规划的意识，在深入理解学校风格和传统的基础上，积极适应了校园生活。

学校积极支持心理社、爱心社等学生社团开展丰富多彩的校园文化活动。"5·12"汶川地震后，心理社在第一时间动员全校师生制作"我们和你在一起"的爱心卡，并在儿童节前为灾区孩子折幸运星，传递祝福。此外，心理社还广泛开展世界精神卫生日专题宣传、心理讲座、心理游戏等活动。社团参与改建了心理咨询室和团体活动室，增加了沙盘游戏，捐赠了很多玩具。

四、力求创新，育心为重

北大附中的心理健康教育尽管起步很早，起点很高，但全员机制仍未有效建立；专业化发展程度较高，但势单力薄，教科研还主要依赖专职心理教师；心理社团学生的主体性未得到充分发挥。学校致力于"培养个性鲜明，充满自信，敢于负责，具有思想力、领导力、创新力的杰出公民。他们无论身在何处，都能热忱服务于社会，并在其中表现出对自然的尊重和对他人的关爱"。要实现这样的目标，需要在继承传统、发展经验的基础上，进一步推陈出新。推进教育的内涵发展，不能只停留在规模的扩张、设施的豪华和声名的煊赫上，而应涵养健全的人格，发展良好的个性心理品质。在这一过程中，心理健康教育要在专业化的基础上进一步拓展，动员一切可以动员的力量，把心理健康教育渗透到教育教学的各个环节和全过程之中。

我们确立心理健康教育先行的地位，在职称评定、项目经费、师资培训、课程建设、心理活动室建设等方面继续加大倾斜力度。学校要"筑巢引凤"，构筑起心理健康教育的资源平台和交流平台。

我们要开放"育心"，开门办学。普遍开展心理健康教育，仅仅靠几位心理教师是远远不够的。必须将教师专职化与全员参与相结合，培养一支自身心理健康、懂得心理学专业知识、掌握心理辅导技巧和心理训练方法的教师队伍。我们要积极推进高中课程改革，设置心理老师参与的面向全体学生服务的学生发展咨询与指导中心，将团体辅导、分类指导与个别咨询相结合。课堂教学是对学生进行心理健康教育的主渠道，教师要根据各科教学的特点，适时、适度地把心理健康教育渗透在教学中。

我们要积极加强教师心理培训，关爱教师心理健康。教师群体是学校文化和发展利益的守望者，也是心理健康教育的主力军。学校要主动创设尊重、关爱教师专业发展的人文环境，积极培养教师的职业幸福感和成就感，通过完善工会、教代会等民主机制，积极发挥教师在学校教育和管理中的主人翁责任感，积极推进校务公开，阳光办校，公正办校。建立在校长领导下，全体教师共同参与的心理健康教育工作体制。

学校策划面向全体学生开展的心理健康教育活动，使学生不断正确认识自我，增强调控自我、承受挫折、适应环境的能力；培养学生健全的人格和良好的个性心理品质。导师、辅导员关注个别差异，根据不同学生的不同需要开展多种形式的教育和辅导，对少数有心理困扰或心理障碍的学生，聘请专家给予科学有效的心理辅导和咨询，使他们尽快摆脱困扰，调节自我，提高心理健康水平，增强自我教育能力。实施学生发展计划，积极开展各类学生社团活动，增进人际交往与合作，建构学生社区组织与文化，加强学生的社会化理解与体验。

（本文刊发于《海淀教育》2010 年第 2 期）

专家评述

初次相识，王铮校长是一位很内向、很沉静、很温和的人，经过长期的工作接触，会发现他是一个很固执、很激烈、很坚韧、内在能量很大的人，属于那种不动则已，一动就"响声"很大的人物。无论是深圳中学课程改革，还是北大附中班级管理改革，都是颠覆性的教育改革，都对多年盛行的公办学校教育教学秩序产生了强大的内在"冲击力"。在中国基础教育领域里，一次又一次掀起风浪，引起轩然大波。这可能是他独立个性特征外加物理学背景使然，成就了他的处事原则和做事风格。

记得在 2013 年春天，当时北大附中的走班制、单元制改革正在引起媒体争议、热议的时候，我因为一件小事来到北大附中找王校长。跑遍了办公楼、实验室、会议室、活动室，就是找不到他的踪影，都说他在学校，就是不知道在哪里。最终，我在一间计算机教室里找到了他，当时他正被一群高中学生包围着，激烈地讨论某一个物理问题，我简单地说明了来意，他表示没有问题，然后我们就说了"再见"。我走出了计算机教室，他与学生继续他们的学术争论，他自始至终都没有站起来，围绕在他旁边的学生，似乎也都没有注意到我的到来，仍然旁若无人在争论着。王铮校长就是这样一个人，一个永远沉浸在他的物理学概念之中，永远生活在学生之间的年轻校长。在众多校长之中，他的确很另类，另类得似乎不食人间烟火，但正是这样一个极具个性化的校长，成就了一所又一所特立独行的优质学校。

北大附中是一所与众不同的独特学校，无论全球教育改革的风云如何变幻，北大附中始终致力于"培养个性鲜明，充满自信，敢于负责，具有思想力、领导力、创新力的杰出公民。他们无论身在何处，都能热忱服务于社会，并在其中表现出对自然的尊重和对他人的关爱"。要实现这样的育人目标，就必须对长期积累下来的公办学校办学经验、管理模式、课程结构、教学方式和评价体系等进行全面系统的突破性改革，王铮校长固执地坚信这一点，他精心设计、力排众议、竭尽全力推进北大附中的全面改革。

王校长的改革出于他对北京大学"独立之人格，自由之思想"办学传统的推崇与信奉，对世界基础教育改革的深刻洞悉以及对基础教育改革的深刻体悟。他相信中学可以按照大学的管理模式，给学生更多自我管理权力，这样不仅能够让学生自由自在地学习生活，而且可以培养他们的兴趣和爱好，激发每个高中学生内在的创造力，而学校只需要给学生提供更多学习与发展的时间与空间，让学生在不同的书院或社团里，自己管理属于自己的时间，学生就能够获得更好、更快、更有效的发展。他的个性与学科背景注定了他在办学过程中，过度追求差异性、独特性。他认为中国教育最大的问题就是单一性和统一性，多样性的存在本身就很有意义。因此，他希望建立一所多元化、自主化的学校。鼓励学生选择，每个人都可以不一样。北大附中追求的差异化不是在某个部分、某个局部，而是从机制、制度、课程、教学、环境、氛围等各个方面都寻求一种全面、配套、整体性的差异化。北大附中正在进行的是"北大式改革"，无论是走班制、导师制、书院制、学长制，还是晨会、议事会，等等，北大附中教改的一系列举措的确带来了全新的改革气息，在冲击传统教育理念的同时，也创造了足够丰富的想象空间。

经过连续 5 年的教育改革，现在终于可以窥探出北大附中教育改革的价值追求与基本走势。可以说，王校长的教育改革是对已有公办学校教育管理现实的全面突围，他突破的是多年实行的绝对被分割、被组织的教育教学和班级年级管理体制机制，打破年级班级的围墙，给学生更多的自由舒展的空间与时间。以前学校是按照年级分的，有 3 个年级，每个年级有几个班，现在横向划成了 7 个书院。在一个书院里边有高年级有低年级，是一种学长制，高年级的学生带低年级的学生。这样的书院没有班主任控制，需要学生自主管理。学生们要做什么，怎么样能够达成一致，怎么样达成共识，怎么样能够共同生活和管理，这些学校学习与生活的问题都需要自己来解决。而每个书院是能够传承的，这个书院不仅包含了现在在校的学生，还包含了已经毕业的校友，他们还关心着这个书院的发展，还以各种校友的身份来参与和支持现在的书院的各种活动，这就逐渐形成了不同书院的特色文化。对于学院制、书院制而言，学校则只需要建立丰富多样的课程供学生自由选择。比如，行知学院是国家课程的必修和选修，元培学院是必须选学的，可以和大学衔接，博雅学院是通识教育，道尔顿学院有国外的学习方式。不同的教师在不同学院里开设不同的课程，学生在不同的书院可以跨学院选课。这样，彻底地颠覆了原有学校管理与运行机制，形成了一种新的教育生态、形态和模式，建立了新型的师生关系，学生可以在跨年级的书院里，选择跨学科的课程。学生在校园里的学习生活发生了根本变化。

面向"互联网＋教育"，我们相信向来以"改革"著称的王铮校长，一定还会带领北大附中不断尝试互联网背景下"未来学校"的新形态。在这个"开放、互联、跨界"的新时代，学校的变革和重构将再次被赋予了丰富的想象空间。北大附中校园里还会一次又一次掀起教育改革的波澜，不断冲荡我们对中学教育的认知体系，催生新的教育思想与理念，推动我国基础教育改革走向深处。

（北京市海淀区教育科学研究院　　吴颖惠）

传承民族文化　特色办学育人

中央民族大学附属中学　　田　琳

一、民大附中的教育特质

民族中学的办学育人活动，必须体现出"中学"这个特定教育阶段的规律性，同时也需要满足民族教育的特定要求，在常规中学教育之外，还必须肩负民族团结教育、民族人才后备培养等任务，即要响亮地回答"为谁培养人？培养什么样的人？怎样培养人？"的问题。简言之，就是民族教育与中学教育的统一。

民大附中的教育具有多元性、承接性、潜质性、生成性、基础性，作用不可替代。其中，多元性和不可替代性是民族中学教育较为突出的教育特质。民族特色是学校立校之本。

民大附中始建于 1913 年，是一所历史悠久的百年老校。百年附中，学脉相承，书香悠远，学术精良，桃李芬芳。我校面向全国 24 个省、市、自治区招生，现有 30 个教学班，有来自全国近 50 个民族的在校学生 1730 人（汉族学生不足 30 人）。民大附中是民族革命的源地，李大钊、邓中夏等都曾来到蒙藏学校传播马克思主义，当时的一百多名学生中有几十名党团员。民大附中是民族革命的摇篮，少数民族的第一批共产党员在这里入党，第一个党支部在这里建立，第一本革命刊物《蒙古农民》在这里创刊，从这里走出了一代民族英豪和无数杰出的无产阶级革命家和民族工作领导人。

附中是培养国家少数民族干部的关键节点，是识别及培养少数民族后备干部的重要学校，是边疆少数民族地区实现长治久安的重要基石。学校有意识加强了民族政策、民族文化、民族关系、国家安全等方面的学习，重视国家观念、多民族融合观念、大局观念的培养。学校还坚持了民族平等，让每个地区、每个民族都有"声音"。适应国家人才培养战略需要，培养少数民族人才，增强文化认同要"从娃娃抓起"的观念，努力培养少数民族后备人才，为学生成为"维护民族地区社会稳定，促进民

41

族地区经济发展"的栋梁之才奠定基础。

在民大附中学习成长,能满足各民族孩子开阔视野、情感培育和民族交融的需要。学校地处北京首都,政治气氛浓厚,学习氛围浓重,学生眼界变得宽阔,意趣变得高远。通过学习,他们看问题不再仅从一族一事,而是放眼全国,全面考虑,既利于国家观念的培养、综合素质的提高,又便于学生以更高角度认识问题,培养具有全球视野的大局观。附中是一所全日寄宿制学校。老师不仅要管学生的学习,也要管生活。在 3 年的共同学习、生活中,师生之间建立了深厚的感情,同学之间朝夕相处,自然完成了多民族文化间的交流与学习,有利于确立多元一体"大中华"民族观。

二、民大附中的价值、职责和使命

今日之教育,不仅仅是知识的授受和技能的训练,更重要的是启迪智慧、润泽生命,造就出精神丰盈的个体。这既是教育追寻的理想,也是时代赋予每一位校长的历史使命。民族基础教育是"面向未来"的教育,即以"面向未来"的视野,培养造就适应未来社会发展所需要的一代新人,他们在未来社会将有重要的、理性的民族话语权。

加快民族教育的发展,是巩固和发展平等、团结、互助的社会主义民族关系的奠基性工程,对于确保西部大开发战略的顺利实施,增强民族地区综合竞争能力,有效抵御国内外民族分裂势力的渗透和破坏,具有重大的现实和历史意义。附中不仅仅是各民族中学生学习生活的场所,也是各兄弟民族进行文化交流的平台,更是中华民族团结的一种体现、一幅缩影和一面旗帜,为民族地区的繁荣进步和西部大开发提供智力支持和人才保障。

五方杂处,各族同在,民族平等,团结互助,各美其美,美美与共。"各美其美",就是各个民族要弘扬自己优秀的文化传统,学校要为每个师生搭建能展现自己独特风采的舞台,发现并发扬自己的优点。"美美与共",就是各民族文化互相包容、人与人之间互相学习,展现一个多彩多元的世界。我校始终坚持对育人的高品位追求,提出"以人为本""板凳要坐十年冷,办学要看十年后"的价值取向,努力对学生和社会真正负起责任。

三、努力办好民大附中

1. 国家利益高于一切——民族教育的灵魂

学校加强民族政策、民族团结的教育，抓住一切可以利用的教育资源与契机，让少数民族学生更多地感受党和国家及领导人的关怀，更多地感受民族政策的温暖，更多地亲临社会重大变革和活动，更多地成为共和国成长的见证者、参与者，从小培养捍卫国家利益、承担国家责任、履行公民义务的社会担当意识。

毛泽东、周恩来、薄一波、杨静仁等党和国家的多位领导人，都深切关爱各民族学生健康成长；国家民委、教育部、财政部的多位领导积极帮助附中发展；北京市、海淀区、中央民族大学及各省、市、区的民委、教委和许多高校和中学等单位，也给了我校许多关怀和支持。2008年，时任国务院总理温家宝给附中学子题写了"祝各族青年团结、进步、健康成长"的复信。2009年，我校学生参加了国庆60周年的群众游行，成为"团结奋进"方阵的主要成员。2010年，11名少数民族学生参加了教育部组织的"第六批中国高中生访日团"等。这些都让学生亲身感受到了党和国家的温暖，增强了国家荣誉感和民族自豪感。不仅如此，我校还享受党和国家特殊的办学政策。从2003年起，我校京外学生争取到了学生毕业时纳入北京市统一高考和统一录取的优惠政策。2007年起，中央财政将按照"综合定额加项目支出"的办法，核定中央民族大学附属中学的经费预算并适当给予倾斜照顾，经费支出列"高中教育支出"新科目；2008年，财政部为我校开设零余额账户拨款。这些特殊政策都体现了党和国家对少数民族的亲切关怀。

社会大课堂，即在每周六下午，学校领导和老师带领学生走进北京市乃至京外的各种纪念馆、博物馆、科技馆、特色主题公园、名胜古迹等，或参观，或游览，或实践，或访问，看北京、看祖国、看世界，让学生们走出附中，走入北京，了解感受北京，拥抱首都、胸怀祖国，与北京同发展、与祖国同成长。在社会大课堂中获得直观的、感性的认识不仅开阔了学生视野，丰富了教育内容；更重要的是让各民族学生不断感受祖国的美丽和强大，增强国家认同感。

2. 民族团结，共同发展——民族教育的目的

学校在教学楼前立有"和"字雕塑，前面刻有民族宣言：中央民大附中因民族而生，为民族而存，伴民族而兴，随民族而旺；倡导汇纳百川，有容乃大，和衷共济，团结一心；坚持民族平等，团结互助，共同奋斗，共同繁荣。望学子以和为结，以勤相勖，各美其美，美人之美。今持社会于和谐，意即和气致祥，百年兴学，赤心报国，兴我中华。背面刻有和识：天下之大，以和为贵；汇纳百川，有容乃大。鸣鹤在阴，其子和之；天人合一，众志成城。和实生物，生生不息；天时地利，不如人和。人和邦安，九州一统；美美与共，天下大同。国富民强，和谐为本；民族团结，中华腾飞。学校构建了以爱母校、爱民族、爱祖国为核心的整体教育体系，以"维护民族团结，促进民族发展"为办学宗旨，关怀和帮助每一位学生健康成长。

各民族学生入学机会均等。学校为方便各民族地区的考生，减轻学生的负担，在20个省、市、自治区设置20多个考点，进行统一时间、统一试卷的自主招生考试。分省、分地区、分民族划线录取，首先满足各民族、各地区、各省份都有学生入学，然后分省区按计划择优录取，实现各民族教育机会均等（由于各省区基础教育的差异，往往出现全国考试前30名不能录取而要录取全国考试3000～5000名的学生，录取的最高和最低分之间相差300多分的状况，且一半省份达不到全国的平均水平）。学校还克服困难，筹措社会资金1000多万元，设立了民族希望奖励基金和民族希望助学基金，用于奖励教育教学活动中成绩突出的师生以及帮助老少边贫、农牧民子女完成学业。

学校实行分层教学管理，因材施教。高一年级不分民族、地区，全年级统一分为大平行班，让每位民族学生感受到在附中受教育机会是平等的，民族地位是平等的。高二年级、高三年级尊重学生文理志愿的自主选择，依据对知识接受能力实行分层浮动建班制，既尊重学生的个体差异、因材施教，也培养了学生好胜心理与竞争意识。

学校对学生的关怀体现在各个方面，日常生活中的衣食冷暖学校都做得很到位。建立了心理辅导室，配备了专门的心理教师，使遇到心理困扰的学生有了沟通倾诉的对象。在高考期间，我校绝大多数家长不能到京来陪孩子参加高考。为了确保每一位学生不因家长不在身边而失落、焦虑，几年来，学校已摸索出一套成熟的高考送考办法。由校长亲自带队，每个考点安排一名校级领导负责领队，每个考点分别安排一名中层干部、二名班主任、三至四名高三教师，分工明确、各负其责，高考期间全程跟队。学校统一安排送考车辆，统一安排学生免费用餐。

3. 各美其美，美美与共

学校创设各种条件，让学生在附中"各美其美，美美与共"，长思想，育情怀（一二·九合唱节、科技节、文化节、体育节、读书节、高三成人仪式等）；长能力，出领袖（学生社团活动频繁有歌舞社、彼岸文学社、棋弈社、电影社、话剧社、街舞社、寰球社、华氏 100.4 等）；长身体，增活力（学校建有篮球、足球、羽毛球、乒乓球、搏击等体育俱乐部）；会生活，能生存（生存教育、法制教育、安全教育、健康教育、国防教育）。学校还按月份举办读书节、体育节、音乐节、科技艺术节等活动。学校俱乐部的各项活动和赛事也开展得如火如荼。我们相信，优秀的东西坚持就是特色，传承就是文化。

民大附中人精诚团结、共同努力，坚守着"安安静静、干干净净办学、教书、读书""扎扎实实、踏踏实实办学、教书、读书"的书卷气，重点抓"办好人民群众逐步满意的民大附中，带出家长学生逐步满意的教师队伍，培育国家社会今后有用的民族学生"三件大事，为各类高等院校培养输送了一大批优秀的学生。

（本文刊发于《海淀教育》2011 年第 4 期）

编者感悟

分析和总结田校长的办学实践是件颇有挑战性的事。虽然时常从各种场合听到他的名字，但与他实质性的见面却仅有一次，而见面的缘起是因为他任职短短几年，民大附中就发生了令人瞩目的变化。探究学校发展动因，发现海淀教育的杰出人物是海淀教科院的重要职能。由此，我才有机会对田校长进行了一次近距离的访谈。

田校长是海淀区从南方引进的优秀校长之一，有着浓郁的学者气质，谦和的态度中隐隐透着一种从容和大气。他是 2005 年通过全国公选成为民大附中校长的，在此之前他曾任湖南省重点中学张家界一中的校长。另外，他还是湖南省最年轻的特级教师和校长、"全国五一劳动奖章"获得者、中国地质大学博士。正是因为这些称号背后所凝聚的全面的素质和能力，令他从众多的候选者中脱颖而出，顺理成章地成为民大附中的校长，也成就了他教育生涯的又一个令人仰望的高度。

上任伊始：积极谋划，整合资源，为学校发展寻求优惠政策与资金

支持

上任伊始，目睹附中当时的境况，他有过犹豫，但在其位就要谋其政。经过一个多月的认真调研，田校长归纳出学校发展的 20 个遗留问题，充分借助国家的民族优惠政策为学校寻找发展契机和突破口。经过他的种种努力和多方吁求，国家民委、教育部、财政部了解了附中发展的具体困难，各种优惠政策应运而生。2005 年，国家民委批准附中实行自主招生；2007 年，财政部把附中经费列入高中教育支出范围。这些政策使民大附中进入了发展的快车道。

不仅如此，田校长还善于整合各种社会资源为学校发展所用，努力寻找各种资金支持，为学校发展助力。在他心无旁骛地筹划和努力下，附中发生了令人欣喜的巨变：2005 年，附中建成了教学楼，结束了 92 年在平房办学的历史。2007 年，学校建成了现代化的运动场。2008 年，新建的学术报告厅投入使用。校园里树绿窗明，各民族英才汇聚一堂。学校发展的遗留问题也逐一解决，老师们的脸上重展笑颜。

重点突破：收回学校招生自主权，用"掺沙子"的方式培育民族英才

当前，对少数民族学生的教育主要采取两种路径：一种是像民大附中这样将各族学生融汇在一起的"掺沙子"式的培养方式，另一种是少数民族学生独立成班的抽离式培养方式。民大附中采取的是前一种方式。田校长认为融合式的培养能让各民族青少年朝夕共处，彼此认同和理解。

履新之后，田校长发现近年附中发展迟滞的原因之一是生源较差。虽然 2005 年国家民委批准附中自主招生，但由于学校主要将这一权力下放到各民族地区，在选拔学生上过于被动，全靠地方推荐。这样的学生没有经过竞争性淘汰，往往不懂得珍惜难得的教育机会。为了改善这种被动的局面，附中将招生自主权收归学校。事实证明，这是民大附中发展历史上具有决定意义的重要举措。2008 年是附中实行部分省份自主招生考试以来的第一次高考。参考的 369 人中有 186 名同学升入重点大学，其中 11 名学生考入清华、北大。近几年，附中的成绩更是实现了跨越式发展。

师资建设：培优辅差，精良学术，助力教师专业成长

田校长认为，民大附中的教师应该以民族精神为基础，以教育精神为中坚，以教师精神为核心。他将教师分为"记问型教师""经验型教师""研究型教师"和"名家型教师"四类。他认为"记师"不可取，"经师"远不够，"研师"是必需，"名师"是目标。附中教师就是要成为名师。学校通过学习、实践、科研三个环节来提高教师水平，还通过培优辅差等方式引进外地名师，在干部队伍建设上实行管理上的"分钱分权"，将资金按活动预算额度分发到主任手中，激发他们做事的积极性和主动性。由于这些得力的举措，教师们的归属感比较强，教育情怀也日益深厚。

学校远景："创建示范校和特色校，实现民族特色发展"

民大附中建校多年，发展有急有缓。如今，这所处于发展缓滞期的学校遇到了一位处于人生爆发期的校长，他用自己充满韧性的坚持支撑起了整个学校的气象，最终在彼此形成的张力中迸发出了新的力量。田校长说："有想法，能实施，是教育的一大幸福。"学校环境的改善、师生素质的提升及由此带来的高考成绩的屡次突破，使学校声誉日隆。但田校长对学校发展的期许不止于此，他要引领师生一起创建民族特色鲜明的海淀特色高中、北京市示范中学，成为全国民族中学教育的领头羊。

2015年，田琳校长再挑重担，被海淀区教委聘任为海淀实验中学校长，在办好民大附中的同时，倾心助力海淀教育。这种名校长兼任普通学校校长的做法，是海淀区扩大优质教育资源的重要举措，也为田校长办学能力和智慧的充分发挥提供了更加广阔的平台。

（北京市海淀区教育科学研究院　　张晓玉）

拔尖创新人才应具备的基本素质

首都师范大学附属中学　　沈　杰

1998 年江泽民总书记在俄罗斯发表《创新是一个民族的灵魂》的讲话，引发了国人对创新教育的高度关注。2005 年，温家宝总理在国家科学技术奖励大会上提出"创新型国家"的概念，创新引起了社会各行业的重视。"钱学森之问""李约瑟悖论""诺贝尔情结"以及"乔布斯热"等都成为当今媒体热议的话题。由此可见，大家对中国创新人才的热切期盼，也可以反衬出中国现阶段还很少出现拔尖的创新型人才。首师大附中对"拔尖创新人才在中学时期应具备的基本素质及评价方法"专题进行了探索和尝试，提出了一些自己的见解。

对于学生来讲，有 3/4 的教育处于基础教育阶段，只有 1/4 的教育是在大学完成的。基础教育阶段对于人的成长和培养很重要，因此，基础教育阶段要尊重人才的成长规律，需要合适的教育体制和良好的文化环境。体制是我们无能为力改变的，但我们还是可以尽自己所能做些事情，怎样给学生创造既宽松又有利于能力培养的环境，同时又能把学生送入好的大学，这的确是很难两全其美的事情。

因此，这也正是需要我们去思考、去做的地方。比如，按照人才成长的规律着眼于全体学生创新能力的同时，也更重视一些有特殊才能的群体，还要突出对学生个性特长的培养。那么，作为拔尖创新人才，在中学时期应具备哪些基本素质呢？林崇德教授提出创造性人才构成的心理要素。在这里，创造性人才等同于拔尖创新人才，他认为创造性人才需要创造性思维和创造性人格。我们经过这一阶段的研究认为：在当今时代，拔尖创新人才需要具备基本素质，同时具备创造性人格和创造性思维，而且我们将创造性人格置于创造性思维的前面，因为一流的人才必须以一流的品行为基础。

一、拔尖创新人才的基础是全面发展

这与现今的时代是密不可分的。因为科学技术的发展呈现出高度综合化的趋势，各学科之间往往是交叉、渗透和融合的。即使在自然科学、人文科学和社会科学这三大学科领域也出现了相互整合的趋势。其实，学问之间是彼此关联的，也是互相激发的。高手就应该"十八般武艺样样精通"，所以我们提出一定要是全面发展的人才。拔尖创新人才必须具有雄厚的文化积淀和文化修养，知识面应该是宽广的，掌握扎实的专业知识和技能，能够主动学习，并且还得具有终身学习的能力，这是基本素质。

二、拔尖创新人才的关键品质是创造性人格

一般是指创造性的非智力性因素。关于创造性人格的特点，不同心理学家的提法不尽相同：吉尔福特最早提出创造性人格有 8 个特点：①有高度的自觉性和独立性；②有旺盛的求知欲；③有强烈的好奇心，对事物的运动机制有深究的动机；④知识面广，善于观察；⑤工作中讲求条理性、准确性、严格性；⑥有丰富的想象力，敏锐的直觉，喜好抽象思维，对智力活动与游戏有广泛的兴趣；⑦富有幽默感，表现出卓越的文艺天赋；⑧意志品质出众，能排除外界干扰，长时间地专注于某个感兴趣的问题上。

斯腾伯格提出创造性人格有 7 个特点：①对含糊的容忍；②愿意克服障碍；③愿意让自己的观点不断发展；④活动受内在动机的驱动；⑤有适度的冒险精神；⑥期望被人认可；⑦愿意为争取再次尝试。林崇德提出创造性人格有 5 个特点：①健康的情感，包括情感的程度、性质及其理智感；②坚强的意志，即意志的目的性、坚持性（毅力）、果断性和自制力；③积极的个性意识倾向，特别是兴趣、动机和理想；④刚毅的性格，特别是性格的态度特征，例如勤奋，以及动力特征；⑤良好的习惯。

根据以上这些理论，我们概括出创造性人格应包含的内容具体如下。

1. 具有强烈的好奇心、旺盛的求知欲以及兴趣保持能力

好奇心是创造的起点，是创新的最初动力。好奇心、求知欲与兴趣保持能力是衡量一个人有没有创新能力和创新能力大小的基本尺度之一。一个人如果在任何科学和技术方面都没有兴趣和好奇心的话，是不可能推出高水平的创新的成果的。英国动物行为学家珍妮•古多尔在小时候，曾钻进鸡窝一直待了五个钟头，为的是要看看母鸡究竟是怎么下蛋的。

爱因斯坦也说过，他在四五岁的时候父亲送给他一个指南针，他一见到指南针马上就产生了好奇心和浓厚的兴趣：为什么这个指南针永远都向着一个方向？他觉得这个现象背后一定有原因，他很想搞清楚，这就是他的好奇心。他自己说过："我没有特别的天赋，只是有强烈的好奇心。"

2. 要有过人的独立性

如果一个人在做一件事情的时候，总是在意他人的评价，是不可能成为创造性人才的，甚至不可能做成功一件事。创新人才对工作的关注超乎对自己得与失的关注，不在意别人对自己的毁誉和赞誉。正如美国心理学家奥斯波尔经过 19 年的跟踪实验总结出的创新型人才特征："过人的独立性，不受习俗的限制和约束，是一个有节制的不顺从者"。当然，这个节制不能无限的扩大。如果作为政治家的话，无限的扩大就可能会危及民族和社会；如果作为学者，无限的扩大就可能会造成很多的人力和物力的浪费。

3. 敢于挑战权威，有自信与变革的勇气

创新人才更多的表现是违反常识，如果不突破常识、常规，也不可能产生创造性，所以他要挑战权威而且要有充分的自信和勇气。如果没有毛泽东的"农村包围城市"，中国革命是不可能胜利的；没有邓小平的"一国两制"，也无法解决中国香港和中国澳门的问题。杨振宁曾经说过："中国的学生知识太多，能力太小。与美国学生相比，中国的学生顺从权威，美国的学生挑战权威。"

4. 高度的自觉性、对自我的高期许和适度的焦虑

一个人最终能否成为拔尖创新型人才，取决于自己内心的自我成就动机是不是很高，抱负是不是很大。一个精益求精的人，一个具有创造性的人，即使别人不给他压力，他自己也会给自己有适度的压力，也会产生适度的焦虑。靠别人、靠环境逼着走的人，不可能走得特别高、特别远，所以创造性人才一定要有高度的自觉性。那么，作为教师来讲，应该更多地关注怎样引发学生对自己有更高的期待和更大的抱负。

5. 很强的抗挫折力与坚持能力

创造性人才对于没有明确答案的东西，对于复杂的事物能够容忍，慢慢地观察，就像做实验一样，一次不成，再来第二次，两次不成，再来下一次，很有耐心。许多实验过程中其实包含着局部的成功和进展，久而久之，一百次的失败可能意味着一百次的成功。面对不明确的事物

有容忍度，能坚持。所以，基础教育要培养学生以平静、稳定甚至乐观的心态看待失败，失败是成功中的一部分。培养创新人才就要注意培养他们不让失败影响自己情绪的能力，要培养他们有坚强的毅力、恒心和定力。

6. 自由往返于幻想与现实之间

创新型的人往往立足于一些现实问题，不总是沉迷于幻想之中，能够超越传统知识点与思维方式，找到二者之间的最佳契合点。

《美丽心灵》中描述了约翰·纳什怎样成为一位出众的数学家的故事。他具有出众的直觉，早年就已做出惊人的数学发现（博弈论中的纳什均衡），但出众的直觉受到了妄想型精神分裂症的困扰，沉迷于理想和现实之间。面对这曾经击毁了许多人的挑战，纳什在妻子的相助下，经过几十年努力，终于战胜了不幸，获得 1994 年诺贝尔经济学奖。今天，纳什依旧在他钟爱的领域中辛勤耕耘着。

7. 交往沟通能力

一些创造性的人才往往喜欢独处，对事情的专注超过对外界的关心。他们往往独立，不依靠别人。但是，当今的科学研究向着综合化、系统化的方向发展，对团队合作、交往沟通能力有较高的要求，需要有信息收集能力和组织能力。所以在当今的时代，拔尖创新人才还是应该具有交往沟通能力。

8. 致力于为社会服务的责任感

作为一个拔尖创新人才，如果他的创造不能有益于社会，那他就不能被称为人才，所以，他必须具有为社会服务的责任感。品德是一个人显露才华的必要条件，首要体现为责任感，要有振兴国家的愿望，能肩负发展国家的重任。

三、拔尖创新人才的核心能力是创造性思维

1. 善于联想和有丰富的想象力

创新需要异想天开的想象力，要有幻想。联想能引导人们发现新事物，还能激发人们做出新探索，进行创造性劳动。Nike 公司的创始人有一天在吃威化饼时，觉得嚼起来特别舒服，受到这件事情触动，于是他想到：如果跑鞋也做成威化饼的形式，会有怎样的效果呢？于是他就拿起家里做威化饼的铁锅来到办公室研究起来，之后做成了第一张鞋样，

这就是有名的 Nike 鞋子的发明。另外，世界上第一架飞机就是从幻想造出飞鸟的翅膀开始的。由于"飞天"的美好想象，推动人类发明了飞机、飞船，没有翅膀也能遨游太空。

2. 批判性思维、求异思维与独创思维

"学贵知疑，小疑则小进，大疑则大进。"质疑是学生探索知识，发现问题的开端，也是真正具有创造能量的人经常面临的思想状态。遇事要独立思考，要敢于摆脱世俗思维的束缚，解决难题时能够另辟蹊径，有独到的方法。培养学生质疑的精神，激发学生创新的欲望。创造动机的一个切入点就是首先要培养学生质疑，这样他才会有求异的思维和独创的思维，敢于去批判一些常规的事情。正如以下几位大家所言，莫泊桑："应时时刻刻躲避那走熟了的路，去另寻一条新的路"；陈寅恪："独立之精神，自由之思想"；霍金："虽然我行动不便，说话需要机器的帮助，但是我的思想是自由的。"

3. 思维的灵活性

当某事物在大脑中形成意识之后，如果别人提出不同的观点，不加以排斥，能够并愿意接受那些违反常识的观念与假设，那他的思维就是灵活的。他可以轻易摆脱惯性，摆脱原有的思维定势，根据不同的信息修正自己对问题的认识。不固执己见，不墨守成规，行为模式具有可塑性，能快速适应环境的变迁。

4. 偏好直觉

杰出的科学家往往有一种特别的直觉，不是靠理性的假设、推断，而是凭偏好的直觉，觉得这个东西有价值、有意义，就要做，跟着自己的感觉走，就有可能搞出了大发明。直觉思维是一种心理现象，在创造性思维活动的关键阶段起着极为重要的作用，直觉思维是发明创造的先导。诚如英国数学家伊思斯图尔特所说："直觉是真正的数学家赖以生存的东西"。

5. 兼有思维与感性两种功能

感性是与直觉紧密联系在一起的，大学者往往在艺术上有天赋，所以他们不仅具有理性，还有感性，既是科学家，又是艺术家。许多杰出的科学家在艺术方面也很出色：钱学森的音乐、绘画都很好；爱因斯坦擅长拉小提琴；丁肇中绘画好，尤其擅长画竹子；袁隆平的小提琴也拉得很好。

6. 发散思维与聚合思维共存

善于从全方位思考，不拘泥于一种模式。善于巧妙地转变思维方向，产生适合时宜的办法，往往是发散与聚合思维交替出现。

7. 突出的领悟能力与探究欲望

善于深入地思考问题，能够抓住事物的规律和本质，预见事物的发展和进程。科学的研究需要有思维的深刻性，突出的领悟能力，这也才能有发现和理论的升华。创造性的人才关注的往往不仅是解释问题的现象，还关注解释现象之外更多的东西，也就是说他偏好复杂，更加关注事物内涵和发现的本质。有人将曹冲称象和阿基米德称王冠二者进行对比，曹冲为何没能成为阿基米德？阿基米德并不满足于现有问题的解答，而是将现象归纳升华为原理，发现了浮力定律。正是由于阿基米德具有突出的领悟能力而且领悟得很深刻，同时继续进行探究，才有了自己领域的突破。

8. 拥有专项特长

对自己感兴趣的领域有一种敏感且笃定的态度，并有在这一学科的进行研究和发展的强烈愿望，这是进行科研和创新的原动力，专注于某一领域，然后在这一领域才能有所发展。吴晗考清华时数学是零分，不影响他成为著名的历史学家；钱钟书19岁考入清华大学外文系，理科也不行，但国文、英文成绩突出，其中英文更是获得满分。

创新是每个人与生俱来的潜在能力，并非少数人独有。创新精神和创新人格如同深埋的种子，只有在适宜的温度、湿度、空气和光照条件下才会破土而出。让我们从自身做起，甘当培育天才、鼓励创新的"泥土"吧！诚如鲁迅先生所言："做土的功效，比要求天才还切近；否则，纵有成千成百的天才，也因为没有泥土，不能发达，要像一碟子绿豆芽。"

（本文刊发于《海淀教育》2013年拔尖创新人才培养专刊）

● **记者观察**

首师大附中诞生于1914年，成立之初便以培养社会中坚力量为己任。百年间，首师大附中虽然几经校址迁徙，但对育人的追求矢志不渝。首都师范大学附属中学现任校长沈杰娓娓道来："我把首师大附中定位为学府圣地和精神家园。在学府圣地中，教师乐教，学生乐学；在精神家园中，正志笃行、成德达才的精神时时激励着我们不断追求卓越。"由此可以感受到她身为首师大附中人的自豪，感受到她作为一名资深教育工作者心怀教育事业的赤子之心和教育情怀。

初见沈校长，第一感觉是她气质温婉、睿智、宁静。来到北京前，沈杰就已是闻名全国的数学特级教师。2004年，通过"优秀人才引进"的方式，沈杰进入首师大附中担任高中数学教师，在千年古都北京续写她的另一段教育人生。2011年1月，历经校长助理和教学副校长后，站在学校发展的世纪节点，她在众望所归中接过首师大附中的大旗，担任起续写附中育人新华章、百年新辉煌的重任。

对于学校未来的发展，沈杰校长有着清晰的战略思考。她说："首师大附中在百年的办学历程中积淀了非常优良的办学传统和办学思想。如'成德达才'的教育理念，要传承、要发扬。同时，要在传承的基础上创新，创造出符合时代特征和利于人才培养质量的发展思路。"在"成德达才"的基础上，沈校长提出了"正志笃行"的理念，并将"正志笃行，成德达才"作为开启首师大附中新百年的思想引领，揭示了首师大附中历经百年岁月的洗礼，成为百年名校的内涵。

每所学校的学生都有独属于自己学校的气质和品格，这是由学校的教育理念和文化所决定的。经过反复思考，最终沈校长结合学校办学历史，从价值观、态度、能力、思维等方面提出了新时期首师大附中的育人目标——培养品德优秀、才能通达的复合型基础性人才。具体阐释为：具有强烈的社会责任感、积极的人生价值取向和科学严谨治学态度的高素养人才；具有宽厚扎实的知识基础、求真求实的实践精神和开阔前瞻的国际视野的高学养人才；具有创新意识、创新精神和创新能力，将来在各自领域可以成为领军人物的高精尖人才。

沈校长是首师大附中百年历史上第一位女校长，她融合了东方女性的婉约气质与现代知识分子的务实品格。"教育面对的是如朝阳鲜花般灿烂的生命，我们应该把更民主、更自由、更有灵性的教育奉献给学生，让他们深深地受益于教育的滋养，使他们的思想与生命也因此更美丽。"这是沈杰校长的教育观。围绕办学理念和育人目标，学校最终确立了"为每一个学生可持续发展奠基"的课程总目标，同时构建了与学生发展需求相适应，既具有时代特征又能体现学校办学特色的"四修"课程体系——基础通修课程、专业精修课程、兴趣选修课程和自主研修课程。"四修"

课程体系不仅仅停留在传授基础知识层面，还包含技能训练、生活体验、能力培养、品德塑造及情操陶冶等，真正为每一个学生负责，为每一个学生的可持续发展和终身发展奠基。

为了给教师创设更加宽松人文的工作环境，沈校长关注到学校生活的细节，把学校营造成家的氛围。如开设温馨舒适的咖啡室、组织森林公园健走踏青活动、举办首师大附中专场新年音乐会等，丰富教职工的精神世界和心灵空间。在专业发展方面，沈校长倡导大家向大师发展，鼓励教师主动承担科研课题，从课题研究中提升专业水平；鼓励老师参加教学基本功比赛、教学成果评比等赛事，展现首师大附中教师风采。

在教育全球化的今天，现代化名校的特征是什么？沈校长认为，创新人才培养和国际教育是现代化名校的两个重要特征。对于创新型人才的培养，沈校长有着深刻的认识和冷静的思考。她说："或许我们很难要求中学阶段的学生能够有重要的发明创造，但我们也不能因此放弃对创新人才的培养。中学阶段，我们所要给予他们的就是未来成为创新型人才所需要具备的素养，如好奇心、创新的意识与思维、乐观的心态、健康的体魄、求真的精神、坚韧的品质。"以创新实验班为载体，通过与高等学府、研究机构合作，邀请知名教授深入学校担任学生导师、开放理化生实验室、参与大学课题研究，培养学生对科学的热爱，培养学生动手实践的能力和严谨求实的品质。目前，首师大附中学生在国际信息学奥赛、欧盟暨国际青少年创新赛、全国青少年科技创新大赛、北京市青少年科技创新大赛等众多国内、国际比赛中屡屡获奖，他们的动手实践能力和比赛作品给大家留下了深刻印象。

教育家应有一种大教育的情怀，承担起辐射优质教育资源、均衡教育发展的社会责任。作为北京市教委直属的唯一一所首批高中示范校，继承办首师大附中第一分校、首师大附中大兴南校区后，又承办了首师大二附中，进一步扩大优质教育资源的辐射半径。短短两年时间内，被承办校的学校教育教学质量有了质的提升。

面对首师大附中下一个百年的发展，沈校长深知肩上的担当和重任。为了实现"国内领先、国际一流"现代化名校的发展目标，为了培养国家和社会发展所需要的中坚人才，她以"正志笃行，成德达才"的教育理念，在现代教育的征途上引领首师大附中人怀揣新百年的育人梦想，一路高歌前行！

（人民日报人民论坛　刘智文）

将可持续发展教育思想融入学校办学实践

北方交通大学附属中学　　戴文胜

一、践行可持续发展教育理念，创建和谐幸福学校

可持续发展教育理念强调以人为本，和谐发展。学校将"建设一所幸福学校"作为共同愿景，让每一位师生感受人文关怀，在和谐的氛围内，全体师生自由呼吸，快乐成长，实现自我价值。学校凝练出"让教师在成功中体验幸福，让学生在成长中体验快乐"的办学理念，全体师生奋力拼搏，在共同愿景的引领和激励下，朝着幸福学校迈进。

学校建立了"一室六中心"，即办公室、学生发展中心、教学管理中心、教师发展中心、课程建设中心、毕业年级指导中心和行政服务中心。这种新的管理体制运作，将"布置—管理—检查"模式变为"培养—规划—自主发展"模式，帮助每一位教师设计个人发展规划，通过规范、科学的校本培训，促进教师自主发展和专业成功。

学校加强干部教师队伍建设，致力于学习型组织建设。通过中心组学习，促进领导班子管理水平提高；建立校内专家指导团队，帮助教师专业成长；进行全员式培训，提升课堂教学质量；完善培训课程体系，促进教师专业发展，强化班主任培训，帮助班主任实现工作转型；开设"思源"讲坛，提高师生的人文素养；组织学习名校经验，开阔教师的视野；开展"微项目"研究，发挥教育科研引领作用；创办校刊《思源》，开展校内学术交流；开展读书工程，激发师生发展的动力。

二、重视价值观教育，知感恩，明责任

可持续发展教育理念是以"尊重"为核心的价值观教育，包括尊重人、尊重差异与多样性、尊重环境、尊重地球资源。学校聚焦可持续发展教育的核心价值观，塑造走进学生心灵的德育，为学生搭建起多样化、系列化的活动平台，不仅培养学生的可持续发展能力，更重要的是培养学生敢于担当、有责任心、有爱心、知感恩的良好品质。

我们将"饮水思源，爱国荣校"的校训精神与理想、信念教育有机结合，开设丰富多彩、蕴含人生哲理和奋斗精神的人格培养课程，帮助学生积淀感恩、重责的良好品质。

学校组建志愿服务体系，引导学生尊重生命，关注他人生活状态，为社会各类需要人群提供关怀与帮助。例如，开展"微笑点染夕阳红——慰问敬老院""走入社会、体验生活"等系列志愿服务活动；组织学生探访松堂临终关怀医院、太阳村，到幼儿园、邮局等地进行志愿服务；定期到 ABC(为孤儿和留守儿童服务的机构)做志愿服务，受到该中心的好评和感谢；社团常年为西部地区的孩子捐助学习用品、衣物和资金。

王雪研是我校 2011 届 9 班的一名女生，是一名全面发展的学生。在高考结束后，经过德育校长的同意，穿着食堂的工作服，和食堂的其他工人一样劳动了一周时间。经过一周的劳动，她感受到了食堂工人的辛苦，加强了对粮食的珍惜，也发现了浪费粮食的现象。一周的体验结束后，她用不同颜色的字体写了 2 万多字的心得体会。心得中有她对可爱、善良、淳朴食堂工人的热爱，也有对师生珍惜粮食的呼唤，还有对食堂管理的建议，更多的是对母校的一片爱心，这是对交大附中可持续发展的一份贡献。

学校多年来开展以可持续发展为核心的价值观教育，帮助同学们树立了正确的人生观和世界观，通过日常的学习生活，潜移默化地学会了尊重他人、尊重生命、尊重环境，使学生明确了做人的准则和人生方向，知道了自己肩上的责任，能从自己做起、从身边的事情做起，做到爱班、爱校、爱国，体现了我校"饮水思源，爱国荣校"所倡导的文化精神。

三、开展多样社团活动，崇尚低碳绿色生活

学生是学校的主人，学知识、育能力、明责任、知感恩的最好方式，就是让学生真正地行动起来。学生的课外活动和社团活动就是学生动起来的最好方式。目前学校成立了社团联合会，有科技、艺术、体育、实践 4 个协会，约 40 个社团。其中环保类社团主要有：

1. 交大附中节水先锋队

节水先锋队的学生们长期在交大附中校园内和北京交大家属区进行了广泛的节水宣传和节水活动，并能从自身做起，从点滴做起，进行节水。

2. 节约粮食监督岗与光盘行动

针对学校食堂存在的浪费粮食现象，由学校德育校长助理牵头，成立学校节约粮食监督岗，每班值周，他们的主要职责是：监督学校的师生，吃多少，买多少，不能浪费。慢慢地，节约粮食监督岗，逐渐被学生倡议的光盘行动所取代，在节约粮食方面，由监督慢慢转化为自觉的行动。由学校德育处的教师、学生进行抽查，发现浪费粮食的师生，及时制止。

3. 交大附中绿色银行

学校的学生社团"绿色银行"，接替环保小组，进行废纸和饮料瓶的回收，本活动以持续开展十多年，今后还要继续开展，并扩大回收范围。社团的活动主旨是：希望每个人都存入一点绿色，让我们的家园更加美丽；社团的存款项目是：拒绝使用一次性筷子，回收废旧水瓶，"以旧换新"兑换再生纸，等等。

4. 低碳生活示范班

每个班级有针对性地对自己班级节水节电、绿色出行等方面进行强化监督与管理，学校设立相关的评比机制，每学期进行评比，节能减排效果最显著的班级，获得"低碳生活示范班"的称号。通过这个活动，引导学生树立低碳环保意识，关注节能减排方式，培养珍惜能源、爱护环境的良好品质，使学校成为低碳环保实践和示范的窗口。

5. 跳蚤市场

跳蚤市场活动一年一度，每届都有明确的活动目的、活动人群、交易原则及要求，目的是丰富同学们的校园文化生活，为广大同学搭建一个调剂学习和生活的平台，让学生手中的闲置物品"动"起来，懂得如何变废为宝，物尽其用，传播一种勤俭节约的生活作风，提倡资源重复利用，营造节约型校园。

6. 根与芽社团

通过环保公益活动，提高学生的文明素质；用志愿者精神和服务理念，激励每个同学行动起来，尊重和爱护地球上的所有生物。"根与芽"的主要活动有：举行各种环保讲座；开展环保服装展示活动，做到物尽其用；在校园设立废弃电池回收点；开展利乐包装回收活动，让资源得到充分的回收利用。培养同学们垃圾分类，环保从我做起的理念。

环保社团活动的开展，为学生们践行可持续发展教育"四个尊重"价值观及参与保护环境、爱护资源，搭建了展示的平台，使同学们在活动中，不仅节约了资源，保护了环境，锻炼了参与能力、创新能力，更培养了他们良好的环保意识和绿色低碳的生活方式。

四、遵循主体教育原则，完善可持续发展教育课程体系

灵活运用可持续发展教育"主体探究，综合渗透，合作活动，知行并进"的"16字原则"，从国家课程、地方课程、校本课程不同层面，在培养学生基础学习能力的同时，培养学生的可持续学习能力。

在学科教学中，我校教师注重可持续发展教育"主体探究，综合渗透，合作活动，知行并进"的"16字教学原则"的运用，遵循"以学生发展为本"的教育思想和学生的认知规律，从学科的特点出发，精心设计、打造学科教学的各个环节：课前精心设计学生学案；课中以学生自主学习为主、教师引导点拨为辅，努力为学生创造自主探究的学习空间；课后运用所学知识解决实际问题或进行相关实验，培养学生解决问题的能力和创新精神。

在地方课程层面上结合区域特点进行教学，以北京市地方课程《环境与可持续发展》和海淀区地方课程《海淀地理》《海淀历史与文化》为重点，研究学科课程与活动课程相结合的实施模式，开展热爱家乡、尊重地域历史文化的教育。

在校本课程层面上突出学校特色，开发系列校本教材。以可持续发展教育理念为指导，学校开发了系列环保和可持续发展教育校本教材。

1. 环保校本教材的修改与完善

早在2000年，我校就编写了环保校本教材，至今已有十多年了。在这十多年期间，我校在每个初一年级开设了一周一次的环保课，环保课被纳入正式课表之中。这本环保校本教材编写之后，一直在不断地修改和补充，在"十一五"和"十二五"可持续发展教育项目的课题研究中，都进行了立项研究，经过不断地修改与完善，使其内容与方法更符合学生的需求。

2. 开发应对气候变化校本教材

我校与英国大使馆文化教育处合作，已经初步编写了一套应对气候变化的校本教材，共有八章内容，涉及了气候变化的方方面面。我们还将合作开发与环境问题密切相关的专题类环保校本教材。

3. 弘扬传统文化，开发世界遗产校本课程

结合我校参加的全国教育科学"十一五"规划课题"核心价值观视阈下世界遗产教育实施策略研究"课题，编写了一套既符合我国国情，又具有学校特色的世界遗产方面的校本教材。

4. 结合学校节能减排设施编写节能减排校本教材

利用校园内资源，结合我校的太阳能、地热、中水回用等节能减排设施，编写了相关的校本教材，并开设节能减排的校本课程，让学生亲身体验节能减排的原理，实践减排行为。

5. 开发科技教育校本教材

为培养学生的学习能力与创新能力，学校提供了广阔的发展空间与平台，开发了一系列完整的、具有时代特色的科技教育校本课程：智能机器人、航天模型、无线电测向、天文观测、气象观测、OM头脑奥林匹克、生物科学技术、创新工作室等。其中智能机器人课程，已成为国家级教育示范课程。

可持续发展教育系列校本教材的开发和校本课程的开设，为同学们参与社会、解决身边的环境问题，提供了空间和条件。例如，通过环保课的学习，同学们针对学校附近西直门的交通拥堵问题展开了调查，并提出了解决的方案；再如，通过传统文化校本课程的开设，同学们不仅了解了国内外优秀的传统文化，更学会了对优秀传统文化的尊重和保护。

五、打造"饮水思源，爱国荣校"的学校文化，促进学校可持续发展

在可持续发展教育理念的指导下，经过多年的实践与探索，我校基本形成了具有特色的校园文化。这种和谐的学校文化，从整体上为学校营造一种氛围，明确一种方向，提供一股强大的力量，推进学校全面发展。

"一室六中心"在制度制定和管理方面，本着人文、人本的原则，为师生创建了环境人文、服务人本的生活环境，人文的管理制度，使管理合情、合理、合法，体现了交大附中人文的制度文化。

"幸福"是学校发展的终极目标，在向幸福学校迈进的同时，学校在方方面面为师生的发展与成长搭建了一个充满人文关怀的幸福家园。在这里，有让学生终身受益的课程、健康快乐的课堂，有教师专业发展的

平台、怡人的校园环境；在这里，全体师生自由呼吸，快乐成长，实现自我价值，体验着自我实现的幸福。

在可持续发展教育"四个尊重"核心理念的引导下，结合我校"以人为本，统筹兼顾，和谐发展"的办学原则，在和谐的氛围内实现"让教师在成功中体验幸福，让学生在成长中体验快乐"的教师和学生发展双重目标，这体现了我校"饮水思源，爱国荣校"的校训精神，它既是一种感恩文化，更是交大附中的精神文化。

可持续发展是一条历史的长河，可持续发展教育是历史赋予每一个教育工作者的重任。相信在可持续发展教育理性思考与创新实践中，我们一定会建成一所幸福学校，让教师在成功中体验幸福，学生在成长中体验快乐。

（本文刊发于《海淀教育》2014 年第 1 期）

编者感悟

幸福是人生的第一要务，是所有人的需要和追求，教育就是要教人幸福地生活。在功利主义严重侵蚀基础教育的时代里，教师与学生的幸福问题日益引起人们的重视。教师应该有一个幸福的职业人生，因为教师的职业幸福关涉到学生的幸福，而学生受到什么样的教育，决定着教育的发展结果以及社会的和谐与进步。正是出于对教育本真的把握和对幸福人生的理解，北方交大附中提出了"建设一所幸福学校"的发展愿景，提炼出"让教师在成功中体验幸福，让学生在成长中体验快乐"的办学理念，着力开展幸福学校建设的理念与实践策略研究，以全校师生的实践，丰富着幸福学校的内涵。

戴文胜校长在交大附中工作 20 余年，从教师、中层干部、副校长，再到基础薄弱校万泉河中学的校长，几经历练，最终又回到交大附中，带领这所市级示范高中校乘风破浪，向着理想的彼岸远航。幸福是一种能力。戴校长自身追求教育幸福，也带领着全校师生共同缔造幸福校园。他举止谦和儒雅，治校运筹帷幄，以稳健的领导风格，将交大附中引向学校发展的更高境界——文化管理之路。

研究表明，学生的拥戴、同事的认可、领导的欣赏、自身的专业成长、工作的稳定等，是教师职业幸福的主要来源。与此规律相吻合，交大附中的"幸福学校"建设以管理为着力点，以民主、自由、服务、和谐为幸福学校建设的核心价值观，通过幸福班级、幸福课程、幸福课堂、幸福环境四大载体，探索和创建幸福学校实现的路径，实现幸福学校的共同愿景。戴校长希望每一位师生都能感受到人文关怀，让学生都能体验到成长的快乐，让教师体验到职业的尊严和成功的幸福，让管理者体验到成功的喜悦与被信任的幸福，在校园这一和谐的场域内，师生能够自由呼吸，快乐成长，实现自我价值。

学校在继承原有历史传统和教育积淀的基础上，以联合国提出的可持续发展教育思想为指导，将可持续发展教育中以"尊重"为核心的价值观教育融入学校文化建设，为学生拓宽发展路径，搭建发展平台，不仅培养学生的可持续发展能力，更注重学生敢于担当、有责任感、有爱心、知感恩的良好品质培养。在"饮水思源，爱国荣校"的校训精神激励下，学生志愿服务社团活跃，社团活动内容丰富，在校园内形成了崇尚绿色生活的可持续发展教育文化氛围。节水先锋队、节约粮食监督岗、绿色银行、低碳生活示范班、根与芽社团、跳蚤市场、光盘行动……这些由学生主导所构建的绿色校园生活，是幸福校园生活的生动体现，也是可持续发展示范学校的典型元素。如果从学生素质看一所学校的使命与担当，这些活跃的学生行动，体现了可持续发展教育的特色，也成为学校亮丽的名片。

课程是学校特色的核心。学校建立了较为完善的可持续发展教育课程体系，在三级课程中兼顾培养学生基础学习能力与可持续学习能力。学校开发了多套体现可持续发展教育思想的校本课程与教材，有环保校本课程、应对气候变化校本课程、世界遗产校本课程、节能减排校本课程等。这些课程的学习与实践，为同学们参与社会生活、解决身边的可持续发展问题提供了条件和空间，让学生在主题实践活动中学习到可持续发展的价值观与生活方式。

正是由于戴校长带领学校师生员工努力奋进，学校获得了"中国可持续发展教育示范学校""节能减排与可持续发展学校—社会行动项目示范学校""中国可持续发展教育国家实验校"以及联合国教科文组织中国可持续发展教育项目"教育促进可持续发展创新奖"等荣誉称号和奖项。戴文胜校长也成为首批中国可持续发展教育项目专家，获得联合国教科文组织中国可持续发展教育项目"开拓者奖"。

如今，交大附中已经是一个一校六址的教育集团，包括本校区、南校区、东校区、交大附中一分校、二分校、交大附中密云学校。"建设幸福学校"的愿景激发了全体师生员工的内在动力,感召着师生去践行,去体会,为学校发展提供了不竭的源泉。在全体交大附中人的共同努力下,学校广泛获得社会好评,也形成了有利的外部环境。交大附中这艘基础教育的大船,作为新时代的弄潮儿,正行驶在潮平岸阔的海淀教育改革大潮之中!

(北京市海淀区教育科学研究院　　宋世云)

课程搭台，项目助力，打造国际化的基础教育

北京市八一学校　　沈　军

　　培养有中国精神的品质公民，造就品德好、品行优、品位高的国际创新人才是八一学校的育人目标。要达成这样的目标，单靠参观、访问、讲座等流于表面的文化交流活动是远远不够的，基础教育的国际化更不是简单地在教育形式上的模仿和引进。我们要做的是在八一学校的校园里，通过创设一个全方位与国际接轨的教学体制和教育环境，通过批判性的吸收和本土化的整合，实现中外教育的特色互补和优势叠加。为此，学校对国际交流与合作进行了系统重建，形成了由国际部牵头管理，以国际交流校本课程为基础，国际合作项目为引领的国际交流合作系统。

一、构建多渠道国际交流校本课程体系

　　校本课程是基于学校自身条件和特长而自主开发的课程，随着国际交流活动的不断深化，与之相关的校本课程体系也相继形成。

1. 以国外友好学校互访为载体，建立境外修学校本课程体系

　　目前，八一学校与十余所国外学校保持着可持续的友好校关系，涉及美国、英国、加拿大、德国、丹麦、以色列、日本、新加坡等国，这些学校的共同特点是有办学特色、业绩突出，和八一学校有交流契合点。交流活动以接待友好学校来访，寒暑假组织学生回访为主要形式，学生自主选择适合自己的活动，并完成相关学习任务，学生收获的不仅仅是视野，更多的是通过校本课程体系的引导，站在一个更广阔的平台上提升观察、学习和思辨的能力。

2. 以出国竞赛为形式的特长学生境外修学课程体系

　　八一学校艺术中心、科技中心和体育中心拥有近八百人的特长生队伍，每年参与国际比赛和演出十余次。参与课程的学生在接受各项专业训练的同时，也学习中国的传统文化，了解目的地国家的风土人情。这样一来，活动中孩子们不仅展示了才华，还成了中华文明传播的小使者。

3. 为资优学生定制的境外大学体验课程体系

　　自 2012 年暑期开始，八一学校组织高一资优生赴加拿大滑铁卢大学

实验室进修，与当地大中学生一起完成研究性学习课题，体验思维方式的冲击和学习模式的蜕变。为鼓励更多资优生参与，2013年还向初三保送生提供20万元外出修学奖学金。

我校与以色列海法理工大学合作建立八一学校学生海外实践基地，在今年暑期开启STEM和创业夏令营活动，选拔高一、二年级优秀学生参加活动，以色列海法理工大学为每位学生提供2500美金的奖学金。

二、以国际合作项目为载体，推动基础教育国际化进程

在国际交流校本课程的基础上，我校还通过拓展与国外知名高校的项目合作，带动学校基础教育国际化进程。

1. 与国外优质大学开展校际合作项目

自2010年以来，我校与以色列海法理工大学、加拿大滑铁卢大学、英属泽西岛商学院三所国外名校签署了校际合作协议，建立了海外留学直通车项目。一方面学校的努力为毕业生创造了海外升学的机遇；另一方面毕业生们在各自学校的优异表现也带动了合作的延续和深化，如高中生社会实践、大学实验室探索之旅、教师培训等，推动了我校基础教育国际化的进程。

2. 在海外建立教师培训实践基地项目

继海外留学直通车项目成功开展后，我校与美国芝加哥大学、瓦尔普莱索大学、加拿大多伦多大学以及国内清华大学又共同建立了八一学校教师海外培训实践基地。该项目去年正式启动，18名学校骨干教师作为首批学员参加了培训。项目以"体验活动课程体系，感受创新力培养方式"为主题，包括国内清华大学一周教育理论学习，美国瓦尔普莱索大学三周学科教育研讨及美国友好学校一周教育实训。我校发展处作为项目实施部门，制订了详尽的课程培训目标、课程手册，与国内外高校反复磨合课程需求，回国后组织汇报会并增发校刊，让更多的教师从中受益。

3. 建设国际多元素质课堂项目

国际多元素质课堂项目是我校与北美高等教育基础课程指导中心(UFEIC)共同研发的，旨在以信息化带动基础教育国际化的特色教育项目，也是在学校范围内实践《国家中长期教育改革和发展规划纲要(2010—2020年)》提出的："培养大批具有国际视野、通晓国际规则、能够参与国际事务和国际竞争的国际化人才"的教育目标的全新尝试。国际

多元素质课堂项目紧密结合学校教育国际化需求及学生学习特点，为学校提供一份综合性国际素质教育解决方案，为一部分有志于海外攻读本科的学生提供完善的教学支持和升学指导，为项目内具有高素质的学生提供国内一流高校的自主招生录取机会，为教师提供研究性学习教学法和教学评价方法的师资培训和实践机会，为高中学生提供一套着眼于长期发展的培养计划。

三、加强中外合作办学品牌培育，推进学校远景发展

北京市八一学校基础教育国际化的另一助力源就是国际部中美合作办学项目(北京八一嘉德圣玛丽学校)，项目的核心理念是通过中外合作办学、吸收国外优质教育资源办学精髓，融合新课改背景下的国内高中课程，为实现八一学校的办学总体目标服务。为此，从 2010 年起，历经 3 年，经过严格筛选，多方接触，谈判和磨合最终与美国 Shattuck. St. Mary's 学校签署了合作办学意向书，并于 2013 年春获市教委批准正式开展中美双文凭高中合作教育项目。

为避免国际课程水土不服以及合作办学深度缺失的问题，合作双方始终致力于从社会需求出发，从实践出发，通过结合学情整合双方核心课程，结合中方优势教育资源，借鉴美方特色教育项目理念和实施过程，总结出将国际化教育落到实处的有效途径，让每个源于海外的课程都能充分适应在中国这块土地上的特质，在这片土地上实现它真正的价值。正是在双方这样的共同愿景之下，北京八一嘉德圣玛丽学校实现了真正的校与校无缝对接，从洽谈合作到开展办学，从校方管理到后续升学指导，完全由两校之间直接沟通协作，没有任何第三方机构的介入。这也从最大程度上保证了项目的纯粹和简单，为学生提供最优质的教育和服务。

我校中美合作办学的特色和优势如下：

(1)SSM 是一所历史悠久，有实力有魄力的学校，正致力于开发本土外的联合办学，与 SSM 的结盟，相当于与其在不同国家的多个实体学校结盟，对于促进多元教育交流，互通有无十分有利。

(2)SSM 不仅拥有完备的硬件设施，其极具前瞻性的教学理念也促使该校形成了富于特色的教学规划，这些恰恰是它作为理想的合作伙伴最具吸引力的地方之一。

(3)双方的合作办学不是简单的课程上的引入，而是基于我校国际化

发展实际需要的课程优化和教育整合。为此，北京八一嘉德圣玛丽学校实现了分班教学和合班教学结合、导师制与班主任制结合，中美课程学分互认，春秋两季与小学期相结合，Moodle、Powerschool 等学习系统和家校平台与常规教学相结合，地道美式课堂与中国传统文化类课程相结合，晨会与班会结合，主流德育活动与部门特色活动结合，家委会与学校密切合作等。

（4）双方的合作将不仅限于国际班，国际班部分课程和专业化升学指导还将以选修课的形式向普高学生开放，如教师的在线课堂、国际课程论坛、领导力课程、升学顾问服务等。

（5）合作办学的过程中，强调中国精神的培育。中美双方高度认同国际合作项目不是打造中国面孔美国心的"香蕉人"。培养"具有中国精神的世界公民"是中美双方的共同追求。

八一学校的中外合作办学刚刚起步，面临着众多的压力。我校希望在办学的实践中能够慎思笃行，求索创新，通过"科学规划，严谨实施，高效融合，热情服务"，不断树立北京八一嘉德圣玛丽学校的品牌形象和国际知名度，在共同发展中推进学校远景办学目标的实现。

（1）通过对八一中学中美合作办学实践过程的科学规划、严谨实施和翔实记录，形成一套较为完备的办学档案，继而总结出适合区域特点的国际教育合作办学模式，为国际合作办学项目的发展和完善提供案例和依据。

（2）通过在核心课程，AP 课程和特色课程整合方面的实践，探索国际课程与国内相关领域课程的有效衔接，特别是借鉴 SSM 创造中心和卓越中心的核心理念，结合八一学校的软硬件环境和学情，总结出有代表性和可推广性的国际课程本土化案例，最终形成具有八一特色的国际课程体系，并尝试将部分课程向普高推广，让更多的学生受益。

（3）通过特色德育活动，引导学生成为具有中国精神的世界公民，成长为"出得去回得来"的有竞争力的国际人才。

（4）在办学实践中逐步形成一套符合国际标准，适合我校具体情况的学生评价体系和教师评价体系。同时，尝试以多种形式实现教师的继续教育和专业素养提升，将国际课程师资的本土化设立为基础教育国际化课题研究期限以外的长期目标。

基础教育国际化，不是单纯地舶来，而是兼容并蓄。八一学校基础教育国际化需要从实际出发，结合学情，利用学校坚实的教育基础和优势资源，借鉴外方先进理念，将知识传授，素质培养和升学目标一同落到实处，才能实现基础教育国际化的目标。

（本文刊发于《海淀教育》2014 年第 4 期）

编者感悟

在经济全球化背景下，我国基础教育也需要站在世界范围的视野下来审视和思考未来的发展。信息化、网络化时代的到来，深深影响着教育系统内外的变革。这是一个教育价值观念多元的时代，中西方教育理念在交流碰撞中，开始走向彼此的融合。学校教育正如身处千帆竞发、百舸争流的江面，如何选择前进的路径，比以往任何时候都重要。

北京市八一学校是一所具有光荣革命传统的"红色"学校，学校一直以办学严谨、作风严明享誉京城。多年来，学校为社会培养了大批优秀的毕业生，凭借良好的办学质量，跻身北京市示范高中校行列。这样一所具有浓厚传统特色的学校，在沈军校长的带领下，与时俱进，在基础教育国际化方面进行了卓有成效的探索。

沈军校长对基础教育国际化的理解和认识非常深刻。他说，如何认识基础教育国际化的作用，在宏观上要和我国的教育政策联系起来。《国家中长期教育改革和发展规划纲要（2010—2020 年）》提出了"培养大批具有国际视野、通晓国际规则、能够参与国际事务和国际竞争的国际化人才"的教育目标。如果脱离了基础教育国际化的实际推动，要实现这样的培养目标是很难的。沈校长认为，基础教育国际化也是八一学校学生培养目标的内在要求。培养有中国精神的品质公民，造就品德好、品行优、品位高的国际创新人才是八一学校的育人目标。因此，沈军校长和他的领导团队认为，基础教育的国际化不是简单地在教育形式上模仿和引进，他们要做的是在八一的校园里，通过创设一个全方位与国际接轨的教学体制和教育环境，通过批判地吸收和本土化的整合，实现中外教育的特色互补和优势叠加。

沈校长认为，基础教育国际化是挑战，但更是机遇。在这样的思考下，八一学校的教育国际化实践走过了一个由浅入深、逐步推进的过程。他们首先将学校过去已有的国际交往互访活动经验进行总结提炼和固化，形成国际交流校本课程体系，这些课程包括友好校互访、国外竞赛、境外大学先修课程体验等内容。正如沈军校长所说，这些课程的开设，学生收获的不仅仅是视野，更多的是通过校本课程体系的引导，让学生站在一个更广阔的平台上提升观察、学习和思辨的能力。

沈校长认为，要做好学校基础教育的国际化，离不开一批具备相应素质和能力的师资队伍。为了培养具有国际视野的教师队伍，学校建立了海外教师培训基地，开展各种专题培训，如组织以"体验活动课程体系，感受创新力培养方式"为主题的海外专题培训，对教师教学理念及技能均带来较大的提升；此外，学校还引进国际多元素质课堂项目，为教师提供研究性学习教学法和教学评价方法的师资培训和实践机会。

开展中美双文凭高中合作教育项目，是学校教育国际化的又一重大举措。项目的核心理念是通过中外合作办学，吸收国外优质教育资源办学精髓，融合新课改背景下的国内高中课程，为实现八一学校的办学总体目标服务。沈校长说，合作办学的过程中，要强调中国精神的培育。国际合作项目不是打造中国面孔美国心的"香蕉人"，而是培养"具有中国精神的世界公民"，这是中美双方共同的追求。经过两年的探索，项目在课程整合、学校管理、学制创新等诸多方面，取得实效。

北京市八一学校的教育国际化之路，走得稳健扎实。他们主动承担起培养国际型创新人才的神圣使命，选择了高远目标激励学校不断前行。中国革命传统精神积淀了八一学校严明自律、奋勇拼搏、勇于承担责任的精神内核，有了这样坚实的基础，八一人有信心、有能力敞开胸怀，拥抱世界。

（北京市海淀区教育科学研究院　　严星林）

什么是学校

北京市育英学校　　于会祥

"学校"是有计划、有组织地进行系统教育的组织机构。"教育"是这一定义中的关键词汇，也是学校这个组织机构的应有之义。教育的功能是什么？我们应该怎样实现教育的功能？对这两个问题的阐述即是对"什么是学校"的回答。

劳凯声先生在《普通教育学》中指出："教育的功能之一是促进人的社会化；功能之二是促进学生个体的个性化发展。"作为基础教育学校，既不能过分关注学生个性特长培养，也不能只注重对学生社会化的促进与引领，必须兼顾这两个功能，缺一不可。从个人与社会的关系角度看，学生将来必须能够融入社会，才能彰显自己的个性特长。人的社会化是其个性特长培养和发挥的基础。

因此，育英学校将育人目标确定为"培养行为规范、热爱学习、阳光大气、关心社稷、勇于担当的国家栋梁"。这一目标的培养、实现过程，也就是对"什么是学校"的理解过程。

一、学校应该是世界上最美的地方

刘易斯·芒福德在谈到美好的环境对居民的教育作用时说："这种耳濡目染的熏陶和教育是以后较高形式教育的最根本的基础……哪里缺少这样一种环境，那里即使是合理的进程也会半窒息……因为环境比正规学校更能经常起作用。"苏联教育家苏霍姆林斯基也说："美是人的道德财富的源泉。……学校的任务就是在孩提时期在身心系统幼年期，使得美成为德育的有力手段。"学校是教育人的地方，"美"要依靠"美"来塑造。

在这一思想引领下，育英学校明确了环境设计的基本定位，即育英的校园要为师生提供"学校"整体的形象设计，为师生提供舒适、温馨的物质环境，为师生提供精神家园的栖息地，让校园因为充盈高品质的文化内涵而更美。

学校目前拥有体现育英特色的红色系列广场：江山社稷广场和校史

广场；用植物命名的广场：银杏广场、山楂树广场、白玉兰广场、碧桐广场（校友广场）和翠竹广场；以体现学校绿色、生态校园环境建设理念的花园：听梦苑、筑梦苑、圆梦苑、追梦苑、逐梦苑。校园的每一个角落也做了重新设计和改造：小学部广场上设计了专供小学生玩耍攀爬的人造小山；图书馆前，设计了上下两层的木质写字台兼靠椅；木质连廊让学生在冬天坐上去不再冰冷；学校世纪之林里，有用整块石头雕刻成精美的棋桌，地上铺满了白石沙，学生可以自由出入其间，快乐嬉戏；小花园内的森林音乐广场，圆形的平台、梯田式的座椅，使这里成为学生展示才艺的舞台；围绕山楂树的座椅，使得学生可以坐在其间谈古论今……富含美丽元素和教育要素的校园，使得学生们在这里尽情游戏，不断探索，不断创造。

学校的教育不仅仅体现在环境建设方面，更多的还要通过教师自觉的、智慧的、创造性的教育行为来实现。因此，如何最大限度地激发、调动教师的工作热情和智慧，是学校管理者必须思考解决的问题。为此，育英学校建立了"扁平化—矩阵式"的管理机制。

一所学校，校长做好思想引领固然很重要，但更重要的是学校必须树立依靠教师来办学的价值取向。"扁平化—矩阵式"管理就是充分相信教师，依靠教师，挖掘每一位教职工工作潜能。实践证明，"扁平化—矩阵式"管理压缩了组织层级，减少了无效劳动，让师生的需求在最短时间内得以回应。学部与学科共同对教育教学质量负责，各有侧重，协同作战。全校教师形成了责任共识：每一个人都要对学生负责。

印度诗人泰戈尔说："教育就是向人类传递生命的气息。"一个美丽、充满生命力的校园注定能够培养出真、善、美的学生。"扁平化—矩阵式"管理和十条行动准则体现了育英学校的精神追求与教育信仰，有利于营造和谐的人际关系与和美的教育氛围。

二、学校应该是学生寻找伙伴共同生活的地方

学校不仅是学生学习知识的地方，更应该是学生寻找同伴、学会交往和合作的地方。学生能够在同伴交往中不断认识自己、发现自己、发展自己以及超越自己。

育英校园拥有十二年一贯制的学生，这正是同伴教育的独特资源。因此，育英学校实施了"成长伙伴计划"，以此培养学生的责任感与担当

意识。例如，三至六年级的"伙伴携手——寻宝乐"趣味运动会，小学生跑进了中学生的教室、实验室去寻宝，大同学要照顾小同学，奖品如何分配要协商解决；六年级140名学生参加了"学生互助就餐计划"，作为学长照顾三年级的学弟学妹们用午餐；高一年级的学长、学姐走进了小学一、二年级学弟、学妹的课堂，成为志愿小老师……这些打破班级、年级界限的成长伙伴行动，给学生提供了尽可能多地结交适合自己的伙伴的机会，让师生之间、生生之间拥有了宝贵的生命相遇。

学校是学生走向社会的必经之地，学校教育需要让校园里的教育元素不断丰富。育英学校将颜逸轩水吧、印天下复印社都交给学生经营，自负盈亏，让他们亲身体验商业经营的苦与乐；组织学生到"育英农场"的种植园里去劳动，让自小生活在城市里的学生感受农耕的艰辛与收获的喜悦；成立少年文学院、少年艺术书院、少年国学院、少年科学院、少年经济学院、少年社会学院等六大学院，使学生在校园实践和活动中汲取智慧，涵养品性，锻炼才干；去掉学校荣誉墙，建立"育英时评"，让"风声雨声读书声，声声入耳"，让"家事国事天下事，事事关心"。

这一系列举措，使得育英学子舒展了身心，积累了交往经验，培养了健康的情趣与高雅的品位，逐步养成了阳光、大气的育英品格。

三、学校应该是学生放学后想继续留下来的地方

办一所学生放学后不想回家的学校，是很多校长的教育理想，但要实现这个理想需要很多要素，最为核心的是学校课程。

2011年，育英学校开展了以"聚合各学科课程育人效力"为宗旨的课程改革，在近三年实践的基础上，于2014年初步完成学校课程的顶层设计。即以"基础课程、修身课程、发展力课程为三大支柱，满足全校1—12年级学生综合发展为宗旨"的"育·英课程"体系，用以引领学校的整体课程建设与实施，从而实现学校的育人目标："培养行为规范、热爱学习、阳光大气、关心社稷、勇于担当的国家栋梁"。

基础课程指向国家课程校本化，强调"双基"的落实。基于此，育英学校对国家课程进行了内容整合与融通，在体育、英语、科学、艺术、数学、物理、化学等方面进行了小、初、高一体化课程建设与育人模式的探索。

例如，根据中小学生的身心发育特点，学校将1—12年级划分为

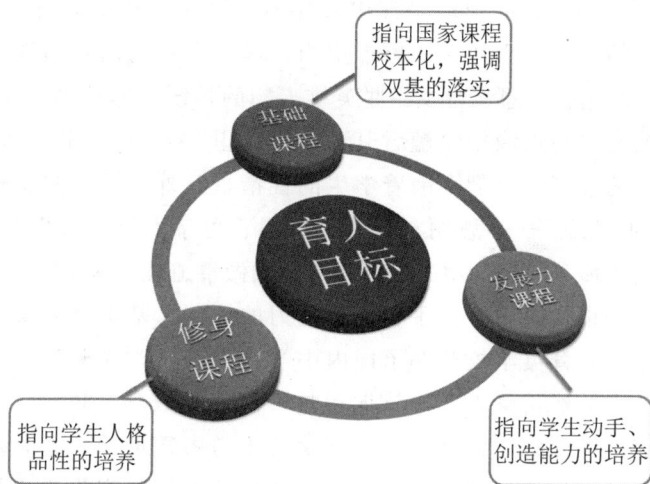

"5—4—3"三段，每个学段集中学习一项体育技能，通过学习培养兴趣，提高基本技术学习，培养学生掌握三项基本技能。技巧运动校本课程以两年的兴趣培养，两年的基本知识、技术学习，一年的综合技术、技能学习，不断增强学生体质、提高学生身体素质。6—9年级为第二学段，6年级的教学内容参照7年级的教学内容及评价方式。7—8年级继续深化终身体育课程，以游泳和篮球为主要衔接项目，拿出1课时＋1节课外活动的时间采用选项教学模式。9年级以任务为驱动，全面提升学生身体素质。10—12年级为第三学段，遵循国家高中课程改革实施方案，采用学分制的评价方式开展终身体育课程。

修身课程指向学生人格品性的培养。在学生成长最重要的基础教育阶段，我们对其教育的两个指向是：养成良好的行为习惯和建立明确的责任担当意识。实现前一个指向的做法是构建并实施"育英学校阶梯性行为习惯培养目标"，明确1—12年级每个学段应具备的良好行为习惯指标及具体内容；实现后一个指向的做法是制订并实施《"人人有事做，事事有人管"自主管理评价方案》，旨在引导每一位学生从身边的小事做起，学会担当，学会负责任。

学校还在氛围营造上做了重点关注和打造，通过凸显我国传统文化对学生的浸润与熏染，来实现学校的育人目标，开发出了与之相匹配的一系列的修身课程。例如，从踏入校门的第一天起，育英的学生就浸润在中华传统文化当中。学校的问道路，由古代66条名言组成，这是学生入校第一课。问道路的顶端是江山社稷石，这是学校标志性文化符号，寓意为育英师生要关心社稷，勇于担当。学校东侧的西翠国学书院，其梁、廊彩绘均选自感恩父母及一些英雄人物的传统经典故事，移步换景，将中华传统文化的点滴精髓蕴含其中。校园里"琴、棋、书、画"和中国传统"六艺"的景观，时刻陶冶着学生的性情。此外，学校的 9 栋楼也分别用孔子的"九思"——思明、思聪、思温、思恭、思忠、思敬、思问、思难、思义来命名，以期用其中蕴含的做人做事道理警醒学生。

发展力课程指向学生动手、创造能力的培养。基于对未来发展和人才培养的思考，育英学校开办了国内中学首个经济学实验班，开设了适合中学生学习的经济学课程。该课程是一门涉及数学、政治、地理等多门学科的综合性课程，由社科院经济学博士与中德证券、光大银行的专家以及北大、对外经济贸易大学等多所名校的经济学家为学生授课。课程在满足学生专业学习的同时，也提高了学生的综合素养。除此之外，学校还依托物理、化学、生物三个大学先修实验室和 20 间综合创意教室，开发了丰富多元的基于学生未来发展的校本课程。

近三年来，育英学校坚守课程育人功能定位。学校教育不可能无所不在，无所不包，但它应有自己不可替代的功用。学生是一个个生命个体，也是社会中人，面对未来，除了知识之外，他们还有许多能力需要习得，许多品质需要涵养，这是任何其他一种教育方式都无法完全替代的。因而学校教育必须在这些方面有所作为，有大作为，这是学校应该追求的恒久性、终极性价值。

（本文刊发于《海淀教育》2014 年第 5 期）

专家评述

学校治理结构服务于学校的办学内容。一所学校在其办学内容不断彰显为一种教育品牌的时候，其内部必有一种助其品牌发展的治理结构为之服务。而当一所学校从一般走向优秀，成为品牌教育的过程中，其内部的最大阵痛与动力可能正是学校治理结构的变革。北京市育英学校近些年来在于会祥校长的领导下，通过变革学校治理结构，实现了学校的再次发展，形成了"育·英教育"品牌系统。这一过程有力地诠释了学校治理结构变革对品牌学校发展的助力作用。

1. 学校治理结构变革源于对教育本真的追求

我国当前中小学内部一般设办公室、教务处、德育处、总务处等行政部门，党支部、团委、少先队组织等党团组织，工会等群众组织。在学校教育教学业务运行过程中，学校还建立了年级组、教研组等教师业务发展和日常工作运行组织。为规范学校组织运行，学校都建立了组织运行的管理制度，如校务会、行政会、教职工代表大会、党支部会议等决策性会议制度，从而确保了学校组织运行的顺畅。这种学校内部治理结构属于"科层式"组织结构，有利于自上而下的信息传递和执行。近些年来，很多管理学家和管理者开始反思科层式组织结构的弊端。学校组织的变革除了追求信息交互与管理效率的提升外，还有一个重要的价值取向就是要遵循教育规律。从一定意义上说，学校组织治理结构的变革的核心目标源于对教育本真的价值追求。

育英学校的组织变革充分体现了对教育本真追求的价值取向。教育的本真就是教育服务对象的需求和他们的认知发展规律。育英学校坚持"从问题出发，问道于教师，问道于学生，问道于家长"的工作原则，在此基础上实施了"扁平化—矩阵式"管理。"扁平化—矩阵式"治理结构除了提高了管理效率外，更重要的特点是体现了对教育本真的追求。例如，学校成立了"四中心""一院"，即学生服务中心、教学服务中心、行政后勤服务中心、人力资源服务中心及课程研究院。"四中心"依据自己的工作属性做好本中心的服务工作；课程研究院面对各学部，探索与之相匹配的课程开发、课程管理及课程评价机制。这种学校治理结构体现了对学生需求的根本性尊重，体现了对学校教育教学核心规律的尊重，对学校整体发展起到了积极的促进作用。

2. 学校治理结构变革激活学校人力资源潜能

学校治理结构变革的另一重要功能就是要最大限度调动学校教职员工的积极性，最大限度调动人力资源潜能，从而实现组织效能的最大化。育英学校"扁平化—矩阵式"管理是一种分权管理，各层级之间的联系相对减少，各学部、中心之间相对独立且具有较大的领导幅度，这就使得领导者对下属不可能控制得过多过死，从而有利于下属主动性和首创精神的发挥。

学校以尊重为前提，给教职工在遵循制度要求的过程中留下创造发挥的空间，用制度来引导、激发全体师生员工的工作激情，使其不断进发出工作智慧。育英学校在实施"扁平化—矩阵式"管理过程中，形成了这样一种责任共识：每一个人都要对学校整个事业负责，而不是仅仅对某一位领导负责。为了做好本职工作，每一位教职工都有权调动、安排学校的所有资源，全方位、全过程参与、组织、管理学校的所有教育教学活动。学校有责任满足学生提出的个性化课程设置需求。每一位学生都可以参与到学校生活中来，学校是学生的学校。学校通过人事解冻、机构解冻、组织重构、制度重构等学校治理结构变革手段，极大地激活了每名教师的教育潜能和每一名学生的学习潜能，也激活了整个学校的发展潜能，实现了学生发展、教师发展、学校发展的目标。

3. 学校治理结构变革服务学校课程体系建设

课程是学校教育的核心载体。学校治理结构的变革必须有效服务于学校课程建设，才能实现学校的持续发展。育英学校课程体系的建设是与学校组织变革同步进行的，逐步形成了十二年一贯的"育·英课程"体系。学校为"培养行为规范、热爱学习、阳光大气、关心社稷、勇于担当的国家栋梁"，构建了以"基础课程、修身课程、发展力课程"为三大支柱的，满足全校 1~12 年级学生综合发展为宗旨的课程模型，用以引领学校的整体课程建设与实施。

育英学校的课程体系建设需要超越学校原有的治理结构。一是要超越学段相对分割的课程管理系统，统一构建十二年一贯的课程体系；二是要统筹学校各学科资源，拓展超学科综合课程体系；三是要超越原有只关注显性课程的狭义课程观，构建显性课程与隐性课程互动融合的现代课程系统；四是要穿越学校原有各部门边界，构建服务课程发展为核心的新型学校文化。要实现这样一些治理体系的突破，就必须创新治理结构。于是，学校在"扁平化—矩阵式"管理的基础上组建了超越矩阵横纵边界的课程研究院，校长任课程研究院院长。这一组织变革体现了学校以课程建设为中心的学校治理重心；体现了学校管理者用学术影响力超越行政影响力引领学校发展的新型治理文化；有效解决了学校课程体系建设所面临的问题，为学校课程建设注入了组织结构和制度文化的动力。

（北京教育学院　　杨志成）

立教化之本　创育人之新

北京实验学校 *　　　曾军良

　　1920 年，声名赫赫的香山慈幼院诞生，她凝聚的是著名慈善教育家熊希龄先生对教育事业的高瞻远瞩和对祖国百年重任的满腔民族大爱。熊先生秉持慈善教育的梦想，在筹建和发展过程中倾尽全部身家资产，以育化莘莘学子为己任，担当推动民族复兴的重任，成就塑造国家栋梁之伟业。如今，她历经岁月烟尘与民族复兴浪潮迎送代代学子，也成就了自己的无上荣光和宏伟梦想，成为一所集中学、小学、幼儿园于一体的公立学校——北京市立新学校。

　　在新的快速发展时期，我们围绕着学校教育为谁服务，学校应培养什么样的人，我们应提供什么样的教育等核心问题，在开展有特色的德育工作，提供孩子向往、学生喜欢、家长欢迎、社会满意的学校教育过程中，不断创新发展，注重对学生的正面引导和表扬激励，突出教书育人、管理育人、活动育人和环境育人，不断提高学生自我管理、自我服务和自主发展的能力，构建新型德育模式，培养具有时代特征和立新精神的学生。

一、丰富德育课程，深化德育内涵

　　德育课程是实施德育的有效途径，学校提供丰富多彩的德育课程，把常规的德育目标、内容、方式和效果以德育课程的形式进行规范，特别突出德育活动的目标和评价，把社会要求的道德规范与学生的生活世界密切融合起来，不仅深化了德育内涵，也最大限度地发挥了德育的实效。

　　每周的升旗仪式是学校开展爱国主义教育的固定课程。我们采取了班级或年级承办的形式，真正让学生成为升旗活动的设计者、组织者和参与者，收到了良好的效果。各年级、班级在竞争承办仪式的同时，增

---

　　* 原为北京市立新学校，2015 年更名为北京实验学校。

强了学生的竞争意识，提高了班集体的凝聚力。升旗仪式的形式和国旗下讲话全由学生自编、自导、自演。每一次升旗，参与学生都是精心准备，从方阵行进到响亮口号，从国旗手的步伐到升旗手的动作，从主持人的仪态仪表到每一篇国旗下讲话稿的反复推敲和修改，从仪式前的精心策划与设计到仪式过程中涌现的一个个亮点，都可以看到学生们的投入与付出。每一个教育环节都在影响着学生，升旗仪式变成了学生们展示自我的舞台，也逐渐成为立新学校师生良好精神风貌的一道风景。

增设了励志大讲堂教育活动课程，邀请著名的企业家、学者、艺术家等成功人士，走进学校，和学生面对面的交流互动，让学生倾听、品味他们成长、成才、成功的心路历程和人生成长故事。青年歌唱家刘和刚老师的报告让学生们在生活和学习中懂得感恩，学会成长；京剧大师孙玉敏老师向同学们提出作为一名中国人，应当了解自己国家的文化艺术底蕴，并去继承、发扬以及创新，他告诉同学们：不仅应该了解京剧艺术，更要建立一种文化自信，传承这种京剧精神的愿望；北京市残疾人艺术团的现场表演更让全校学生的心灵受到一次冲击与震撼；感恩教育大师一横老师的两场报告感动了全体学生、家长和教师，给与会者上了一堂有意义的人生教育课。

学生值周工作一直在做，一开始安排值周的目的，只是把它定位在协助教育处进行学生日常检查和管理，后来上升到学生自我管理和自我教育上，而现在学生完成值周工作后，我们增加了对值周表现的正式评价，并纳入高中学生综合实践课程学分。当我们用课程来规范它的时候，我们发现值周的教育目的更加清晰，值周的培养目标应该上升到学生的领袖气质和领导力的培养，从而进一步提高学生的竞争力。同时细化值周的评价方式，通过自评、教师评和学校评，最后给予学生相应的实践活动学分，这也就同时加强了值周过程中的监督力度，形成一个相对完整，相对规范的德育课程。

我校的人生规划教育活动已开展多年，并逐步形成有我校特色的德育课程之一，深受学生和家长欢迎，取得了良好的教育效果。例如，围绕这一课程我们在初一、高一年级完成了将人生规划主题教育纳入暑期新生入学教育内容，通过初一学生的自我认知和高一学生的个人职业生涯规划，引导学生客观分析自我并初步树立职业意识。高中职业生涯规划课程内容主要包括：①开展高中生涯规划系列讲座；②组织生涯规划主题班会交流；③进行高一学生职业模拟现场招聘；④组织高二学生假期社会实践活动——专业及相关领域发展情况调查研究成果交流等。

针对主题班会如何成为学生精神动力的加油站，我们在全校做了有关内容的报告予以强调。工作中，我们通过主题班会观摩课的开展和主题班会的交流研讨进一步加以推进。通过实践，我们欣喜地看到全校各个年级的主题班会在整体设计规划、阶段安排布置、学生主体参与等方面都有了明显改观，这势必对主题班会教育实效起到积极的推动作用。例如，高一年级在上学期重点以人生规划和习惯养成为主线开展主题班会，全面激发学生的职业目标意识、规划意识，召开了"我的班规我制订""我的高中我的梦""我的班级我的家""我的职业我选择""今天养成好习惯，造就明天大未来"等。初一年级关注习惯养成和班集体建设，营造了良好的育人氛围，召开了系列主题班会——"我们的班级精神""我的空间，我做主""守校纪，温常规，做合格中学生""学礼仪，养习惯，做文明立新人""知法纪，懂规章，做诚信好学生""做最好的自己，创最优的集体"等。高三年级开学初就由我确定了整个学年的班会主题，在上个学期中围绕调整情绪、珍惜时间召开了相关主题班会，班主任激发学生的热情，主动承担班会的准备和组织工作，内容的确定、课件的制作、班会的主持都是学生在做。更加值得一提的是，为更加提高教育的针对性，12月，我亲自主持召开了整个高三毕业班中相对落后的30名同学临时组建的一个班集体，进行"在爱中奋勇前进"的全校主题班会观摩活动。班会课上，沿着亲人之爱、同学之爱、师生之爱、校长之爱的情感轨迹，我用浓浓的情、深深的爱唤醒同学们的责任意识，激发起同学们不断发展和提高的动力。

学校还开设博识课程、阅读课程、京剧课程三大德育校本课程，进一步丰富德育课程，深化德育内涵。其中博识课程是以"博闻广见，卓有通识"为基本理念，在我校初一、高一年级开设。充分利用优质社会教育资源，使学生博闻广见，开启智慧，涵养性情，提升境界。阅读课程是倡导全校学生走近名家经典，提升精神内涵，开展晨诵、午读、暮省等活动，营造校园读书文化氛围。由语文教师策划具体实施方案，在初一、初二、高一、高二年级指导学生制订读书计划，激励师生与书本为友，与大师对话。全校师生形成读书热潮，使校园充满浓浓的书香之气。让学生养成"爱读书，会读书，读好书"的好习惯，引导学生达到从"阅读"

到"悦读"的境界。新开设的京剧课程是我校京剧进校园活动项目的第一阶段。我们在幼儿部、小学部、中学部分别开设三个京剧课程班,设计不同阶段的课程内容,外聘专业教师每周进行专时训练指导,定期组织外出学习观摩,让国粹京剧不仅能逐渐成为我校德育特色课程,也为传承中华传统文化,弘扬优秀民族精神做出我们的贡献,使学生长期受益。

二、创新实践活动,增强德育实效

主题教育实践活动是学校开展德育工作的主要途径之一,能否开展高质量的主题教育活动也是衡量学校德育工作是否有特色和有实效的主要标志。追求"实"、贴近生活、关注学生主体是学校德育真正走进学生的生活世界和精神世界的前提。在教育实践中,我们努力开展"过程有学生参与,形式要学生接受,成效让学生认同"的德育实践活动。我校的德育活动创新主要体现在两个方面。

1. 丰富的主题教育活动让学生喜欢学校,乐于接受德育,把学校办成学生喜欢,让学生快乐成长的乐园。

2011年,我校管乐团继4月20日参加北京市第十四届学生艺术节金帆器乐展演荣获一等奖后,7月下旬,在奥地利国际青少年艺术节比赛中荣获"组委会特别金奖"及"维也纳城市表演奖",充分显示了我校管乐团的实力与水平,也极大地鼓舞了师生的士气。学校还新建了学校文化艺术中心。在艺术教育方面,校合唱团上学期参加北京市第十五届学生艺术节比赛获得二等奖。学校舞蹈团为学校"一二·九"文艺汇演编排舞蹈,受到师生的一致认可。

"收获成功与喜悦,共享成长与发展",别开生面的开学典礼是本学年全校师生共同开展的一项重大活动,对学校一年的教育教学起到了指导大方向的作用,也给学校德育工作定下了基调。隆重的开学典礼仪式在拥有400米塑胶跑道操场上举行。开学典礼上我的讲话,以全国网络投票第一荣获"开学第一讲最受欢迎校长奖",更加振奋了全校师生的精神,也拉开了立新学校快速发展的新纪元。

9月,学校开展丰富多彩、隆重而热烈的庆祝教师节系列活动。教育处、团委、小学部、幼儿园设计的系列教师节活动,让教师暖意融融、深感自豪;各年级、各位班主任设计的年级、班级主题班会精彩纷呈,让师生关系更加融洽。

"强身健体，打造和谐团队"，隆重热烈的校体育节活动在全校师生的共同参与下，又一次真正实现了"体育搭台，德育唱戏"。体育节历时三周，内容除了传统的田径运动会外，增加了许多以往田径运动会没有的趣味项目，如广播操评比、跳绳比赛、拔河比赛、搬运球比赛等。在这些丰富多彩的比赛中，同学们在运动中享受快乐，在快乐中健康成长，创造了佳绩，磨炼了意志，充分展示了中学生蓬勃向上、积极进取的风采。

11月的科技节——"让创新的智慧闪光"，从前期准备、宣传发动、作品收缴、布置展览和总结评比都得到了广大师生的支持和学生们的激情参与。科技节，各种活动形式纷纷亮相，学生们开动脑筋，尽情演绎青春的魅力。单项比赛和集体比赛的参与率达到了100%，有167位同学在科技幻想画、科技小报、创意集市、高高的纸结构比赛中获奖；36个班次在板报比赛、纸桥承重比赛、水动力车比赛中获奖。

12月开展为期一个月的纪念"一二·九"运动主题教育活动。在这一个月的活动中，同学们充分展示自己爱好和特长，抒发自己的爱国情怀，特别是在12月31日北京市立新学校纪念"一二·九"运动76周年文艺汇演——暨迎新年文艺演出中，参加演出的全体师生为全校师生带来了充满爱国情怀的精彩演出，演出现场老师和同学、台上与台下齐聚一堂、共谱一曲爱国的乐章，师生们陶醉在艺术的海洋中，爱国与责任在同学们的心中激荡，艺术之花再次开满立新校园。

2. 转变教育观念，大力推进激励教育，让自信之花开在每个学生心里。

通过校园文化建设，努力营造一个和谐共进、相互信任、激励为主的教育氛围。具体措施有：宣传老师，利用橱窗、电子屏、年级学生会、家长会隆重介绍每一位老师；宣传学生，学校校园里建立了80多块宣传栏，定期介绍和宣传优秀学生；广泛开展"七星引路，人生导航"每月一星的校园之星评比活动，"道德之星""学习之星""礼仪之星""劳动之星""文体之星""文明之星""进步之星"，遍布校园、年级、班级，让我们更好地发现和肯定了每一个学生身上的闪光点。

总之，学校德育实践活动是育人的载体，通过大型活动，丰富德育内容，践行"活动中育德，活动中育人"，突出活动与渗透，强调实践与体验，构建学生在学校大型活动中的主体性，提高了学生的参与率，让学生真正成为德育过程中的主体，从而提高了学校德育的针对性和实效性。

（本文刊发于《海淀教育》2013 年第 2 期）

同事评说

北京实验学校（原立新学校）是海淀区唯一的一所集中、小、幼为一体的 15 年制公立学校。这里教师乐教，学生乐学，是一片幸福的教育乐土。在这里，我时刻都能感受到快乐的因子充满每一个师生的内心。当我被这眼前美好的画面所传递出的和谐、自然、平和与理解的教育氛围所深深吸引时，一个问题不禁闪现：是什么让立新学校在激烈的竞争中摆脱了考试的镣铐，让师生获得了广阔的发展空间？

筚路蓝缕，艰苦卓绝，早期的"立新人"以奉献自我、服务社会等品质为学校未来发展着上一层朴素清新的精神"底色"。在新的发展时期，要激活这所历史老校的内生力，该从哪里寻找新的发展支点，如何培植新优势？

2011 年 6 月，曾军良接任校长。从出任立新的校长时起，曾军良一刻也没有停止过对学校未来发展的规划和思考，他每天工作长达 15 个小时，将自己的全部热情乃至生命的意义融入了这所学校。

曾军良在对学校现状进行调研后，首先在管理模式上进行了大胆改革：建立"校务委员会"，汇聚集体智慧，实施民主管理，决策学校校级（幼儿园、小学、中学）层面的各项工作；建立以校级教育教学领导为年级主管领导的年级负责制，将管理重心下移，各位校级领导全面负责、整体落实学校的教育和教学思想。

在此基础上，曾军良以他的广阔视野和对教育的深刻理解提出"课程育人"。这里的"课程"不仅是学科课程，而是包括德育课程、学科必修、选修课程、校本课程在内的一整套相对完备的课程体系。曾军良以"课程育人"的理念带领大家回归教育原点再出发，并以此指引立新人从课堂教学走向课程育人。学校成立了"课程委员会"，对教育教学工作实施专业化的管理和研究。

1. 教学研究，为"课程育人"提供智力支持

立新学校制订了三年教学研究发展规划：第一年，课堂探索发展年；第二年，课堂特色发展年；第三年，课堂成果展示年。围绕这样的目标，

立新人行走在了教学研究之路上，他们研究常态课录像，进行自我诊断和反思；进行组内教研，汲取他人营养；进行校级观摩与研究，展示合作探究成果。

在教师教学研究取得的每一点成长与进步的背后，都折射出课程委员会的智慧与汗水。全体课程委员会成员把听评课当作日常工作，积极主动走进教师的常态课堂。作为物理特级教师，曾军良提出评课过程中要把握好三者关系。

授课教师——不是表现自己的成绩或水平，授课只是参与学习的一种方式，因此要求展示真实的自我，展示原生态课堂。

评课教师——不是以评价者身份来听课和评课，而是以学习者、研究者和指导者的身份参与教学观摩研讨。

评课目的——不是考核与评优，而是一种互助与提高。评课是真诚地展示自我的启示、感悟与收获，让参与者共同分享经验。

由于改变了传统的听课即评价、挑毛病的评课模式，换之以激励、肯定、平等、民主、提建议的交流平台，所以老师们对于听课更加欢迎。课程委员的听课与研讨活动成为立新的一种特有的文化现象、一种很好的隐性教育资源，它弘扬着一种学习成长的精神，它激励着师生的学习热情。

2."魅力课堂"，激发学生学习的"精气神"

课堂，是师生之间心灵相遇的场所，是关注意义世界和感悟生命之美的场所，那么，如何以课堂为载体，传承知识，培育能力，涵养品性，助长生命？立新人给出的答案是：构建魅力课堂。

何为"魅力课堂"？"教师教得轻松，学生学得愉快，考试考得满意！"立新人响亮地回答。并且，在曾军良的引领及课程委员会的研究推动下，学校提出全员探究"魅力课堂"的教学实践。

针对传统课堂最缺的是激情、活力、兴趣、对生命的尊重，最缺的是学习的"精气神"，最缺的是一种推动学生生机盎然地去学习的力量，立新提出了打造"魅力课堂"的教学改进目标。他们提出，"魅力课堂"是基于尊重学生的美好天性，激发学生的精神动力，是努力让教学迸发五彩的魅力光芒，推动学生自主学习、主动发展、创新发展的改革行动。

为了帮助教师尽快在课堂教学中成长起来，曾军良开设了大大小小近百场报告会，从"课堂应成为自信的课堂，课堂应成为规范的课堂，课堂应成为思考型的课堂，让课堂成为美丽的课堂，课堂要成为创新的课堂"等多个角度对教师进行培训，引导教师自觉走上专业发展道路。

3. 校本课程，发挥学生的个性特长

为了最大限度地发挥孩子的特长，在课程委员会的推动下，立新人积极致力于校本课程的开发与建设。目前，立新人校本课程研究的课题达到 20 个，涵盖了 7 大领域，真正放大课程范围，让孩子走近大千世界。

每个年级都开了 10 多门课，形成了非常受学生欢迎的教案、课件。这些资料正逐步整合、完善，慢慢地形成系统的校本教材。校本课程的开发对于孩子们来说有着重要意义。比如，"行游中国"，一方面让学生了解地理知识，另一方面激发学生对祖国的热爱；生活中的趣味化学实验，学校紧密联系课本选择带有生活趣味的实验，在孩子们接受教育的过程中呈现出生活的鲜活、生动和丰富的特质。这种充分体现社会、生活内涵的校本课程的开发，让学生在接受知识时提升能力和生命的质量。

（北京实验学校　　张晓龙）

中西合璧　铸魂育人

北京市二十一世纪国际学校　　范胜武

教育承担着培养人才、传播思想、塑造社会的重要使命，在人类文明的传承和创新过程中发挥着不可或缺的作用。"培养什么样的人，如何培养人"是每所学校的管理者在办学之初都必须要回答的问题。早在学校成立之初，创办者张杰庭就制订了校训——"做豪迈的中国人"，明确回答了"培养什么人"的问题。作为一所寄宿制国际学校，在办学实践中，我们对办学理念又进行了深入认识和阐释："二十一世纪国际学校不仅要成为世界名校的生源基地，更要培养一大批具有中国灵魂、国际视野、跨文化交流能力的世界公民。"为此，我校一方面引进国外先进教学理念、教学方法、课程体系；另一方面以中华文化为根本，吸纳传统教育优秀教学经验和模式，注重本土化与国际化的融合，为学生筑牢道德之基，打开国际视野，将中国情怀和国际眼光相结合，探索最适合中国孩子发展的国际教育模式，为学生成长为符合国际社会需求的复合型人才铺设道路。

一、国际教育走出误区，立足本土落地生根

全球化作为 21 世纪人类社会发展的基本趋势，给国家、种族和民族之间的共处带来了复杂而多样的问题。教育全球化是蕴涵其中的一种现象与趋势，促使当前教育以培养能够和谐共存的全球公民为基本使命，致力于国际理解能力、跨文化沟通能力的培养，引导学生尊重彼此独立性与文化差异。

当前国际化办学方兴未艾，但我认为办国际学校有几个误区绝对不能走。第一个误区是课程全盘西化。作为十二年一贯制的学校，我们既保留了中国传统教育的精华，又引入了小班教学、合作探究、分层走班选课等国际课程的先进理念，立足本土，打造了中西合璧的国际化课程体系，这也是学校能够突出重围、快速发展的重要原因之一。第二个误区是教师团队的全盘西化。外教确实有他们的优势，理念新颖，教学灵

活，但在国内长大的孩子，已经适应了传统的教育体制，形成了比较固定的思维模式，因此，国际学校要做的，是为他们搭建中西教育的桥梁，实现过渡和融合。目前我校已经形成了外教、海归和中方教师"三套马车"共同驱动的局面，而且三者的配比非常契合学生的需求，真正为学生走向世界舞台保驾护航。第三个误区是只注重结果，不注重过程评价和管理。从学生成长的角度来说，评价应该贯穿于他在学校每一天、每一节课的表现，激励他全身心地投入到学习和自我表现中去。目前，我校已形成了一套完整的过程评价体系，其中期末考试只占20%的比例，课堂表现、行为习惯以及在校内外各种活动中的表现都纳入到评价体系。第四个误区是学习负担过重，造成学生倦学、厌学。现在的学生从小学起就面临各种考试、各种培训班，十几年的学习生涯使许多学生无奈、厌倦，成了考试的"机器"，缺失了想象力和创造力。如何让学生在一种愉快的心情下高效学习？除了采用小班教学、导师制等具有国际化特色的方式来提高课堂教学效率、注重人文关怀外，我们也尝试了在小学一年级取消考试，而代之以综合素质评价，通过"玩游戏通关"等能够激发学生兴趣的方式考查学生的学习能力和创新能力，规避了大量考场应试带来的负面作用，促使学生始终保持旺盛的求知欲望和探索精神。

二、中西课程优势互补，促进学生全面发展

课程是育人最重要的载体，决定着学校的品质。近几年，国际学校、国外课程如雨后春笋般在国内"发芽"，但这些"舶来品"必然会出现水土不服的情况。二十一世纪国际学校立足"培养具有中国灵魂、国际视野和跨文化交流能力的世界公民"的课程目标，确立了"弘扬中华文化精髓，中西课程优势互补，适合中国学生发展"的课程定位，形成了自主性、多样性、全面性、选择性的课程特点，构建起国家课程、国际课程、校本课程相结合的十二年一贯制课程体系。小初高在共同开设中华文化课程、英语特色课程、综合实践课程打造一体化课程体系之余，为满足不同年龄段学生发展需求，注重校本化课程的研发，各学部纷纷成立项目组，根据学生不同年龄阶段的身心发展规律和特点制订独特的课程规划，潜心编撰百余本校本教材，开设了230门校本课程，在保证国家课程开全开足的同时，突出学校特色，使国际课程校本化、师本化、生本化，将"因材施教"的教育理念落到实处，更好地实现课程目标，培养学生全面

发展、个性发展、可持续发展，大力促进学生综合素质提升。

立足国际学校的定位，结合国内的课程体系，我校构建了集小学 EP 课程、初中 IP 课程、高中 AP 课程、中美高中课程合作项目（双语、双学籍、双文凭）及外国学生 HSK 为一体的国际化课程体系，形成了基础课程、活动课程、选修课程相结合的特色英语课程体系，其中，小学开展 EP 教学，提供听故事学英语、朗读训练、阅读和引导式写作、动画欣赏、动感歌谣、角色扮演等丰富的课程，注重寓教于乐、乐中施教，摆脱枯燥的知识讲解和机械的知识记忆；初中学习 IP 课程，采用探究合作的开放性教学方式，研发系列双语教材，扩展提炼知识，侧重初中生英语思维的培养和运用英语能力的提升；高中学习美国大学先修课程 AP 课程，开设英语长线课程，适应不同学力学生需求，提供英语学术论文写作、英语戏剧表演、英美文化等 37 门外教选修课，提高学生英语应用能力。

我校不是只靠国际化一条腿走路，而是给学生发展留出了足够的空间。初中阶段，所有中考科目开足开齐，给学生和家长留了"回头路"。因为初中阶段的孩子还未定型，未来的选择很可能存在变数，作为学校，要为学生和家长着想，不能把他们引上"独木桥"。同时，开设英语国际直通车、双语数学、双语生物等课程，为将来走国际道路的学生打好基础。即使对于已经明确走"国际路线"的高中学生，中国历史、地理、政治和语文也是必修科目，因为高中阶段正是人生观、世界观形成的关键期，我们有责任帮助学生全方位地了解中国，学习祖国的悠久历史、优秀文化，给他们打上中国的烙印。

中华文化课程、综合实践课程作为主体课程的重要补充，为学生成长插上了翅膀。学校课程系统齐全，开设了 100 多个门类的选修课、兴趣班，如瑜伽、高尔夫、奥斯卡经典影片欣赏、英语戏剧表演、英文电影配音艺术、英语沙龙、跆拳道等。这样的课堂，全方位为学生提供发展特长的机会，助力学生成长。高中部还有丰富的社团活动和社会实践。模拟联合国社团、辩论社、话剧社、素描社、摄影社、中华武术社、跆拳道社、环保社、淘宝爱心社等，为学生提供了大量的实践机会，这不仅为他们申请国外高校增加了底气，而且帮助其提前感受了国外高校的学习氛围。

从小学、初中到高中，学校形成了一条龙式的国际化课程体系，各学段无缝衔接确保学生顺利过渡。课程体系不仅包括课程，而且涵盖了先进的教育理念，学校采取了每班20人左右的小班制教学。引入导师制和过程性评价，消除国内一考定终身的方式。根据学生的兴趣爱好将其分为不同类型，进行分层次梯度教学，实施选课走班制改革，整合新的课程体系，实现学生多样化课程选择，充分挖掘学生潜力，促进学生个性化成长、多元化发展。

三、中西文化传承精髓，铸中国魂育国际人

我校充分挖掘优秀传统文化的内涵和育人功能，将其覆盖到教育教学全过程和学校文化建设中，着力将中华优秀传统文化渗透到学生思想认识之中，落实到学生言行举止之上，给学生以文化的熏陶和人格的洗涤。学校以特色课程创新教学模式，以校本教材提高学生素养，以诵读经典传承民族文化，以读书节活动涵养学生情操……实现中国传统文化的传承与创新，让凝聚着民族精神、民族美德、民族文化的中国灵魂牢牢扎根在学生们的心中，内化为中华民族文化基因。

小学部开展快乐诵读、主题阅读，举办诵读比赛、古诗比赛，引领学生养成阅读习惯，背诵诗词、美文、名句，《三字经》《弟子规》《论语》等经典，潜移默化陶怡情操；初中部打造语文学科教室，研发经典名篇赏析、经典作品话剧表演、古典音乐欣赏、美术作品鉴赏等课程，带领学生走遍祖国河山，开展集体诵读、课本剧、古诗词背诵、演讲比赛、定期编撰文集等活动，打造书香校园，以经典浸润人生；高中部开设中国传统文化欣赏课，学生以传统习俗、传统建筑、传统文艺、传统思想等为主题制作PPT展示，精心准备皮影戏、京剧国粹、美食文化等文化讲座，获得教育部课程专家好评，为即将奔赴海外的学生烙上鲜明的中国印记；为留学生编写美文诵读和HSK语法及词汇教材，填补了对外汉语教学的空白，留学生组织了知音朗诵社，办起了汉字小报，在汉语文化节、文化之旅、毕业旅行及各种校园活动中积极参与，通过剪纸、书法、篆刻、画脸谱、制作风筝等，尽情感受中华文化的魅力，他们中不少人成了"中国通"，一名留学生的剪纸作品获得了全国金奖，受到文化部部长鼓励，成为一段佳话。

"仁、义、礼、智、信"是中华传统价值观的核心，重视做人教育是我国教育的优良遗产。学校聘请专家名师独创做人课教材，内容涉及个

人修养、我与家庭、我与学校、我与社会、我与大自然，涉及传统道德思想和现代观念意识。将孩子们身边的人和事编入《公民》《博识》课本，通过最鲜活的感恩教育、礼仪教育等各种活动，让公民所应具备的友善、互助、明理、自强、谦让、达礼、包容、诚信、节俭等传统美德融入孩子们的血液里。

作为全寄宿制学校，不仅严格抓课堂教学，各项管理也非常严谨、细致。在培养学生自理能力方面，我们认为"一屋不扫，何以扫天下"，无论何时何地到学生宿舍去，被子都是"豆腐块"，卫生都干干净净；在礼仪教育方面，学校启动了《新世纪国际人》系列礼仪教育活动，定期评选"文明礼仪之星"，学生养成良好的文明习惯；懂得感恩，才能学会生活，学校注重感恩教育，评选"感恩天使"，启迪学生从身边的榜样学起；为了培养学生的公益心和社会责任感，早在2007年学校就成立了光彩志愿者队，开展"分享幸福，快乐校园"系列公益活动，学生、家长、老师在亲身体验中切实感受了"感恩于心，志愿于行""帮助他人，服务社会"的内涵。近三年来，为海淀区的永丰学校，石景山区的黄庄、华奥两所学校，怀柔区喇叭沟门满族乡中小学校和密云区不老屯学校、山西博爱学校等共捐赠了价值200余万元的教育教学设备；为了让学生学会分享、勤俭节约，提高市场营销能力，学校每年组织大型"跳蚤市场爱心义卖"，款项由光彩教育基金会捐赠打工子弟学校。

在精神文化建设上，我们通过丰富多彩的活动来营造浓郁的国际校园文化氛围。让学生从小接触各国习俗，提高对多元文化的理解能力。冬夏令营、全英文圣诞晚会、英语知识竞赛、英语歌曲大赛、英语故事会等国际范儿的校园活动，成了学生们感受多元文化的大课堂；"奥林匹克运动会""五洲城市运动会""最炫民俗风运动会"，每年一次，三年一个轮回，让每个在校生都有机会参与到先进、时尚、国际化色彩鲜明的体育盛会中来。在二十一世纪国际学校这个小联合国中，孩子们同时感受中华文化的熏陶和国际文化的洗礼，实现了真正的中外融合。

4年时间，二十一世纪国际学校已经在国际化办学道路上迈出了坚实的步伐，取得了有目共睹的成绩，无论校园环境、生源质量、考试成绩还是师生精神面貌，都迈上了新的台阶。但是，我们并不满足于此，国际化办学之路，不仅要办出国际特色，更重要的是以一流的质量和卓越的队伍，办人民满意的教育，让学生能够快乐、幸福地成长与发展，将学生培养成志存高远、行为规范、思想活跃、人格健全，文化素质多元、能担大任的世界公民。

（本文刊发于《海淀教育》2014年第6期）

记者观察

近几年，二十一世纪国际学校每年都有大批学子相继拿到了超过清华、北大的世界名校 offer，而其生源入学时只达到了普通高中的录取成绩。是学校的精细化教育成就了学生的世界名校梦，执行校长范胜武和他的团队在短短3年时间内创造了奇迹，这和他们实施的四套"组合拳"是密不可分的。

二十一世纪国际学校实行"小班制"，提升了学生的自主学习和自我发展能力。"小班制"是民办学校普遍采用的一种班级组织形式，算不上什么新鲜创造。二十一世纪国际学校的可贵之处，在于把小班制的优势最大化挖掘了出来。他们的做法就是建立国际化的高效课堂，关注每个孩子的进步和成长。

学校实施的国际化高效课堂有三个重要特点。首先是关注差异，突抓重点，有的放矢。二十一世纪国际学校是十二年制学校，学生年龄跨度很大，老师要解决各个年龄段学生的侧重点也就不同。其次是老师参与广泛。不但主科老师主动参与了研究，各副科老师也是研究的主要力量。老师的广泛参与，说明老师正由经验型向科研型转变。这种转变，契合了学校"实验"往"国际"转向的现实需要。

二十一世纪国际学校实行"分层次走班制"，实现了班级教学中的因材施教。同一个班级的学生，有的数学差，英语好；有的英语差，物理好；有的各学科成绩都很优秀，这是正常现象。可面对这种现象，老师怎么备课，才能兼顾到所有学生学业需求？学生怎样学习，才能让自己取得最大的进步？这是摆在所有老师面前的现实问题。"分层次走班制"教学让每个学生都能实现最大可能的进步。老师会对不同层级的教学班采用不同的教法，争取让每个学生每节课都有最大的收益。它最大限度地维护了学生自尊，它消除人为的快慢班、实验班的概念，摒除了人为地把学生分为三六九等现象，让学生觉得自己是学习的主动选择者。

二十一世纪国际学校改变对学生的评价方式，实施"过程性评价"，不再"一考定终身"，更关注每个学生个体的进步和提高。过程性评价更为科学和人性化，它对学生的评价，贯穿学习始终，由过去几次成绩来定性学生的学习水平，转为对学生的态度和学习方法的关注。这种评价方式的改变，真实地反映了二十一世纪国际学校教育理念革命性的变化，即通过细节的设计，让学生在学习中主动探求，自主意识增强；注重细节的评价办法，能让学生清醒地认识自己的不足与长处，能以更好的态度和激情投入新学期的学习中去，它不再唯成绩论，而是指引学生能怎样、该怎样去学习。它把对学生的评价由简单粗线条转向精细化、科学化。

　　二十一世纪国际学校实施"导师制"，把学校教育延伸到学生的整个生态系统。作为一个寄宿制学校，教学成果不是只体现在课堂上、学生的考试成绩上，学生的心理健康、良好习惯的养成、合作意识的形成等，必然成为教育的重要组成部分，而这其中的每一选项，都需成年人、专业者精心疏导。导师要对学生进行"思想引导、学业辅导、生活指导、心理疏导。"导师全面关注学生的学习生活，会对其性格、习惯、行为有更全面的了解，进而结合自身的专业理论修养，形成更切合现实的教育认识和方略。每个学生遇到的成长烦恼是不尽相同的，导师会在完全不同的学生成长背景中，帮助其找到积极向上的人生航向来。

　　在转型的过程中，北京市二十一世纪国际学校始终以学生诉求为出发点，通过上述四套"组合拳"，实现了全员育人，全程育人，从教学到管理，形成了规范完善的体系。今年，毕业生取得的丰硕成果，证明了学校的加工能力，也是学校国际化转型成功最有力的证据。

　　（环球时报社　　崔少峰；北京市二十一世纪国际学校　　但林堂）

外国语学校之特色：多语种与国际理解教育

北京市北外附属外国语学校　　林卫民

北外附校教育以"传授知识技能和给予人的一般发展"两大任务为指向，以普通中学生、小学生共有的学业和能力要求为前提，努力使学生"熟悉基本知识，拥有基础学力，掌握关键技能"，在此基础上，开设多种外语课程，开展国际理解教育，为学生今后成长为复合型人才打下坚实的基础。

一、加强"复语"外语课程教学，解决沟通、交往的语言问题

作为北京外国语大学创办的基础教育学校，外语教学特别是开设多门外语是我校的天然优势，为此，我校因地制宜地提出要成为双复型外语特色学校的办学目标。双复型人才是指掌握多种外语（复语）并有其他专长的复合型人才，我校的办学目标就是为使学生成为双复型人才作预备教育。

复语是指两门或两门以上的外语，学生除学习英语外，还要求掌握一种非通用外语。除英语课程外，我校还开设了德语、西班牙语、法语、日语、韩语等外语课程。从初一年级开始，设置"复语班"，部分学生学习两门外语（其中一门为英语）。

为了推进"复语"外语课程，我校构建了包含课程研发（改编）、管理、评价等方面的校本化课程实施机制，在国家课程框架下开发我校"复语"课程，在国家课程计划预留的课程空间内对其他课程内容进行创造性的改编和再开发，一方面不能削弱其他学科，另一方面又不能增加学生过重的学习负担，在此基础上，研制"复语"外语课程融入整个课程体系的全面方案。

为此，我校将现有课程分成 4 大板块，即基本课程、强化课程、微型课程和自由学习。基本课程是学校课程中的基本或核心部分，是教育行政部门所规定的必修课程和限定选修课程；强化课程是对学生某项素

质发展加以强化而形成的课程，"复语"外语课程属于强化课程；微型课程即容量小、持续学习时间短的课程，是一种非常灵活的课程类型；自由学习可视为一种"准课程"或另一种类型的"虚有课程"。

按此思路，我校成功地开设英语、德语、西班牙语、日语、法语、韩语等多种外语课程，学生学习两门外语（其中一门为英语）纳入整体课程和毕业学分要求。整体课程方案得到了上级行政部门的认可和肯定，此项目被列入北京市教委统一管理的国家级特色办学试验项目。

"复语"外语课程是一门"严肃的"正式课程，事关学生在"共同基础上"的个性、特长发展等重大事宜，关乎学校的核心竞争力和可持续发展，必须在"规范"上下大功夫。为此，我校采取"复语"外语课程的双向延伸策略：一是向上、向外延伸，即向北京外国语大学及相关语言国家延伸，寻找教材选择、课程标准、课程评价的支撑；二是向内、向下延伸，建立校本化的"复语"外语课程选择、课程决策、课程开发和课程管理等方面的工作程序，包括学校的课程决策与规划程序、课程开发与实施程序、课程教学质量与学生学业成就监控程序，对非通用语种教师的教学提出具体要求，采取强有力的措施，长效培训并不断提高非通用语种教师整体水平。

二、创建"国际理解教育"课程模式，加强国际意识教育

我校将国际理解教育课程元素植入学校课程，并融合可操作的课程模式，主要有主题活动模式、学科附加模式、综合统整模式和自觉行动模式。

1. 主题活动模式

主题活动模式既可以有目的、有计划地实施，积极主动地将有关活动安排在学校课程规划或班级教学计划中；也可以随机地、临时地实施，被动地回应外界要求。我校国际理解主题教育活动有国际日活动、姊妹校互访主题活动、各国文化嘉年华活动、英语戏剧表演、模拟联合国大会、英语辩论赛、外事活动接待主题安排等。

例如，每学期一次的外语节国际嘉年华化装游行活动，每个班级代表一个国家，各班学生在了解、探究对象国的文化基础上，设计出独特的展示方式，全班同学参与展示游行，并举办游园会、公益拍卖会等，各个班级以自己代表的国家最突出的文化表征为主题，设立丰富多彩的

小游戏，在学习探究、娱乐活动、表演展示、鉴赏评比等体验中增长见识、学习知识。

主题活动模式可以增加学生的国际经验，扩展学生的国际视野。由于主题活动模式通常是零碎的、片段的学习，需要进行整体规划，避免国际理解教育局限于外语教学、国际交流或出国升学课程学习等。

2. 学科附加模式

学科附加模式是在不改变现有的课程结构与组织的情况下，将国际理解教育的元素附加到学校现有的学科课程之中。比如，在语文课程中增添或补充相关文学作品或是在社会课程、政治课程中添加当前发生的国际时事等。

国际理解教育附加到学校学科课程时，依据学习领域的多寡，可以分为单一学习领域，如政治课经常被认为是国际理解教育的主要领域；多学习领域，如社会、政治、历史、语文、艺术或综合活动等；所有学习领域，包含所有的正式课程或非正式课程中的学习。学科附加模式的实施需要教师具有全球意识，有计划地将有关国际理解教育的内容附加到所授课程之中。

我校的学科附加模式的国际理解教育主要内容有艺术课的英语皮影戏表演、语文课的外国戏剧研究、日语课的日本国礼仪常规、政治课的国际时事与国际理解专题研讨活动等。我校小学科技教研组，将 DI 比赛专题训练活动引入常态课程，通过动手与动脑相结合、科技与艺术相结合、理论与实践相结合，在引导学生发挥想象力和创造力的同时培养学生的国际理解能力。

3. 综合统整模式

将国际理解教育的课程元素和原有学习领域课程元素加以融合，例如，从全球互赖的思维来探究本土与全球的能源问题，并建构出系统的能源与解决能源问题的知识。综合统整模式可以是学科导向的统整，其课程设计始于确认不同学科或科目的身份以及所要掌握的内容与技能；然后确认主题以及思考各科对这个主题有何贡献的问题。综合统整模式也可以是议题导向的统整，只探究主题本身，而不必考虑学科的界限，学习活动或方案所包含的知识是来自多方面、多学科和多领域的。

我校"英德复语班"学生与德国科隆姊妹校伙伴共同开展"四世同堂——北京印象"研究性课题项目联合研修活动。此次研修活动，由我校学生与德国学生共同提出课题、设计研究路径、协同探究知识，同时，我校学生也潜移默化地受到了来自德国文化的影响，十分敬佩德国人思维的缜密和严谨的探求精神。我校学生不仅提高了德语语言的实际运用能力，也受到了德国中学传统教育中不可缺少的科研文化的感染，为将来他们更好地融入国际社会打下了良好的基础。

综合统整模式是一种理想的国际理解教育课程模式，既不会膨胀课程内容，学生也可以有系统地学习。综合统整模式对学校课程研发能力要求比较高，我校计划成立由"具备国际理解教育理念"的领导和"具备全球议题与问题的相关概念与知识、跨文化经验以及国际理解教育的教学能力"的教师组成的研究团队，进行相应的课题攻关。

4. 自觉行动模式

国际理解教育期待学生不仅具有全球思维和全球意识，同时还要能自觉行动，践履世界公民的责任。自觉行动模式将综合统整模式延伸为实践活动和学生自觉的行为，并且将相关知识内化为个人的价值观或人生哲学，表现在日常行为与活动上，着重强调学生将知识应用于实践。比如，学生提出重要的全球议题或问题，包括种族歧视、性别偏见、环境污染、贫穷、国际争端等，并通过实际的"行动"来"解决"问题。

上一年度我校"高中模拟联合国社团"举行"朝鲜半岛核危机"国际大会，会议依照联合国的罗伯特行事规则进行，由成员国点名、开启发言名单、有主持辩论和无主持辩论等环节组成。在长达 2 个小时的会议中，代表们共提出 17 个动议，有 10 个顺利通过，其中有 8 个动议由组织磋商。整个活动中由学生自主分派任务、安排代表国成员、确定研究主题等，通过自觉行动，提升个人的价值观。

自觉行动模式可采取活动本位的学习和探究性学习方式，主要是基于经验的学习或行动，运用多种学习方式，从个人反思到群体或小组讨论，然后再进入合作形成与展示成果。在具有挑战性与激励性的行动过程中，培养学生参与全球社会事务的技能，扩展学习的范围，帮助学生建构与强化民主的、人文的与平等的全球公民气质，培养学生从事合作与冲突解决、同情心与尊重、符合伦理的与负责任的行动等。

三、研究"国际理解教育"目标与内容，提高"国际理解教育"的质量

我校国际理解教育的总体目标是：了解多元文化、全球问题等国际背景知识，在探究和体验的基础上，有基本应用国际交流语言的能力，具备跨文化交际技能，形成和平、民主、发展的全球视野和胸怀，尊重他人，理解世界的多元性，学会共处，学会合作，具有国际责任感和全球意识，能够从全人类发展和全球进步的角度思考问题。

我校国际理解教育的内容主要包括"五大学习领域"：①民族文化理解，认同本民族文化，形成民族平等意识和民族团结合作精神等；②异文化理解，不同民族、国家和地区的文化是有差异的，以宽容、开放的态度去尊重、理解不同的文化和价值观；③人权教育，探索尊重人类尊严的行为法则，认识到个人尊严和尊重他人的重要性；④和平教育，和平氛围的创造是以对人的尊重以及对主权国家的理解、团结和宽容为前提的，全人类要有追求和平的理性；⑤环境教育，以人与环境的关系为着眼点，实现人—环境—社会的和谐发展。

我校在实施国际理解教育的实践与行动中，拓展了一系列校本化的教育内容，例如，"了解和宽容：不同文化背景、不同种族、不同宗教信仰的我校留学生相处之道""和合文化：外教礼仪教育的主题""出国交流或接待国外交流学生：国际理解教育的有效途径""各国风情展示：为更好地理解提供信息""模拟联合国大会：处理冲突的观点表达、真理追索、妥协策略和规则达成"等。

"学贯中西，大爱育人"是我校对教师素质的总体要求。国际理解教育的核心是为了构建"和平文化"，促进人权、自由与平等，这对教师提出了"尊重学生的权利，在学校中建立平等，给学生开辟更多自主发展的道路"的工作目标，教师不仅要精通本学科的专业知识，形成多层次知识结构，还要兼习世界不同区域的不同文化以及国际知识和史实，在实际教学过程中拓展学生的国际视野、增进学生国际理解的知识、提升学生国际理解的能力。对此，北外附校还有很多路要走。

（本文刊发于《海淀教育》2014 年第 4 期）

编者感悟

与普通学校不同，外国语学校在创新人才培养理念、打开学生世界眼光方面有着天然的优势。作为北京一所知名的外国语学校，在北京多元社会、经济和文化需求大背景下，北外附校站在教育发展的前沿，也承载着北京多元教育需求的最高端。如何满足社会的高端需求，这表面是对一所学校的要求，实际是对校长在办学理念、办学实践等诸多方面的综合要求。作为特级教师出身又身兼北京外国语大学校长助理的林卫民校长，本身就是一位卓有成效的教育研究者。林校长一方面关注校长的专业领导，另一方面关注具体的教育实践，近年来曾在专业刊物上发表论文30余篇。面对办学的各种实际问题，林校长选择了"研究＋行动实践"的思路，用研究推动行动实践，以行动实践修正研究。

在办学中，林校长首先是一位积极的教育问题研究者。2010年，作为北外附校的校长新任伊始，摆在面前的现实问题就是学校的未来发展方向和路径选择。在名校林立的北京，如何将北外附校办成一所卓有名气、特色鲜明的学校，是林卫民校长执掌北外附校以来需要面对的首要问题。面对这一问题，林校长带领教师们分析经济、社会发展的趋势及未来社会对人才发展的新需求，通过问卷调查、座谈会、小组讨论等方式，组织教师、学生和家长代表参与，研制了《北外附校"学校改进"行动方案》，确立了"双复型"外语特色学校的办学方向，并成立了学校战略发展研究小组，负责学校发展过程中的战略性问题研究和规划。

在林校长的带领下，北外附校人认为教育应走出封闭，适应北京世界城市建设和社会需要，克服文化差异的认知和理解造成的交流障碍，培养具有大文化视野的国际人才和世界公民。基于这样的认识，学校因地制宜地提出要成为"双复型"外语特色学校的办学目标，即培养"同时掌握多种外语（复语）并有其他专长的复合型人才，使学生能够成为外语特长、文理兼优、综合素质全面的复合型国际化预备英才"。

为了给学生的国际视野拓展寻找支撑点，林校长清晰地认识到培养"复合型"人才，光有"复语"课程还不够，还要给学生一个"世界文化场"，要通过开展国际理解教育，把具有国际意识、通晓国际规则、能够参与国际事务与国际竞争等作为基础教育培养目标。在养成学生世界公民意识和素质的同时，培养他们的民族情感与国家责任。为此，林校长又带领教师们研究了国际理解教育的目标与内容，确定了"五大学习领域"为核心的学校国际理解教育主要内容和总体目标，抓住了国际理解教育的核心。也使得"复语"课程和国际理解教育有机结合，真正为学校复合型人才培养找到了支点。

面对现实，林校长躬身践行，是一位能将理念转变成教师看得见的教育行动的引领者。为了有效推进"复语"外语课程，构建包含课程研发、管理、评价等为一体的校本化课程实施机制。学校在国家课程框架下开发了学校"复语"课程，在国家课程计划预留的课程空间内对其他课程内容进行创造性的改编和再开发，研制出了"复语"外语课程融入其他课程的框架和实施方案，将现有课程分成 4 大板块，即基本课程、强化课程、微型课程和自由学习，取得了令人欣喜的成绩。

在国际理解教育实践中，北外附校的老师在林校长注重研究的工作风格带领下，已经能够很好将国际理解教育课程元素植入学校课程，并融合可操作的课程模式。经过几年的实践，老师们探索出了主题活动模式、学科附加模式、综合统整模式和自觉行动模式等途径，使教育的内容和形式真正服务于学生的综合能力发展。

当然，北外附校并非仅靠课程和课堂教学来开阔学生的国际视野。可以说，在这所学校，国际理解教育业已渗透到各处，老师一直努力让学生看到更广阔的世界，通过各种校内外活动，让学生的思想火花不断迸发。

（北京市海淀区教育科学研究院　　文军庆）

努力创设适合学生发展的环境和条件

北京市第五十七中学　　刘晓昶

教育承担着培养人、塑造人的任务，那么，作为基础教育的学校，要培养什么样的人呢？我认为，作为基础教育的中学，教育的目标第一是要全面育人，第二是要培养有个性的人。我校将教育目标确定为：在健全人格的基础上，促进学生全面而有个性地发展，让个体生命的潜能得到自由、充分、全面、和谐、持续发展。我们努力创设适合学生发展的环境和条件，从课堂教学入手，实施友善用脑；从课程入手，研发校本课程；开展国际交流，拓宽学生视野；开放式办学，积极与社区互动，为学生实践创造条件。

一、实施友善用脑，提升教学质量

(一)关于课堂的思考

在教学中，我们曾遇到这样的问题：进入中学，面临中考和高考的压力，课业负担较重，学习兴趣不高，学习效率下降。中学课堂知识容量大，教师习惯讲授，认为只要自己讲得好，学生就能学得好。最后的结果是，学生越学越累，越累越不想学。如何减轻学生学习负担，变苦学为乐学？

国家教育改革政策要求学生除了学习知识，还要具备能力和核心素养，家长要求学校要出成绩，满足其子女上优质大学的需要。学校如何做到让提高学习成绩与培养学生能力并重？

所有的问题聚焦到课堂，让我们不断反思今天的教师该如何教？学生该如何学？"友善用脑"的理念和教学方式给了我们启发和引导，让我们摆脱了困境。通过学习友善用脑，我们得出共识：只有转变教师的教学观念，变"以教师为中心"的课堂为"以学习者为中心"的课堂，才能让学生学得好，才能培养学生的学习能力。

"友善用脑"是新西兰著名的教育家克兰斯蒂实施并推广的，以人本主义思想为基础，以脑科学、神经学、心理学研究为依据，以教会学生学习为理念的教学新方法。2004年我亲自到新西兰学习友善用脑的理念和实践，从2005年就开始对我校教师进行友善用脑理念的培训，我们勇于改革，积极探索适应学校实际的友善用脑教育教学方式，引领和帮助老师采用新的教学方法。

(二)科学开展学情调查，做到因材施教

要做到以学习者为中心，首先要做的就是了解学生，进行学情调查。学情调查是对学生学习情况的综合调查，也是对学生"学习素质"的调查。学情调查，主要从学生的学习习惯和学习支持系统出发，从学生的认知倾向、思维类型、学习快乐度和学习成果四个方面入手，了解学生学习的基本状况，发现学生"乐学"或"厌学"的原因所在。

1. 认知倾向和思维类型调查

通过学情调查和分析，我们认识到学生是有差异的，学习风格的差异是学习者认知倾向差异的重要体现。学习风格的两个重要因素是知觉倾向和思维类型，知觉倾向有视觉型、听觉型、运动知觉型和一般型；思维类型有分析型、总体把握型和一般型。通过调查，了解班级学习风格的整体情况，也了解具体每个学生的学习风格。

友善用脑学情调查为教师"备"学生提供了科学的方法和充分的理论依据，让老师摆脱了凭经验了解学生的传统路子，老师可以根据学情调查中的数据，科学分析学生的情况，根据学生情况有的放矢地开展帮教。对于认知倾向是视觉型的孩子，老师采用色彩丰富的资料调动他们的学习兴趣，鼓励他们用图画的形式复述出自己看到或学到的东西，在阅读时，将他们感兴趣的地方用彩笔勾画出来。对于听觉型的孩子，老师用悦耳的声音将知识明白无误地讲给孩子听，鼓励孩子多参加课堂上的讨论，大胆发表自己的意见，加深学生对知识的理解，提高其思维敏捷性。对于动觉型的学生，老师鼓励他们通过表演、游戏、实验或者做模型，来学习。教师了解不同学习者的不同认知风格和思维类型，给学生具体、有效的学习方法指导，尊重由此而形成的不同学习风格，让学生发挥自己的优势，轻松学习，快乐学习，学生的学习效率大大提高。

2. 学习快乐度调查

学生学习快乐度是从学生身体状况、家庭情况、社会交往、学习的

物理环境、课堂教学氛围和学习习惯、过程及结果六个维度反映学生的身体、智力和情感状况，了解学生"乐学"或"厌学"的原因所在，以便帮助学生调整提高。

调查数据显示，我校大多数学生处于快乐和比较快乐的学习状态，学生在身体、心理、生活习惯、同伴关系上处于比较良好的状态，学生学习目标明确，学习积极性较高，学习习惯良好，师生关系比较和谐。

在学习快乐度调查中，我们将每个班级每个孩子的调查数据做了细致的分析，帮助后进学生寻找阻碍学习的因素，然后对症下药，调整学生的学习状态。通过学习快乐度调查，班主任对学生的了解更加深入和全面，学生出现了问题，他们能更加理性和科学地应对，不再感情用事，教育的效果显著增加。

(三)友善用脑课堂实践，助推课堂教学变革

1. 多种感官参与

实验表明，一个人靠听（A）能记住的只有 10% 左右，靠看（V）能记住的知识在 $30\% \sim 50\%$，而在动（K）中学习和体验，能轻松记住 70% 以上。因此，教师在教学中要根据学生的特点，设计教学环节，充分调动学生的多感官，使学生达到轻松学习的目的。

"友善用脑"强调要调动多种感官参与学习活动，更有效地激活大脑，把枯燥的事实变得多姿多彩。所以，我们强调课堂设计中，教学活动要多种多样，照顾到每一个学习者的需要，让动觉学习者在"做"中学，让社交学习者通过小组互助来学习，让听觉和视觉学习者也能在课堂上适得其所。调动每一个学生的感官，让每一个学生在课堂上都能参与互动，打造高效课堂。

2. 运用思维导图

思维导图以其形象性、有序性和概括性的特点受到教师和学生的欢迎。自从我校师生认识思维导图的好处以来，它得到了极大的推崇，教师利用它来板书，学生利用它来预习和复习，学习效率大大提升。思维导图可以清晰地梳理学生凌乱的想法，赋予学生清晰的思维全景图，既可以欣赏到细节，还能观察到整体，还可以体现知识的发现和形成过程，真可谓是一举多得，实在是师生建构知识的好帮手。

3. 采取积极有效的教学评价

在友善用脑理念的指引下，教师积极研究有效的教育评价方法。教

师研究出来的评价方法有：语言激励法，即看到学生进步的、积极的表现，适时用语言给予表扬；评语激励法，即在平时的作业和单元测试卷上写下鼓励的话语；喜报短信激励法，即用向家长发短信的形式进行激励；榜样激励法，教室设光荣榜，贴上这些优秀的、进步学生照片，在家长会上请这些学生发言介绍学习经验；评优激励法，即将学习和品行表现纳入学期考核、评优。所有这些评价都坚持发展性评价原则。公正、客观的过程性评价，强化了学生正面、积极的行为，弱化了学生负面行为产生的消极影响，形成了师生有效、良性互动的关系，学生更加喜欢老师，亲近老师，老师眼中的学生也变了，变得更加可爱、阳光。

二、开发多样化校本课程，促进学生个性发展

我校校园占地 1.7 万平方米，如何在面积相对狭小的空间里，为学生发展搭建广阔的平台，把有限的空间无限扩大？学生群体差异性很大，既有学业成绩和年龄的差异，也有文化和心理的差异，更有志向和需求的差异，学校的课程如何适应学生的个性差异，让更多的学生感受成功的快乐？我们选择了校本课程开发这一着力点。

(一)校本课程开发思路

学校通过问卷和座谈等方式对学生进行教学反馈调查。学生们的意见和需求主要集中在：一是渴望生动有效的课堂氛围和灵活多样的教学方法；二是渴望丰富多彩的课外活动，希望在活动中展示风采、张扬个性。经过反复讨论，从学生的成长和社会对人才的需求出发，结合学校的现状条件，得出共识：学校提供的教育基于三个需要，一是社会对人才的需要，二是人本身的成长需要，三是教育基本规律的需要。办学应致力于学生综合素质的发展；要充分利用学校、社区、社会资源，完善已有的经验，为学生提供个性发展空间。

(二)建立完善的校本课程结构

学校整合校内外资源，创造适合每个学生发展的教育。学校创设了科学、完备、充满活力的课程体系。校本课程包括五大类，近百门课程。我们的课程目标是，通过丰富多彩的校本课程，将学生培养成具有国际视野，具有创新精神和实践能力，基础扎实、素质全面、身心发展和谐

的人，同时实现学校的发展和教师专业素质的提升。

1. 艺术与人文类课程

提升艺术修养与人文精神，包括行进管乐、舞蹈、MIDI 音乐、古琴、茶艺、戏剧、书法、油画、工艺、合唱、历史、国学等课程。

2. 体育与健康类课程

强健体魄，锻炼能力，发展特长，包括游泳、跆拳道、射箭、击剑、定向越野、篮球、足球、乒乓球、国际象棋、心理健康等。

3. 科技与创新类课程

培养科学素养、创新精神和动手能力，包括物理、化学、生物科学实验、机器人制作、无线电测向、天文观测、模拟飞行、头脑创新、3D 打印、数字摄影等课程。

4. 国际理解教育课程

以了解世界文化，增强国际理解能力，适应国际交流活动为基础，包括口语交际、韩语、法语、德语、意大利语、西班牙语等第二外语交流、国际历史、国际地理、对外交往的基本礼仪等。

5. 社会实践课程

利用自然、社会与环境资源开展教育活动，带领学生走进大自然、走进科研院所、走进博物馆、走进历史遗迹。培养学生的创新精神、实践能力和社会责任感及良好的个性品质，促进学生学习方式的变革。

(三)开发校本教材

学校在开发校本课程基础上，分期分批编写了 33 册校本教材。第一批教材主要是我校的体育、艺术、科技及语言类课程教材；第二批教材是我校新研发的创新类课程教材；第三批教材是人文类课程的教材。开设丰富多彩的校本选修课，充分发展学生的兴趣、爱好和个性特长，使每个学生都能在不同程度上得到提高。

在全面开设校本课程的基础上，学校组织学有专长的学生加以进一步培养和提升，组成学校特色社团，参与更高级别的活动和比赛，为学生的发展提供更高的平台，帮助学生获得更大的成功。每年都有大批学生在素质教育中脱颖而出，在科技、艺术、体育等方面取得市区、全国乃至世界优秀的成绩。

三、加强对外交流，拓展学生视野

(一)兴办孔子课堂，推广汉语和传播中国文化

2011年6月，在国家汉办的支持下，我校海外第一所孔子课堂在意大利戈里齐亚省但丁高中正式揭牌成立，我校每年派教师到孔子课堂任教，在当地掀起汉语热、中国热。我校的乔桂霞老师在伦敦圣玛丽女子语言学校教授汉语。她把自己的中文课堂由一所拓展到九所，从小学六年级到高中二年级以及成人和社区，给英国以及来自全世界不同肤色、不同国籍的学生教汉语，还将中国的民族舞蹈和民族器乐带到所任教的地区，掀起了当地人们了解中国文化、学习中国文化的热潮。由于她杰出的贡献，2013年乔桂霞老师荣获全英杰出汉语教师。

现在，我校是国家汉办批准的汉语推广基地校。已有来自于韩国、美国、德国、瑞士、加拿大、澳大利亚、意大利、新西兰等国的500多名学生来我校学习汉语课程。我校由于管理规范，教学质量好，受到好评。多名留学生以优异的成绩考入了北京大学和清华大学，一大批学生通过了国家汉语等级考试。通过我们的工作，每位留学生都深深热爱中国、热爱中国文化。

(二)加强友好校互访，增进国际理解

我校先后与美国、加拿大、意大利、新西兰、英国、日本、韩国、德国、澳大利亚、肯尼亚等国家的20多所学校建立友好关系，为师生搭建更广阔的平台。定期开展友好校之间的师生交流活动，每年有百名以上师生出国游学，每年接访的师生团也是百人之多。

为了提升师生交流的质量，让学生在国际交流中有更多的收获，我们在交流前都要让学生做足出访国的功课，让学生带着问题出发，带着研究回国。学生回国后，我们召开交流成果发布会，让更多的学生拓展视野。我们还将师生的研究成果汇集成册，供全校师生交流和学习。

(三)建立网络课堂，促进教学交流

我校从2007年开始与美国马里兰州惠特曼中学长期开展网络课堂，通过视频把两国的英语、汉语课堂连接起来，此项活动已经开展了两年

多，效果良好。从 2008 年 8 月起，我校开始开展"四国课堂"活动，与加拿大埃德蒙顿全球项目中心通过视频进行"四国课堂"的教学交流。我校代表中国的中学同美国、加拿大、西班牙等国的中学进行视频交流，推广汉语，进行文化交流，使更多的国家了解、学习中国文化。

国际交流开阔了学生的视野，增进了学生的交往能力和沟通能力。学生在国际交往中熟练运用英语，提高语言能力；了解和尊重异国文化、风俗，增强适应能力；灵活处理跨文化交往中的问题和障碍，提高应变能力；树立开放的心态，学会宽容，学会换位思考，提高情商；通过跨文化交际行为，提升自我的文化素养，丰富人生体验；在国际比较中，提升自省能力，保持民族自尊和文化自信，也保持危机意识。

四、学校资源向社区开放，承担社会责任

学校不仅是教育学生的地方，也是社区终身学习的文化中心。多年来，学校的操场、天文台、天象厅、图书馆等教育设施一直免费向社区和周边单位开放。每年中秋节，学校都要与社区居民共赏中秋之月，管乐队表演，放映穹幕电影，指导孩子们使用天文望远镜观测星空。每到出现日食、月食、流星雨等重要天相的日子，学校邀请附近的学生和单位来参观。

我校与五个街道社区建立辅导员制度，教师任职校外辅导员，利用课余时间组织社区居民开展多种活动，带领外国学生走进社区教奥运英语、组织摄影比赛、科普活动等。这些活动深受社区居民的喜爱和好评，社区居委会纷纷给老师们送来锦旗，感谢学校和老师为社区的文化、文明建设所做的贡献。

每年的"世界环境日""粮食日""水日"等纪念日，我校都组织环保绿色志愿者行动。我校高中学生还多次组织了志愿者服务队，到敬老院、社区为老年人、残疾人服务，增强学生的社会责任感。

我们的体会是，学校办得越好越开放，人民满意度就会越高，同时也越有利于学校的可持续发展和提高。我们将怀着教育理想不断探索，让每个学生都能够快乐学习，健康成长。

（本文刊发于《海淀教育》2015 年第 3 期）

◉ 记者观察

刘晓昶到五十七中当老师，是受家庭的影响。刘晓昶的父亲是大学教授，母亲是中学教师，作为家里唯一的女儿，从小生活的环境和言语行止，都是书香墨翰的熏陶、学高师范的濡染，这让刘晓昶形成了踏实稳重、率直坦诚、充满阳光的性格。

当了老师的刘晓昶变得更出色了，那种与生俱来的努力、肯钻研的劲儿让她在哪里都能轻易地脱颖而出。从各级教学竞赛的一等奖，到区学科带头人，从普通教师到优秀班主任，从教研主任到教学副校长，再到主持全面工作的一校之长，刘晓昶表现出的不仅仅是踏实刻苦的教学钻研精神，更是公正严谨的管理智慧。刘晓昶温婉的外表下，藏着一颗追求卓越，勇于创新的果敢之心。一路走来，刘晓昶以自己的优秀，传承着五十七中的历史文化，也开创着五十七中新时期的成就。

五十七中不大，两栋教学楼，一栋是初中楼，一栋是高中楼，操场也不大。五十七中校长没有单独的办公室，一正两副三个校长挤在一间办公室办公。

五十七中又挺大，光学生阅览室就有两个，一顺儿的玻璃阳光房，开阔的空间里，养满了绿植，装满了阳光。一排排高大的书架陈放着文学、艺术、天文、地理，各类学生们需要的精神营养。除了宽敞的阅览室，五十七中还有各类各样专门的实验室，这里是学生们动手动脑的地方，是学生们触摸知识的现场，校长可以没有单独的办公室，学生不能没有实践体验知识的实验室。

刘晓昶像家长一般的爱护着这些学生们，为学生搭建成长的平台，一切为孩子们的终身发展设计，让他们在五十七中的校园里获得终身受益的知识和技能，受到人生成长的最和煦的滋养。刘晓昶想尽办法克服五十七中面积窄小的现实，在教室安排、实验室设置、活动场地设计、各类设施陈列上极尽考量，最大可能的利用空间，开发资源，扩展平台，为学生们的学习和成长需要筹划出最充足的条件。

五十七中各种大大小小的活动一个月中总有好几次。而活动的开展除了老师的组织，更多的是学生们自己的策划和创意。刘晓昶认为，要以活动促成长，为孩子们创造尽可能多的实践机会和表现舞台。搞活动是一项很全面的能力检验，在各类各项活动中，不仅考验专业知识，也锻炼了学生的策划能力、组织能力、社交能力等。而且，活动对于学生的学习成绩不但没有起到阻碍作用，反而促进了他们的学习，提高了他们统筹时间、高效完成任务的好习惯。

五十七中的活动多，因为他们的素质教育搞得好。"五十七中的学生能开飞机"着实让人刮目相看，也让五十七中的老师和学生们很是自豪。五十七中13名少年飞行员是2012年就开始的"高中飞行员早期实验班"的第一批飞行员，也是全国最小的民航客机驾驶员。

五十七中值得自豪的成绩还有很多，"金帆行进管乐团"连续在北京市中小学生艺术节比赛荣获一等奖；在美国"帕沙迪娜"玫瑰游行展示活动和英国"阿伯丁"国际青年艺术节比赛中均获金奖。在体育方面，射箭、击剑、健美操、定向越野、跆拳道、体操队等都获得过全国和北京市奖项。射箭队被国家体育总局授予"全国射箭重点校"称号。多次打破国家纪录，成绩突出。五十七中的科技教育更是春园秀色、成绩斐然，学生们参加了头脑创新思维竞赛、全国无线电测向比赛、亚洲机器人锦标赛、全国飞行模拟大赛、全国青少年建模比赛、全国天文奥林匹克竞赛、创新科普比赛、地理科技大赛等。

刘晓昶认为，"情感是可以传递的""每个人都有自我实现的愿望，只要给他们一个合适的平台，只要给他们足够的信任和鼓励，他们就会让你大吃一惊"。大爱无形，细处见真，这位做事踏实稳健的校长，以民主激发着灵感，以公正和谐着人心，正稳稳地带着五十七中的老师和学生们，奔赴下一个制高点。

（北京市海淀校外教育协会　　刘莉萍）

高中人生规划教育促进学生优势发展

北京市玉渊潭中学　　高淑英

教育的目的是激发和引导学生自我发展。苏霍姆林斯基说："世界上没有才能的人是没有的。问题在于教育者要去发现每一位学生的禀赋、兴趣、爱好和特长，为他们的表现和发展提供充分的条件和正确引导。"为了发现学生的兴趣、爱好和特长，引导学生全面而有个性的发展，我校全面开展了高中人生规划教育。

一、深刻解读学生，促进学生优势发展

高中生处于富有幻想和理想的年龄，他们的生理、心理逐步走向成熟，他们最重要的内在需求是认识自己。他们开始发现自己的兴趣和爱好，开始有自己的理想和喜欢的职业。他们的人生观、价值观和世界观正在形成，初步具有了判断事物和选择的能力。高中生处于职业探索期，有能力从课程、社团活动中了解兴趣、爱好、能力、价值观与工作之间的关系，培养基本职业基本素养和能力。

学校的责任是帮助学生了解自我，确立目标，做好规划，形成人生规划的能力。教育部《普通高中课程方案（实验）》中提出高中阶段教育的六个培养目标之一是培养高中学生"初步具有独立生活的能力、职业意识、创业精神和人生规划能力"。这是中学教育必须把握的基点。所以，我们不能把人生规划教育只看成是单一的教育活动，德育的抓手，而是要从培养人，实现办学目标，育人目标的层面整体推进。

二、把人生规划教育与学校文化建设、育人目标有机结合

玉渊潭中学于 2008 年开始"优势教育"研究，2010 年成为北京市高中特色建设实验项目学校，全面开展"以优势教育为特色的学校文化建设"。我们所进行的优势教育建立在教师对学生先天优势科学理解的基础上，引导学生挖掘潜能，发挥优势，发展优势。以优势教育为特色的学校文化建设，就是努力建设发现、发挥、发展学生、教师、学校的优势，尊

重人，发现潜能，关注优势，激发人自主发展的内驱力的价值观、文化氛围、管理制度和活动方式。

每一个人都有自己的优势，每一个人都有不同的价值，人的潜力是无穷的。我们希望通过优势发展强项，增强学生良好体验和自信，实现自我教育，从而更好地实现"为学生的终身发展和人生幸福奠基"的办学宗旨。作为育人策略，努力形成以"优势教育"为特色的学校文化。我们逐步形成了以人生规划教育为主线，以课程建设为载体，构建适合学生兴趣、特长和职业发展倾向的多样化、多层次的课程体系和课程文化，更好地践行了"敦品为翠玉，砺学成渊潭"的办学理念，让文化滋养生命，让规划引领人生，让课程助力成长。

三、尝试职业体验课程与实践活动有机结合的教育方式

在关爱与尊重中点燃学生理想，激发学生潜能，促进学生自主发展是我们一直遵循的教育观。为了让学生在社会大课堂中探寻人生方向，我们把高中实践活动与职业体验课程有机结合。高一学生按照兴趣和职业发展倾向分别去十家企业，了解职业状况及对人才能力、素质的要求。例如，喜欢传媒类职业的同学去了《法制晚报》《京华时报》；喜欢电子商务、管理类职业的同学去了F团购；喜欢物理类职业的同学去中科院高能物理研究所、通信电信博物馆；喜欢煤炭类职业方向的同学去了中煤集团房山煤矿。经过现场考察、交流，同学们对相关职业方向的工作性质，职业对人的能力、素质的要求有了更直接、更理性的了解，更加清楚今天连接着未来，科学规划是成长、成功的关键。去《法制晚报》和《京华时报》编辑部的同学，还自己编辑了一份"京华时报"。《法制晚报》以《210名高中生走进十家企业》《玉渊潭中学：用参与开阔眼界》为题报道我校走进企业和社会大课堂的活动，并刊登了学生写的文章。

四、建设有助于学生实现人生规划的职业拓展课程，发展学生优势

学生发现了自己的兴趣和特长，有了喜欢的职业发展方向，学校就要为他们提供可供选择的多样化、多层次的课程。学校课程的丰富性、深刻性、实践性、探索性和可选择性，是学生个性发展的必备条件和必要保障。根据学生的十二大类职业倾向，开始思考学校课程如何在夯实

基础的同时，满足学生未来职业发展的需求的课程体系。

我们把国家课程作为基础性课程，在此基础上，各学科结合自身学科特点，发挥教师优势，建立适合学生形成基本素养，优势发展和职业选择的学科课程群，设置了职业拓展课程，并在课程实施中立足于培养学生创新意识，把研究性与创意设计能力培养有机结合，延伸了课程的教育功能，形成创意设计课程，形成了四类课程，即人生规划课程、学科基础课程、职业素养课程、创意设计课程，以及目标激励，人格养成，能力构建的"三位一体"课程理念。

五、积累丰富的个案资料，促进学生优势发展

(一)政治学科课程体系建设发挥学生优势，引领学生职业发展

政治学科只有六位教师，他们在经济生活、政治生活、文化生活、生活与哲学等国家课程的基础上，结合教学内容和学生所选择的经济、政治、文化等职业发展方向，发挥各自优势，开设了"学生公司""青年理财与创业""时政评论""微电影"等课程，为学有特长的学生提供了比较丰富的学科课程群，直接服务于学生的成长和职业发展。

"学生公司"课程，是老师们专为喜欢管理、经济、人力资源、财会、营销的学生提供的课程。学生每4~5人成立一个公司，确定公司名称、logo、产品及组织架构，学生依据各自的特长和优势，确定公司的董事长、质量经理、营销经理、财务经理、技术经理，明确各自的责任和任务，共同研讨企业运营策划书。5届学生共成立了30余个公司，设计了30个公司策划方案，同学们的创意设计能力在得到了全面提升。

在课程成果展示会上，一位CEO谈到自己的收获时说："我很佩服我自己，因为我的公司只剩下我一个人了，我终于坚持到今天，把公司的项目完成了，我体会到了坚持就是胜利！但是我也反思了自己，大家离我而去，说明我在团队合作方面出了问题，这是我在今后学习中必须改变的。"一名高中生不仅关注着社会的热点问题，而且在课程体验中发现了自己的优势，也在体验中反思自己的不足，这就是成长，这就是课程带给学生的真实收获。《现代教育报》以"中学生要把'地沟油'变'航空油'"为题，报道了他们的思考与活动。学生的优势发展，让我们更坚信了通过课程建设激发学生潜能，发展学生优势，帮助学生实现人生规划的做法。

(二)借助研究项目开发英语课程，为喜欢英语的同学搭建平台

培养学生国际视野和对多元文化的理解是我们对学生基本素养的要求，英语学科借助项目研究开发系列英语课程。

1."绿叶项目"，开设思库英语，促进中美学生交流

"绿叶项目"是我校与美国思库公司联合研究的项目，英语学科于2010年9月自主开发了交互式跨文化体验课程(也就是思库课)，为有英语优势的学生提供了学习平台。我校高中学生与美国高中学生结成对子，通过绿叶网络平台，以主题研讨的形式进行英语学习、交流。例如，生活中的一天，中美文化误区，未来大学、职业规划，中美庆典。课程注重学生的体验过程，学生通过虚拟的电子环境学会与不同文化背景的学生沟通与合作，强化英语语言运用能力，培养团队合作能力，收获异国友谊。

2. 全球学生领袖培养项目"梦想与团队"

受北京市教委委托，我校承担了英国驻华使馆文化交流处与北京市教委合作开展的"梦想与团队"项目。该项目是一个全球性学生领袖培养项目，此课程以展示学生国际视野、领袖情怀、跨文化理解能力以及组织与实践能力，培养学生组织策划能力，激发了他们的潜能，学生得到充分的自我认同和成就感。

此外，英语学科还开设了"TED课程与国际理解""英语口译""英语影视配音""英文课本剧""外教口语"，让喜欢英语的同学获得更多的课程资源，在学英语的过程中，更深刻感受来自不同职业的成功人士在职业生涯中的人生真谛和多元文化带给他们的思考。

3. 学生自己开发课程，由钢琴的旋律演变到钢琴课程

教学楼大厅的三角钢琴，是喜欢钢琴的同学们的乐园。每天早晨都会有同学演奏自己最喜欢的钢琴曲，他们尽情地展示琴技和对艺术的理解与追求，全校师生每天都伴着钢琴的旋律走进校园。几年过去了，钢琴手弹过的曲子越来越多，学校升旗仪式专门为钢琴手设立了荣誉奖项，这些在钢琴演奏上有优势的同学也成了大家的榜样。琴声成了人们之间联系的纽带，每一首曲子响起，都会引来同样喜欢这首曲子的老师和同学，乐曲如同集合号，把有共同爱好的人联系在一起。课间，很多同学都围在钢琴边，会弹的教不会弹的，大同学教小同学，学的同学如饥似

渴，教的同学更加自信。钢琴跨越了班级、年级，在传播艺术的同时，爱好形成了活动，活动变成了课程，课程凝练并传播着文化，很多同学都是来到玉渊潭中学后，受同学们的影响开始学钢琴，应该说这是同学们自己开发的一门课程，同学之间的友爱，因此得到了升华。

课程延伸了教育功能，让不同职业爱好的同学，有了自己的发展方向，形成促进了学生自我发展、自我提升、自我创新、自我超越的内在机制。

中学教育的关键是"激趣立志"。"志育"是撬动孩子成长杠杆的支点，它可以使人志向远大、意志坚强。人生规划教育本身就是"志育"，就是优势教育、理想教育，而课程是帮助学生实现其志向的桥梁。当我们开展人生规划教育，并执着地通过课程建设来实现学校文化和课程对人的发展的内在影响时，我们发现，学生在变化，老师在变化，学校在变化。当学生、老师的兴趣、特长和优势被自我激发、被学校重视时，人潜在的能力得到了最好的发挥。

（本文刊发于《海淀教育》2015年第2期）

📚 编者感悟

"理想的教育是让每个人的个性、特长得到充分自由的发展。"高淑英校长追求这样的教育，她充分发挥教师及学生优势，构建了以"优势教育"为特色的学校文化体系。她说："我们这些做教育的人，应遵循教育的规律和本质，一步一步地建设和发展学校。"

走进玉渊潭中学，无不为学校的典雅、精致所赞叹。一进学校大厅，你就会被大厅的装饰所吸引，一台钢琴、两个靠墙书架、三四把椅子、看似不经意点缀的绿色植物，使得整个大厅充满了生机和活力。教学楼的窗台、过道，随处可见绿色植物。校园里，靠墙攀爬的枝枝蔓蔓，更使身处繁华地段的玉中平添了一份宁静。

知晓高校长已有很多年，那时她是北京理工大学附中的德育校长。第一次见到高淑英校长，是我们同时参加中英学校发展计划项目。在各种会议上，总能听到她不同寻常的见解，这种认识，在后来的高中人生规划项目研究中，再次得到确认。后来，高校长到北京市玉渊潭中学任校长，每次去玉中，总能发现学校在发生变化。高校长通过各种途径，着力提升教师的专业素养，鼓励教师参加各种培训会，组成教育教学研究学习共同体。通过外出参观学习考察等方式，提升教师的教育教学能力。走近高淑英校长，不禁为她的管理智慧所折服。她在办学上的执着追求，她的教育理念，她所拥有的运筹帷幄、全面管理的能力，使得玉中取得了斐然的成绩，教育教学质量显著提升，受到市、区教育行政部门的表扬，受到社会各界的广泛关注，玉中也成了师生向往、喜欢和留恋的学校。

课程是学校育人目标的有效载体，把问题做成课题，并将不同类型的课程整合为"课程群"，是玉中的一大特色。课程是学校文化的核心载体，通过课程育人实现办学理念和办学特色。高校长认为，学校要统筹规划和整体设计课程，在课程或项目引领下，构建出促进学生全面而有个性发展的课程体系。

学校注重特色办学，循着"实践—研究—实践"的发展路径，以课题研究促进特色发展。现在学校已形成了英语教育特色、心理教育特色、书法特色、艺术特色、体育特色。特别是职业生涯规划特色课程，已全面纳入课程体系，贯穿学校教育教学的始终，得到了市、区级相关部门的认可。

学校承担了北京市"优势教育"课题，形成了"发现优势，发挥优势，发展优势，扬长补短，自主发展"的教育观，研究"学生优势"，并着力引导学生"规划人生，在玉中发现自己"，激发学生潜质，促进学生成长、成才。

（北京市海淀区教育科学研究院　　张纪元）

普通中学分层走班教学实践探索

北京市太平路中学　　高新桥 *

随着课程改革不断深化，教师的角色不断转变，特别是招生考试制度改革的外部形势影响，使教育越来越需要满足学生的个性化需求。北京市太平路中学自 2014 年开始在初中实行分层走班教学实验，探索符合学生个性化学习的教学实践，在深化教学改革的同时，促进了教师的专业发展，也带来了学校管理的变革。

一、我们为什么要实施班级授课制

多年来，我们苦于班级内部学生的学习能力差异大，教师的教学多数倾向于照顾中间层次，造成了好学生"吃不饱"、弱的学生"吃不了"的状态。由于学生在校学习时间有限，课下教师的时间与精力有限，个性化的辅导答疑也不能保证跟进，所以导致不同潜质的学生个性化需求无法得到满足，一些学生的学习效率低下，这不仅成为学校教学中的困惑，也成为学校教育中的痼疾。

根据《中共中央关于全面深化改革若干重大问题的决定》中有关深化教育综合改革的精神，2014 年初关于招生考试制度的改革方案相继出台。高考方案的改革同样牵引着初等教育的变革。高考科目的社会化考试，无论是考试的成绩等级，还是参加考试的时间，给予学生个人选择的机会都在增加，学校需要在这种招生考试制度的变革中，寻求满足学生个性化学习需要的方法和策略。

为满足学生多元化、个性化的发展需求，针对学生不同水平、不同发展方向，学校需要提供适合学生发展方向的个性化学习，学生私人定制课程也将成为可能。对于学校教育来说，建设基于学生多元发展，并具有学校文化特色的课程体系，成为学校课程改革的重要内容。因此，面对招生考试制度改革的政策变化，有必要加速促进学校现有的教学组织形式和学校管理模式的转变。

---

* 2016 年 7 月，高新桥调任北京市第十九中学校长。

二、如何在初中实施分层走班教学

我们实施的分层走班教学，是在原行政教学班的基础上，将能力层次表现差异明显的学科课程，设计成不同层次的教学班，难度层次不明显的学科课程仍在原行政教学班上课。

这种分层教学模式，承认学生认知能力和认识水平等方面存在差异，相信每位学生包括学有困难的学生都有发展的潜能。教师在教学过程中按照层次因材施教，让每个层次班的学生都能提升自我效能感，超越自我，在原有的基础上成绩、水平和能力逐步提高。

(一)分层走班教学的内部条件分析

分层走班教学首先要考虑师资和教室问题。2013 年 9 月，太平路中学初一年级学生总数为 182 人，均来自电脑派位，实际编班为 5 个班。授课教师为 13 人，其中数学、英语各有 3 位教师，两学科都有一位教师担任一个班的教学，这为数学和英语学科实施分层走班教学提供了可能的师资条件。分层后需要多占用两个教室，作为英语和数学公用教室。

太平路中学初一年级在 2013 年 9 月份使用国家课程校本化的自编教材，这是依据学校学生情况、学科教学大纲、课程标准等进行改编的适合我们学校学情的读本。在进行了一个学期的小升初衔接教学后，开始实行英语和数学学科的分层走班教学实验。

(二)分层走班教学的具体实施方式

1. 两两班级组合，分出三个层次

将初一年级一班作为对照班，将二班和四班、三班和五班合并作为实验班，根据学生的数学或英语学科成绩、潜力和学习态度重组教学班级。重组教学班再分成三个层次的教学班，即 A 层、B 层、C 层，每层人数不同，A 层次 30 人左右，B 层次 24 人左右，C 层的人数在 12 人左右。三个层次的学生采取走班制授课，分布在三个教室，由三个教师同时上课，除数学和英语实验班外其余学科教学按原行政班进行。

2. 学生分层依据及目标

学生根据自己现有的学习基础、学科学习能力和兴趣，结合任课教师的意见，自主选择 A、B、C 三个层次的教学班学习。A 层：学生基础

知识扎实，接受能力强，学习自觉，分层后着重加强思维训练，培养学生的自主学习能力、创新探究能力；B层：学生知识基础掌握得相对较好，学习比较自觉，有一定的上进心，分层后着重加强知识的掌握与理解，促进学习效率和学习能力的提升；C层：学生知识基础掌握得不牢，学习积极性不高，分层后着重激发兴趣，强化基础知识的落实和基本能力的提升。

3. 分层教学班级师资配备原则

分层走班教学能否取得显著成效，关键在于层次班任课教师的教学和管理。因此为 A、B、C 三层次班配备任课教师，要综合考虑，科学合理，调动每位教师的工作积极性。每位教师要任教至少两个层次的班级，尽量使不同层次的班级学生都能享受到优质的教学资源，避免"好老师教好班，差老师教差班"的结果。

4. 实施动态调整

分层教学过程也是一种动态调整的过程。如果 C 层的某位学生成绩有了提升，就可根据学生意愿调到 B 层。如果 A 层学生成绩下降，则根据学生意愿调到 B 层。随着分层走班教学的逐步推行，老师们还会根据学生的需求及发展潜力，不断调整和丰富教学方法和策略。

三、分层走班教学的效果评价

（一）分层走班满足了不同层次学生的学习需求

分层走班教学实施后，由于同层次的学生水平相当，课堂上的学习效率明显提高，表现为学生的接受与理解、表达与交流效果显著，形成了积极的学习氛围，也让学生在学到知识的同时体验到成功的感受。这样的学习环境既满足了优秀生，也培养了中等生，更帮助了学困生，即优秀生减少了重复性的学习，有时间向更高的目标发展；中等生实施了更适合他们的学习策略，提高了学习效率；学困生也不再是"看客"，老师能够帮助他们开展有针对性的学习，逐步减轻了心理压力，从学习焦虑、苦闷中解脱出来。分层走班教学使学生们体验到了学有所得、学有所乐，增强了学习的信心。

学生问卷调查显示：46％的学生非常认同分层教学，39％的学生认为较好，10％的学生认为一般，也有 5％的学生更喜欢常规授课制。学生所在层次适合自己的学习程度调查显示，46％的学生认为非常适合自己的学习程度，40％的学生认为比较适合。

我校实施分层走班教学后，学生的变化让英语教师李金凤欣慰与欣喜。C班的小肖过去一上英语课就犯怵，"听不懂，也不敢回答问题"。学校开展分层教学后，起初小肖有些担心："学校会不会放弃我们了?"后来看到授课教师是教A班的李金凤老师，还是非常满意的。在李老师的英语课堂中，小肖感受到了从未有过的成就感。因为李老师依据这个层次的学生特点，有针对性地授课，如低起点、小步走、勤反馈，在课堂中鼓励学生积极发言、相互交流，尽量让每名学生都能听懂，谁没听懂就再讲一遍。这样的授课方式对小肖来说不再像听天书，他听懂了、跟上了、学会了，也敢于回答问题了，英语成绩快速提升。在年级月考统测中，小肖从原来的倒数第10名一下子提升到全班第12名。A层的学生王某认为，高起点、密度大的课堂让自己不能放松，听说读写环环相扣，个人与小组比赛的方式更让课堂增添了活力，在愉快的学习中一节课很快就过去了，学习效率提高的同时，感受着学习的快乐，提高了自主学习的能力。

在学校召开分层走班教学的例会上，老师们一致认为，学生的学习兴趣和学习自信心更足了，学习的效率也大幅度提升。老师们在课堂教学中更关注学生的主观能动性，多种方法调动学生积极参与，课堂中的落实也扎实了，各层次学生的主体地位得到了彰显，学生更能获得成功的喜悦。这样的进步也增进了师生之间、生生之间的情感，从而提高师生合作交流的效率。

(二)分层走班教学促进教师的专业发展

教材的校本化是分层走班教学实施的前提。借助北京市十一学校课程改革理念与资源的支持，我校英语和数学组的教师，将课程标准、教学任务、教学大纲和考试说明等融会贯通，立足于本校学情、校情，在2013年5月启动了教材的校本化编写。校本教材的编写过程是一种探索性的教学行为，教师们把课程开发的思想贯彻在教学的实施过程中，在自我改进中提高专业素养和教学组织能力，教学的有效性和针对性得到增强;同时，感受到教有所乐教有所得的职业幸福。正像数学教师王雅迪所说的:针对不同层次的学生确定不同难度的教学内容，采取相应的策略，教师在这个过程中重新理解和把握了教材和课标，使因材施教真正落到了实处。

(三)分层走班教学带来了学校管理方式的变革

分层走班教学产生了个性化的课程设置与学习方式,形成了学生自主选课和走班教学的组织形式,使得教学管理方式随之发生改变。分层走班教学打破了原有的行政班体制,任课教师和班主任难以像以前那样有效地控制学生的学习活动,这在某种程度上看似加重了老师的负担,其实这种表面的失控背后,恰好为学生的自主管理提供了空间和舞台。例如,每个班同一学科都有三个科代表,分别管理着三个层次的学生作业;早读也在学生自主管理下,分不同的层次有条不紊地进行。

(四)分层走班教学提高了学生对学校的认同度

分层走班教学改革提高了学生对学校的文化认同和满意度。调查显示,初一年级学生对学校管理的服务向导、沟通渠道和其他管理问题的评价明显高于高一、高二年级学生,对学校管理的总体认同度超过了95%。在学生对学校教育观念和学校文化的认同感数据中,初一年级的数值为3.80,也明显高于高一、高二年级。

分层走班教学虽然取得了一定的阶段性成果,但是我们更应该关注:为什么有8%的学生不喜欢?4%的学生认为效率下降?4%的学生认为不适合自己?

分层走班教学比常规教学加重了教师的工作负担,尤其是课前的备课量明显加大,这些问题都需要学校在顶层设计、加强教师团队合作研究以及发挥优秀教师示范引领等方面,进一步思考和改进。

(本文刊发于《海淀教育》2015年第3期)

📖 **同事评说**

"教师的天性是爱,爱他的学生,爱他的学校"——这是前国家教育部总督学柳斌为北京市太平路中学的题词,高新桥校长正是用这样的教育情怀激活了"太中人"的教育智慧,以课程建设推进"立德树人"育人模式的有效实施。教师们不断完善适合学校发展的系统化、系列化的课程体系,深入探究关注学科本质和学法指导的专项研究;学生们徜徉知识的海洋,发展各方面能力,感受着成长的快乐。

怎样才能在不断变革中发展自己的特色,还教育以本真,高新桥校长首先要求老师们坚守"不忘初心,不畏前路"的学生观。学校坚持以人为本、创新发展的理念，在"跳出教育看教育"上做文章。高校长带领老师们站在高位审视教育教学，开展系列头脑风暴式的真实研究，开辟了教育教学的新途径。在"面向全体、关注差异的个别化教学"探索中，各年级教师聚焦"体现思维含量和不同形式作业研究"的问题，在延展思路、实验推进、总结反馈、修正再造的碰撞中提高了效率，发展了学生；在"课堂教学实效性研究"中，针对不同群体进行充分调研，形成了基于学生实际的学案导学模式，建立了适合教师和学生的教学资源库，在实践中加强教学策略的研究，不断提高学生的学习能力。

变革现有的授课方式，让学生在选择中受益，是高新桥校长一直思索的问题。怎样让先进的理念落地，高校长不仅自己身先士卒不断学习，更将这样的观念植根于教师的心中。"普通中学分层走班教学实践探索"在充分酝酿的基础上平稳推进。期间，教师们真切感受到了学生进步的惊喜、教学内容和方式变化的挑战、研究遇到瓶颈问题的紧张不安、不断攻克难关的收获愉悦。老师们既有感性的激情投入，更有理性的积极应对。"让研究持续跟进"是高新桥校长经常跟老师们说的话，她和核心成员及时提炼不同时期的"痛点"，组织老师们开展研讨交流制订策略。在"分层走班研讨会"上，老师们说出了自己的体会：每位教师不仅完成了职业的再次转型，更深刻领会了"因材施教"的含义。高新桥校长喜欢用"踏石有印，抓铁有痕"激励老师们，在研究的每个阶段，她都会清晰地勾画出下一阶段的实施方略图，让研究不仅脚踏实地，更能仰望星空。

学校的一切都在影响学生的思维和情感。高新桥校长倡导全校教师努力营造"尊重、信任、理解、包容"的软环境，关注学生习惯、思维和情感体验。学校积极实施"爱生学校"策略研究、"人生规划"研究等课题，努力创设适合每个孩子发展的学校氛围，促使学生萌发高层次的需要，获得成功的智力、整合的智慧、高尚的德行和丰富的情感，帮助学生成为最好的自己。

"学生就是一粒种子，成长有快有慢，有的需要更长的时间，但总会成长的。老师就是为他们的成长提供土壤、水分、肥料、光照……"高新桥校长用自己的教育责任和教育信任，在太平路中学营造了良好的学校文化，引导教师们快乐工作，帮助学生挖掘潜力、自信阳光，促进学校在海淀教育大环境中的不断发展。

（北京市太平路中学　　赵杰志）

学校"加工能力"促进学生全面发展

北京理工大学附属中学　　任志瑜

一提"加工"这个词，人们或多或少自然就与工业工厂相联系，在教育上似乎有意特别回避。其实，深入地思考，发现"加工能力"在哲学意义上的普适道理，对推进教育"均衡、公平"改革下中小学校如何真正办成"人民满意的学校"是很有启示意义的。

对学校"加工能力"的评价当然是看家长送来的孩子在这所学校几年后有怎样的变化，这个变化不仅是随着时间的身体自然长高，更主要的是从孩子身上体现出来的学校和老师的"加工痕迹"：更懂礼貌了、更知感恩了、更有独立见解了、习惯更好了、学习更优了……也就是说，孩子在这所学校几年之后德智体美实现了怎样的"自我超越"。我们总在经历这样的感受：不同学校的学生在同一场合总会给人不同的感觉，甚至一举手投足、一开口说话，就能清晰地辨认出是来自哪所学校的。因此，每一位教育工作者要为提升学校和自己的"教育加工能力"而努力。

一、要以先进的教育理念作为"科学加工"的指导思想

从校长到每一位教师都要坚守：学生"在此一段受用一生"的"学校加工"理念。因为中小学阶段不仅是学生良好习惯形成的决定性阶段，也是学生世界观、人生观、价值观养成的关键阶段，还是学生学业水平、特长发展的奠基阶段，更是学生结交成长伙伴的积淀阶段。也就是人们常说的"中学阶段是学生素质修养的快速提升期，是人生蜕变的关键期，是亲子关系转型的微妙期，是人脉积累的基础期"。所以，学校领导要本着"为学生一生着想"的负责与担当来建设学校与管理学校。

二、遵循教育规律是教育加工者职业操守的要求

教育"加工能力"是针对活生生的人，是针对不同的个体，是针对学生的不同年龄阶段而开展教育的。尊重主体、遵循规律特别重要。例如，《中国教育报》在 2014 年 12 月 21 日的《6 岁前该学什么不该学什么》文章

里指出：有些知识过早地学了会影响其他能力的发展。

有些家长教自己孩子从三四岁就开始算数，部分孩子虽然也能很快说出答数，但这不是孩子真正掌握了数学知识。一般来说，3岁前的幼儿对数已有笼统的感知，他们能区分明显的多和少；3～5岁的孩子在点数实物后能说出总数，并能按成人说出的数取出相应数量的物体；5岁以后的孩子才能认识到数不因实物的变化而改变，形成了数的"抽象概念"。心理学实验还证明，只有到5岁之后，孩子才能脱离实物的支持，进行小数目的加减运算，并学会100以内的数数。有些家长通过死记硬背的方式让孩子把字记住了、把数认识了，但这样让孩子的认知过早符号化，会影响孩子想象力的发展，也会影响孩子的学习兴趣。

美国社会学教授唐纳德·埃尔南德斯带领团队进行的一项研究显示：无法进行流利阅读的小学三年级学生到高中辍学者，是当年能够流利阅读学生的四倍。研究团队发现形成这一结果的原因是：小学三年级是学生从"学习如何阅读"过渡到"通过阅读去学习"的一个关键阶段。小学三年级阅读能力上小小的差异就导致后续学业发展上巨大的差距。美国亚利桑那州、佛罗里达州、印第安纳州等已通过法案：小三学生达不到年级阅读要求的不能升到小四。马萨诸塞州以波士顿为首的五个社区采取了"促进三年级学生阅读能力"的计划，以保障将"不让任何一个学生掉队"落到实处。

三、发挥"整体加工"功能是学校加工能力的特殊性

对学生的培养绝不可能像工厂对零件的加工那样，这道工序完了再进行下一道工序。对学生的能力培养一定要全面展开，只是在不同的年龄（年级）阶段有能力水平的层级之分。

这就是学校"加工能力"的又一最大特点——同步集体创作。学校不等同于工厂的特殊之处还在于：学校绝不可以出次品甚至废品。其根本的方法就是根据学生成长过程中的情况及时采取措施，绝不允许教育有偏离方向甚至行走在错误道路上的机会。

四、中学教育要给学生装上一生成长的"发动机"

学生从就读学校、班主任和科任老师那里带走的绝不是当时应考的有限的知识，而是终生受用的善于学习的习惯、方法与思维方式等。在

"人文奠基，理工见长"的理工附中办学特色下培养出来的学生，应该展现出特别不一样的内在气质与外在形象。所以，在起步新征程的新学年，我们对理工附中学生提出了明确的"具象"：男生英俊，女生淑雅！英俊即才智杰出、精神风度、勇于担当。也就是说英俊展现出的是一种担当的气质风范。杜甫、鲁迅总以"英俊"喻"国之才"。结合我们的校训，我们以"大气、沉毅、担当"作为理工附中"英俊男生"的刻画，以"内秀、和善、文雅"展现出理工附中"女生淑雅"的形象。

在理工附中学习六年的校友杨澜"自我求进"的例子能够说明一些道理。她在做主持人时，请求导演：我是不是可以自己写台词？写了台词取得好的主持效果后，再问导演：我可不可以自己做一次编辑？做完编辑获得极佳评价后，又问主任：我可不可以做一次制片人？做了制片人，还想：我能不能同时负责几个节目？负责了几个节目后，更想能不能办个频道？……就这样，杨澜在其人生道路上不断地自我奋进，又从"阳光卫视"追求到了中国申奥形象大使。

学校"加工能力"是最直白的老百姓孩子优秀成长的民生话语，也是最直接考查学校办学水平的客观指标，更是社会和家长评价教师教育教学能力水平的现实标尺。在多元发展、多主体评价中，学校加工能力确实需要"出口看入口，成长看综合"的思想，也就是说对学生"多纵向看自我超越，多横向看特长优势"。在北京教育"学前玩，小学慢，初中宽，高中活"的新定位下，我们努力追求"学校加工能力"，让学校为每一个学生装上终身受用的"发动机"。

（本文刊发于《海淀教育》2015 年第 4 期）

📖 同事评说

北京理工大学附属中学建校 65 年来，从为新中国培养科技干部的工农速成中学，发展到今天为社会培养优秀人才的教育集团，在漫长的办学历程中逐渐形成"人文奠基，理工见长"的办学特色，2015 年任志瑜校长提出了"学校加工能力促进学生全面发展"的办学理念。

任校长上任伊始就提醒教师：教而不研则浅。他通过自身多年来的教育教学研究经验，对老师们提出：尽管教了一辈子书，如果没有自己的教育观点与教学主张，在专业方面，也是"无家可归"的"流浪汉"。一学期以来，教师上交论文、案例等 326 份，先后开展了 11 次学科名师工作室论坛活动，7次年级教育沙龙活动，基于相关教研内容的《教坛飞絮》《教坛集萃》《师道撷英》三本校刊获海淀区优秀校刊一等奖，并作中学唯一代表典型发言。

这些丰硕成果充分体现了任校长的教育主张，要"因我们的'加工'而'烙印'给学生最优秀的'学校文化'"！"加工能力"这一朴实而普通的哲学道理告诉我们，每一位教育工作者都要为提升学校和自己的"教育加工能力"而努力。

提高"学校加工能力"是理工附中教师文化的积淀，发挥学校"整体加工"功能，即"同步集体创作"，是所有教师教育教学智慧的凝聚，更是其文化艺术的不断升华。学校教育教学年会确定的主题是"学生因我而善学"。这一主题在宏观上为教师提高"加工能力"指明了方向，在微观上又明确了提高"加工能力"的目标。任校长提出，学校发展首先是"内涵发展"要体现出四个"更"：理工附中教育更优质，教师队伍更优秀，学生在内涵和气质上更胜人一筹，教育品牌更有含金量。任校还提出：要实现孩子好的成长，好教育体现为"四好"——好学校、好老师、好伙伴、好家庭。

四个"更"和四个"好"，是学校"加工能力"的具体体现，学校"加工能力"成为好学校的新标尺。一进入理工附中大门或每一间教室，映入我们眼帘的电视屏幕上、所有黑板的上方都有两行不大但是那么光彩夺目的两行字："男生英俊，女生淑雅。""大气、沉毅、担当"作为理工附中"英俊男生"的刻画，以"内秀、和善、文雅"展现出理工附中"女生淑雅"的形象。

促进每一位学生在德智体美方面实现"自我超越"，这是理工附中着眼于"学生全面发展"的务实行动，也是理工附中人孜孜以求的不断探索。任校长认为在多元发展、多主体评价中，学校"加工能力"确实需要树立"出口看入口，成长看综合"的思想，对学生"多从纵向看自我超越，多从横向看特长优势"。

当前，任校长已经带领团队，为理工附中集团化设计了校本部、跨学区，走向北京市副中心的学校"加工能力"规划。这一切基于当前北京教育改革发展的需要，是海淀区依托学区制，加大区域教育资源布局调整和优化的急需，更是当今教育均衡发展的体现。这足以证实，理工附中学校"加工能力"体现出一个人带动的是一群人，一群人发展的是一所学校，还可以是一个庞大的教育集团。

（北京理工大学附属中学　　马成霞）

以文化人 立德树人

北京市中关村中学   苏 纾

北京市中关村中学诞生于 1982 年，时任全国政协常委的汪德昭院士及一大批著名科学家高瞻远瞩，竭力倡导在中关村这个中国科学院研究所聚集地创办一所高水平的中学，我们的学校因此沐浴着改革开放和科学的春风诞生了。

我校对学校文化的理解是：学校文化是学校发展的灵魂，有着巨大的凝聚力、推动力和生命力。其核心是学校的办学理念和育人目标，是对"培养什么人，怎样培养人"的认同与理解。中关村中学学校文化建设工作主要做到两个"结合"，其一是与国家、时代赋予的育人使命相结合，以学习"伟人精神"主题活动为载体，落实和践行社会主义核心价值观；其二是与学校所处环境、历史发展积淀相结合，形成"院士文化"，凸显科学实践教育。

一、以"伟人精神"为载体，落实和践行社会主义核心价值观

中关村中学依托校园文化开展核心价值观教育贵在唤醒，重在体验，成在行动。为此，学校采取了四项主要措施。

1. 环境育人，传播正能量

中关村中学校园内建有一个"德育基地"、两座"励志"石碑、三尊伟人雕像，其中周恩来励志馆历时两年设计并建设，于 2012 年 10 月落成。励志馆的建成，标志着我校拥有了校内教育基地，也标志着我校在利用伟人精神育人的道路上又迈上了一个新台阶。2012 年 10 月，学校承办了海淀区校园文化建设开放周活动，周恩来励志馆被授予海淀区首个"德育基地"，学校被授予海淀区首批德育特色"校园文化建设五星级学校"称号。

2. 发挥教育辐射作用，创设实践课程

在教育综合改革的大背景下，学校进一步把核心价值观纳入校本课

程体系，利用励志馆打造特色精品课程，发挥其基地育人功能。

初一、高一年级新生入学教育是学生进入学校的第一课，也是必修课。结合入学教育，3 年来学校共计 3400 多名学生参观包括励志馆在内的中关村中学博物馆，提高学生的爱校意识，进一步带动校风建设，促进班级建设。

学校充分利用校内德育基地，组织学生参观学习。并从高一、初一招募志愿讲解员，使励志馆成为一个学习媒介和交流、宣讲和社会实践的广阔平台。3 年来，团委共培养 3 批讲解员，达 60 人之多。随着各年级参观学习活动的陆续展开，讲解服务与校本选修课程结合，同时借助同伴引领，更多的同学能在青少年时期开始对伟人精神的认识了解，在无形中扩大了社会主义价值观的正向影响。

励志馆还借助社会大课堂的渠道，充分发挥教育辐射作用。清华附中、育英学校等中小学曾经组织学生来校参观励志馆，促进了校际间的感情交流和友好往来。3 年来，学校接待京内外诸多学子和各界社会人士共计 2141 人，这一开放更得到了中科院行管局、市区教委、教育部副部长等诸多领导的悉心指导。2015 年 2 月 13 日，教育部副部长刘利民带领中央各部委、市区相关领导到中关村中学调研中小学课堂讲坛意识形态，高度评价了我校培育和践行社会主义核心价值观进头脑、进课堂、进教材的方法，肯定了励志馆在育人方面的巨大作用。

3. 开展争创活动，形成舆论导向

学校出台《"周恩来班"评选细则》《"周恩来奖章"评选细则》，开展争创"周恩来班"和"周恩来奖章"评选活动。活动起到了促进班集体建设和提升个人修养的作用。

1999 年 12 月，命名我校第一届"周恩来班"，也是北京市第一个"周恩来班"。16 年来，我校评选表彰了 14 届共 51 个周恩来班。"周恩来班"侧重勤奋与公益，成为我校班级建设的最高奋斗目标。"周恩来奖章"每两年一评，师生同评，侧重品德高尚、乐于奉献、勇于担当。活动促进了学风和教风的建设，为核心价值观教育开辟了新的形式。

4. 开展主题教育，形成班级文化

以主题班会、年级会为窗口，各年级组织了体验式主题学习。通过班队会让学生了解恩来事迹，感悟恩来精神。学生从中净化了心灵，激发了爱国热情，树立了远大理想。利用"多元文化欣赏"校本课程，连续播出"人民总理周恩来"专辑，使得恩来精神形象化、具体化。

多年来，我校德育处组织学生沿着周总理的成长奋斗足迹开展德育实践活动，师生们的足迹遍布天津、南京、江西等地。

我校师生共同创作《薪火相传——中关村中学周恩来班之歌》。学校共参加9届全国"周恩来班"和"邓颖超班"研讨会。与全国48所学校交流德育工作经验，举办诗歌朗诵演唱会等系列活动。成立了学生党校，校长、党总支书记多次为学生讲党课。自2000年起，发展了22名优秀的学生共产党员。

15年来，恩来精神已经深深植根于中关村中学师生心中，促进了优秀校风和浓厚学风的建设，形成了我校德育工作品牌和学校特色文化。

二、以"院士文化"为载体，凸显"科学实践教育"办学特色

学校充分利用优厚的教育资源，为学生创设良好的教育环境，用科学家的爱国奉献精神，渊博的知识，勇于探索精神等鼓励学生树立远大的目标，教育学生爱国，教会学生做人，形成独有的一种"院士文化"。

经过十几年的努力，学校征集了诺贝尔奖获得者杨振宁、李政道、丁肇中等150多位院士对我校的题词，建立了院士题词墙、院士题词室。学校教师带领学生亲自采访执笔撰写了《院士的故事》，汇集了30位院士的采访实录和亲笔题词。

在院士文化的影响下，学校坚持以"科学实践教育"为办学特色，利用地域优势资源，面向全体学生促进素质教育。"科学实践教育"课程包括科技社团活动、校园科技节、科学人讲坛、"科普考察课程"、高中"科学素养实验班"课程等。现学校已构建出有利于"博式"学习基础和"专式"创新发展的课程体系，形成了"金字塔"型科技后备人才培养结构。

科技社团活动包括创意思维社团、无线电测向社团、模型社团、头脑奥林匹克社团和智能控制社团以及天文社团等八大社团，通过这些课程，学生拓展了学习视野，练就高超的科学实践技艺，激发灵感，凝聚智慧，拓展思维。

学校每年组织一次校园科技节，宣传科学思想，传播科学知识，涵养科学精神。科技节举办过程中植入了中科院的科技实操展示项目，把科学知识变成有趣的科普实验，让学生们在动手实验中大开眼界，感慨科学馆就在身边。

科学人讲堂，是学校最大的资源优势，在这里，同学们可以近距离接触科学大家，学习科学家的优秀品质，感受科学的魅力。

2014年12月，学校与中科院签订战略合作协议，协议的签订成为学校发展的新机遇。面对新的发展契机，学校不断完善课程建设。在"科普考察"课程里，学校组织学生走进中科院野外科考站。科学考察活动为学生提供了丰富的科学实践体验、合作、探究等学习活动。学生们分组开展植物、昆虫、鸟类等学科的研究性学习，观察自然现象，进行科学实验，撰写科学报告。"走进系列课程"，主要是以"研究性学习"等方式组织学生走进中科院相关科研院所、国家重点实验室，在中科院各研究所导师的指导下开展项目研究。这些课程和学习实践活动得到了中科院各科研院所专家的专业指导和大力支持，许多学生的研究成果在专家指导下获得了国内外的奖项，满足了学有特长和具有创新潜质学生在"博识"学习的基础上"专式"学习的发展需求。

2015年10月，学校开办了高中"科学素养实验班"。科学素养实验班的开办标志着中关村中学在"科学实践教育"课程的探索中又迈出了关键的一步。中关村中学将立足科学实践教育，开拓和积聚国际上先进的科学教育优质资源，形成更为广泛的国际合作，共同探索面向未来，具有全球视野的青少年科学实践教育。

回顾过去，中关村中学在促进学校内涵发展的实践过程中结出了丰硕的素质教育果实。未来，我们将一如既往，继续传承伟人精神、院士文化，在市区教育的新蓝图上实现腾飞和创新发展。

（本文刊发于《海淀教育》2015年第6期）

编者感悟

作为中国高科技产业中心，"中关村"有其独特的地域文化，彰显着独特的美誉和品牌。1982年根植于这片土地成立的中关村中学，紧紧传承和发扬着地域的历史文化，在三十余年的办学历程中，创立了自己的"金字招牌"，成为享誉区、市乃至全国的一颗闪亮"新星"。如何实现中学的科学教育和人文教育"比翼齐飞"？中关村中学以"伟人精神"和"院士文化"诠释着其办学理念和教育使命，成为海淀众多优质学校中的后起之秀。

苏纾校长常常引用爱因斯坦的一句话："大多数人都以为是才智成就

了科学家，他们错了，是品格。"苏校长认为，成就学生的同样是品格，中关村中学之所以要建设和发展"院士文化"，就是因为院士们是一批有着良好的人文修养和社会责任感的人，院士们是一批很好地遵循科学道德的人。"诚者，天之道也；思诚者，人之道也"，重视道德品质是中华传统文化的精华所在，中关村中学培养的学生，首先是要具有优良道德品质的人，向院士学习，就要学习他们的这种品格。

对"伟人精神"，苏校长也有着她的理解：伟人之所以伟大，是因为他实践一个伟大的梦想，成就一个伟大的梦想。学习"伟人精神"旨在培养学生的爱国热情，引导学生树立远大理想。学校在有限的校园空间建设一个"德育基地"、两座"励志"石碑、三尊伟人雕像；把班级建设的最高奋斗目标命名为"周恩来班"，给品德高尚、乐于奉献、勇于担当的学生授予"周恩来奖章"；学校要克服多重困难，组织学生开展德育实践活动，沿着周总理的成长奋斗足迹重走天津、南京、江西等地……

"院士文化"不仅是学习院士精神，学校也在利用无校可比的中关村地区的院士资源，宣传科学思想，传播科学知识，涵养科学精神。学校开展丰富的科学讲堂、科学考察、科学实验。2014年12月，学校与中科院签订战略合作协议，再一次成为学校发展的新机遇。

除了以上两项学校德育的主打品牌，苏校长也非常重视引导教师们用坚定和理性的求真精神，将育德与主题班会设计、项目课题推进、特色社团培养、志愿活动服务、学科素养渗透等内容相结合，让学生在探索生命真谛的同时，感受人文关怀，培育品质人生。

正是以上这些理性而细腻的教育，成就了中关村中学优秀的校风和浓厚的学风。相信中关村中学在新的历史机遇中，育德育才的道路定会越走越宽。

（北京市海淀区教育科学研究院　　王笑梅）

让学生在成功中成长

北京市海淀寄读学校　　肖建国

海淀寄读学校始创于 1955 年，六十春秋，一代代寄读人传承着党和国家赋予的使命，谱写着一篇篇爱的教育华章。时代的发展，激励着人们与时俱进，不断探寻教育的内涵，不断扩展教育的途径，不断创新适合时代需求的教育方法。海淀寄读学校秉承优良传统，锐意进取。在近十年的教育发展中，取得了新的成果，开启了我国专门学校教育的新征程。

一、发展办学思想，夯实教育根基

办学思想，是一所学校全体教职员心悦诚服的共同愿景，是学校各项工作的灵魂。校园里，上至管理之道、教学之法，下到一草一木、待人接物，都是办学思想的细致体现。

我校常年有符合专门学校性质的在校生 310 名左右。润物细无声的陪伴照顾是我校传统的管理模式，它如严冬里的温泉，温暖着孩子们曾经受挫的心灵。随着时代的发展，学生的行为方式、心理表现也不断复杂化和多元化。这对专门教育学校提出了更高的要求——"以人为本，和谐发展"。这一办学思想的诞生，在全校曾引起了强烈的反应：怎样才是以学生为本？学校组织教师们本着"每个人用个人智慧为学校发展注入新的动力""团结一致，齐心协力，共同拼搏"的精神，展开了大讨论。教师们分组讨论、分享、生成，再讨论、再分享、再生成。这样的讨论从 2005 年到现在，一直持续了十年。办学思想自下而上诞生的十年，也是我校学习型组织建设的十年。这十年的探索，已经使办学思想逐渐深化为教师行为，教师潜力逐步转化为创新动力。

通过研讨，我们形成了鲜明的办学目标——"办适合我们学生的教育"。其内涵为：无论德育、教学还是管理等方面，适合我们学生身心特点与发展的教育就是最好的教育。通过研讨，我们形成了"让学生在成功中成长"教育理念，即为学生成长的需求点或成长点搭建让学生能够体验

129

成功的平台。一方面学生挖掘自身潜能，展示自身的"闪光点"，让学生感受到"我能行"；另一方面学校在教育教学中，给每位学生设计多种层次、多种类型的成功机会，让学生反复地体验"这道题我会了""这个要求我做到了""我当上小助教了""我是学生会成员了"等愉悦的成功感，让学生感受到"我真的行"，形成积极向上的心理动力，坚定不断进步的信心。

二、实践办学思想，让学生在成功中成长

教师们统一了思想，明确了目标和理念，学校在制度建设上为教师们搭建施展才华的平台，教师们创新的积极性被调动起来，校园由此呈现出勃勃生机。

1. 展示亮点，学生重塑自信

学校为学生展示亮点开展各种活动，如校园电视台、文艺演出、体育竞赛、校园卡拉 OK 大赛、队列、内务比赛等常规活动，以及科技节、读书节等内容丰富的传统主题性活动，各班自主开展的特色活动；同时学校强调要尽最大可能让家长和社会各界欣赏到孩子的亮点。于是，迎新年的元旦活动，学校邀请全校学生家长到校共同参与，让学生带领家长参观学校，参加游艺活动，观看他们的表演；于是，学生走进社区进行防艾拒毒、绿色环保的宣传，参加敬老爱老活动，参与首都少年先锋岗等社会实践活动，学生用自己良好的行为赢得社会的良好评价；于是，学生们走进天桥剧场，与芭蕾大师同台共舞，与社会名人近距离交流等。他们在不同层面的成功展示，放大了自身原有的亮点，这让他们为自己未来的生活重新找回了信心。

2. 自主教育，学生站在德育一线

"知行合一，将德育内容内化为学生的自主行为"是我校的德育目标。为此，学校将教育管理的权力大胆交给学生，克服困难为学生的自我教育搭建平台。学校的学生会和学生团支部，是实行学生自主管理和自我教育的重要组织。每届学生会成员都要经过严格的公开竞选产生。全校所有班级都实行小组自主管理，全体学生都是管理的参与者和评价者。

与此同时，学校还为学生提供更广阔的锻炼组织能力、提高参与意识与能力的平台。学校运动会、元旦等节日庆典活动、科技节等大型专题活动的设计、组织及部分具体实施，食堂与宿舍等日常管理与监督，常规评比与总结等都由学生负责。违纪学生的教育方案也必须有学生代

表参与，学校充分尊重学生的意见与建议；甚至学校的主题教育活动也由学生主体来实施，如践行《弟子规》活动中，每晚的研读、分享实践体会，全部是由各班学生轮流完成的。

对于每一个新入校的学生来说，尽快融入新的集体往往较为困难。学校就请他们的学长、学姐为新生们举行迎接仪式，老生给新生讲校史，讲自身学习收获与感受，介绍个人与集体赢得的荣誉，把象征爱校护校的绿地和树木养护牌传到新生手里……而这一切，不仅温暖了心存疑虑的新生们，也让他们初步体验到海淀寄读"自主管理，自我教育"的特色，帮助他们看到：他们也有能力在自主教育中获得成长。

3. 改变课堂，学生做学习的主人

我校教师以"敬业爱生，博学多艺"为教风，以"激发兴趣，培养习惯，夯实基础，突出特长"为教学目标，努力给学生搭建体验学习成功的平台。尽管我校学生的文化课基础平均为小学三四年级水平，但是他们却要在一到两年的学习后，与同龄人一起参加初中毕业和升学考试。为此，学校依据学生学习特点整编教材，探究教法、研究学法"友善用脑""学习金字塔""有效教学法"，如"学习目标续写""思维导图""课堂观察"。10年探索，一路走来，海淀寄读现在的课堂生动灵活：处方教学、小组合作学习、聘请学生小助教以及101种教学策略中的想象法、两个人的力量、学到事物的展览会、轮转三人组、拼版学习法等，让学生在课堂上愿意投入、能够参与、感受到进步与成功。学生说："我现在的学习状态和过去比，一个在天上，一个在地上。"

4. 因材施教，学生喜爱的校本课程

动手操作和亲身体验是学习的最高境界。为了帮助孩子们拓展知识、学习技能、巩固主学科教学，进一步体验学习的快乐，2005年开始，我校教师开始研究适合学生特点与现实需求的校本课程。经过10年的实践探索，老师们研发出了古代兵器模型制作、中医按摩、陶艺、课本剧表演、种植体验、纸艺雕塑、烹饪等38门校本课程。每学期开学第一周，学生们在校本课程超市中，自主选择课程。每周二、周四下午，走班上课，到更宽广的领域里获得学习的成功。现在，校本课程已经成为孩子们最喜欢的课程。甚至有孩子夸张地说：我能够按时来校就是因为每周二、周四下午有我最喜欢的校本课程。

5. 实践真知，真实情境学习与成长

"给孩子一个真实的场景，让他们在亲身体验过程中快乐成长。"这是北京市教科院朱传世主任，在北京市专门学校"关注差异，办适合学生的教育"展示活动中，对海淀寄读学校实践课程的充分肯定。为了服务学生的个性成长，学校努力研发符合学生特点的实践课程。让孩子们在真实的工作情景中感受尊重与被尊重，充分体验服务他人的价值。学校面向全区中小学开放的法制教育基地已成为学生们的实践基地，从接待、陪护，到管理、讲解，学生们一丝不苟地工作着；学校的咖啡屋，学生们应聘、培训、接待、调制饮品、煮咖啡、结算，样样真实操作；生态园中，学生领养动植物，观察生长，照顾生命。在专家的亲自指导下，种植蘑菇，进行组织培养。他们在不同的基地感受深入学习的成就，享受学习的快乐，为今后的发展奠定着基础。

6. 积极评价，学生在成功中把握未来

学校坚持对学生进行积极评价，通过多种途径让每个学生在不同的领域，感受到"积小成功为大成功"的可能性与必要性。每学期，每名学生都能根据自己的成长与进步，自主申报获奖项目。每个自然月，"学业成长银行"都及时存储学生们所有学科的进步，以及课堂表现的奖励，"班级星级"的自主申报与认定，让学生们清楚地自主评价和管理本班的学风建设现状。

在海淀寄读学校，老师们已经把对学生的综合评价，作为及时展示学生进步的特殊平台，在这个平台上，学生们找到自己新的努力目标和方向。

三、重视特色教育，助力学生个性发展

1. 心理教育，为学生个性发展护航

学校心理健康工作形成了独特的运转模式。从学生入校开始，心理关怀工作就全面启动。心情天气预报，是学生心情的体温计。通过心情天气预报，心理辅导员每天关注学生的心情变化，并和学生进行一对一的沟通；新生班成立，团队建设，适应性辅导及时跟进；展示亮点，自信训练帮助学生首登舞台；沙盘游戏、角色扮演、大脑科学训练等为学生个体发展服务；个体成长支持小组，和班主任、任课教师，一同关怀支持学生个体的心理成长；培训教师，掌握心理科学知识和方法，帮助学生获得成功；培训家长，学习运用心理科学知识改善教育策略，学会欣赏孩子，为家庭的和谐和幸福而努力。

2. 科技教育，打开不一样的学习天地

科技教育已经普及全校。每个班级每周都有两节科技课，学生了解科技原理，进行创意制作，学习益智游戏；科技社团，利用课余时间进行机器人、四旋翼飞机、纸飞机、水火箭等项目的研究与训练；每周三下午的智慧擂台，百变拼图、九连环、魔方、叠叠高、飞碟杯等项目周围围满了参加活动的学生；每学期的科技嘉年华，每学年的科技节中，他们热情参与丰富的活动，他们与著名大学的研究生们，与中科院等机构的国家顶级专家们零距离接触，面对面交流，他们制作的葫芦乐器、投石机、安全校车、过山车、节能建筑、木梁承重、用废旧物制作的乐器参加北京市乃至全国未来工程师竞赛并获得第一名、第二名的好成绩。在这个平台上，孩子们与同龄人平等参与，同台竞技。他们用自己实实在在的成绩证明了自己的潜力。

3. 社工介入，加大个性教育资源

2006 年 6 月，我校和首都师范大学社会工作系合作，开展新生夏令营等活动。2014 年 4 月，尝试社会工作介入在校学生的教育辅导、家庭关系协调、社会资源引入、个案辅导等，扩展个性教育的资源。社会工作者走入家庭与社区，是学校教育的重要补充。

十年的教育探索，学生们收获了成长，一位毕业生在给学校的信中写道："是这所学校让我在工作单位拿到演讲第二名的好成绩，是这所学校让我在这个大企业中工作得如鱼得水；是这所学校让我拥有了自信，拥有了方方面面的能力……"让海淀寄读学校的老师感到欣慰的不仅是学生的成功成长，还有更值得自豪的，那就是自身的成长。2014 年 9 月，我校的研究成果《基于工读学生成功体验的学业评价方法》荣获国家首届基础教育课程建设优秀成果二等奖。2014 年 11 月，我校的《"我成长，我快乐"——基于特殊学生的特色心理课程》《纸飞机校本课程》分别荣获北京市、海淀区基础教育课程建设优秀成果二等奖。

十年的实践证明，正确的办学思想是历史与未来的最好承接，是个人发展与集体发展的完美结合，和谐校园的创建为我们带来了教师和学生的成功，教师和学生的成功推进了学校的科学发展。这些成绩的取得，是与我们"以人为本，和谐发展"的办学思想紧密相连的。

（本文刊发于《海淀教育》2015 年寄读学校建校 60 周年专刊）

编者感悟

"办适合我们学生的教育"这种办学理念满含关爱、充满责任，也透着别样意味。海淀寄读学校的学生，是一群特殊的学生。初来时其行为规范与社会要求出现严重偏差。如果不能得到及时的诊治，危害的不仅是孩子个体、家庭，还会危害社会。寄读学校在"办适合我们学生的教育"办学理念的指引下，把"爱与责任"作为学校一切工作的原动力，严慈相济、刚柔并举，为孩子们寻找曾经失落的春天。

1. 对孩子失当的外在行为，实施规范与引导

首先，学校通过"强硬"的干预措施，切断孩子身上"行为恶瘤"。学校实行 24 小时监控、半军事化管理。面对这样一群孩子，常规的教育手段已经不能起作用。一位老师说，来到我们学校的孩子们，首先要做的就是防止"交叉感染"。这些孩子身上，存在着各种各样的问题。当这些孩子集中在一起的时候，极易出现相互模仿、彼此教唆。没有强有力的外在干预，深度的教育转化行为就失去了基础。这些看似"强硬"的举措背后，是学校教师们深沉的爱与责任。

其次，树立法治观念筑牢孩子们行为规范的底线。寄读学校的孩子们的一些行为规范出现严重偏差，正是由于法律意识的淡泊甚至缺失。每逢重大节假日、重大的政治活动，学校就会召开法制教育会，不定期请检察官、法官结合青少年违法犯罪案例做专题法制讲座，增强学生的守法意识。

建设在寄读学校的海淀区青少年法制教育中心，为孩子们接受法制教育提供重要课程资源。通过法制书籍、案例展板、影片展播、情景体验等形式，将各种违法行为及危害立体地烙入孩子们的脑海。法律意识的树立，就像一条看不见却最有力的红线，约束着孩子们的不当行为。

2. 对孩子坍塌的内心世界，注重修复与重建

首先，借助心理游戏活动培养学生缺失的心理品质。在心理健康教育中心的游戏活动室，中间放着可以拼装组合的桌椅，四周放着拼图、多米诺骨牌、玩具组装件等游戏工具，墙壁上张贴着"协调性、注意力、合作与创新"几个醒目的词语。学生来这里，通过拼图、组装、摆放多米诺骨牌等活动，发现自己在协调性、注意力方面的缺失，再通过有意识的训练，就能逐渐改进。这里的游戏活动基本上要通过团队合作去完成，学生在游戏中会深刻地体会到合作、宽容和耐心的重要。

其次，借助舞台扮演让学生体验共情和同理心。一个不足10平方米的小小舞台，却是解决学生因情感缺失而造成的各种问题的有效平台。孩子们通过角色扮演，体会"生命是无法被替代的""生命是独一无二"的深刻命题。心理教师还让有矛盾的家庭成员，一起通过扮演的形式，还原事件发生的过程，从而引导父母、孩子各自反思问题，找到解决问题的有效办法。通过这样的舞台剧，学生有了深刻的情感体验，对学生的共情能力与同理心的培养，产生了积极的作用。

最后，家庭心理沙盘辅导来诊断学生心理问题根结。学校心理沙盘室装有一块单向透视玻璃，室内无法看到外面，在外面的人可以看到室内的情形。这便于心理教师观察孩子们在无人状态下的自然行为，发现一些深层次的心理现象。在进行沙盘心理辅导的时候，一般要求孩子带着父母一起来进行沙盘心理辅导。实践效果证明，家庭团体的心理沙盘辅导，对于发现学生深层的心理问题及其成因，有着重要的作用。

3. 对孩子脆弱的意志品质，强调发现与鼓励

首先，用"优点轰炸"帮助学生建立自信。可以说，来到寄读学校的学生都是"自暴自弃"的一代，在他们的世界里，充满了挫折和失败。教师帮助学生重塑信心，引导学生从发现身边同学的优点开始，并用一些"好词"去形容这些优点，将大家认同的好词(认同率超过50%)收集起来，张贴在心理团队活动室里，这些写着"友爱""真诚""热情""合作"等积极向上的纸片，像一面面飘扬的旗帜，让一来到这个教室的学生置身于充满正能量的环境，从而建立自信。

其次，"心情天气预报"让学生成为情绪管理的强者。由于情绪是受大脑中较为低级的自主神经控制，它的反应速度快而凶猛，当进入大脑的意识层面的时候，情绪实际上已经发作了。通过填写"心情天气预报"，用"阴晴风雨"等描述当天的情绪感受，引导学生主动关注和认识自己的情绪状态。之后，再用积极向上的词语进行心理暗示，提醒自己注意当天的言行举止，因而能恰当地管理情绪。

最后，科技教育为学生搭建展示平台。走进学校的科技活动功能室，各种学生的科技作品琳琅满目：载重纸桥、百变拼图、四旋翼飞机、投石机、机械拼装等，这些作品展示了学生灵巧的双手和过人的创意。学校不仅成立了科技制作小组，开设了科技校本课程，还在各班开设了科技创意课和智乐屋。每年一届的科技节，学校举行多种活动，为学生提供了多种展示自己的平台。

寄读学校的教师们，用"爱与责任"，坚守着这片教育热土，为这群"迷失的羔羊"重返社会，奉献着自己的青春。一群伟大的人，从事着一项伟大的事业。我发自内心地向他们致敬。

（北京市海淀区教育科学研究院 严星林）

让孩子享受平等的教育

北京市海淀区培智中心学校　　于　文

　　物竞天择，适者生存。在人类不断了解自然，改造自然，追求美好的过程中，残疾却一直伴随着人类社会的发展而存在。作为一位智力障碍教育工作者，作为一位智力障碍学校的校长，努力实现残疾带给人类的意义正是我工作的责任所在。"让智障孩子享受平等的教育，让智障教育教师形成专业的技能，让高速前行的社会实现和谐的发展"正是我们在新的历史条件下，为实现智障教育历史使命而确立的办学思想。

一、让智障孩子享受平等的教育

　　卢梭在《爱弥儿》中说："在自然秩序中，所有的人都是平等的，他们共同的天职是取得人品，不管是谁只要在这方面受了良好的教育，就不至于欠缺同他相称的品格。"夸美纽斯在《大教学论》中讲道："凡是生而为人的人都有受教育的必要。"我国自古就有"天生我才必有用"的说法，我国古代著名教育家孔子"有教无类"的教育观点都是较早阐释教育的公平原则。但作为具体的教育形式，我国的特殊教育学校却出现得比较晚，特别是对智力障碍儿童规范教育的学校在 20 世纪 80 年代的中后期才普遍建立。我校成立于 1987 年，虽然成立较晚但发展很快，短短十多年的发展，使我们不仅在教育观念而且在教育技术上都取得了巨大的进步，我们不仅对学生实现"零拒绝"，更为每名学生提供适合其个体需要的个别化教学，使智障学生享受平等而优质的教育。

1. 让所有的智障孩子都享有学习的机会

　　就像不能拒绝刮风下雨一样，人类无论怎样进步，也不能避免低能儿的出现。在我们的身边就有那些天生智力低下的儿童（占儿童 3%），他们目光呆滞、动作缓慢、行为怪异，他们不懂得我们觉得十分简单的事情，他们很难学习一般的知识技能……于是他们一直以来被拒绝于学校大门之外。

　　随着教育观念的发展，教育技能的提高，为所有智障孩子提供教育，不拒绝任何一个智障孩子成为我校的工作的基本原则。我校目前招收的学生有智力障碍、精神障碍、情绪和行为问题、自闭症、多重残疾等儿童，最小的孩子 3 岁，最大的学生 19 岁。从早期教育到职业教育为智障孩子提供了完整的教育服务。

2. 让每个学生都能选择适合自己的课程

平等的教育不仅是给予一个学习机会，更是要给予一个发展的可能性。由于智障学生因其个体差异较大，要想使其从课程中得到益处，就必须使课程适应其自身需要；由于其接受能力有限，因此就要选择其最需要的（其所处环境）技能作为其课程内容。我校为不同年龄的智障学生设计了不同的课程：学前期"潜能开发课程"、义务教育期"适应性课程"、义务教育后期"社区导向职业训练课程"，不同年龄的学生能够在每个时期受到科学的适应发展需要的课程教育。

3. 让孩子实现自主发展

发展智障学生的自主性，是对智障孩子个体尊重的具体表现。由于智障学生个人能力较低，培养自主能力一直以来并不被智障教育所强调，智障学生经常是被要求、被命令的，但作为发展中的人，智障学生同样具有自主发展的需求，需要智障教育工作者给予他们以符合他们实际需要的指导，给予他们发展的机会与空间。

在我们的教育实践中，首先强调他们是发展中的孩子，其次是他们是有特殊需要的孩子，而我们就是使其在自主发展中得到他们所需要的特别指导。智障学生由于智力低下缺乏自主能力，于是教师们就采取一切手段对学生进行培养。在教学中，教师将每一个教学活动按照系统分解成可操作性的活动（甚至动作），采取"结构化"教学的手段，使学生依据原有的能力，重新组合成新的技能，达成自主发展的目的。活动中，教师注意发现学生的特长或擅长，给予充分的机会，使学生能在残存的技能中自主发展。于是，绘画冠军、书法冠军、体育冠军、文艺冠军纷纷出现，不仅矫正了障碍，提高了技能，也增强了自信。

二、让智障教育工作者成为专家

由于我国智障教育作为专门的学科和成立专门的学校只是近十多年的事情，特别是我国自古就有"师者，传道、授业、解惑"的对教师职业的固有认知，因此，一直以来从事智障教育的教师被认为是没有专业的，只是看孩子，"教学能力不强的人才去教弱智"，这样的消极认识使智障教育发展受到了制约，教师缺乏自我认定，缺乏社会认定。

智障教育是一门集教育学、医学、社会学、伦理学等为一体的交叉性学科。在特殊教育界有一句行话："医学的终点，就是特殊教育的起点"。医学界试图预防而未能阻止智力障碍的发生，治疗的方式也未能改变智力障碍的症状，这时特殊教育便开始介入，并以其科学的方法使智障学生受益。

爱残疾孩子，不是他流泪我们也流泪，不是他干不了的我们替他干，不是他站不起来我们就抱着他，爱残疾孩子就应该是教会他们生活技能，矫正他们机能缺陷，激励他们正常人格，而这些都建立在专业技能的基础上。什么是爱？爱就是专业。这是每一位海淀培智中心学校教师的共识。

教师不仅能够认识智障教育的专业性，同时要深入进行智障教育的研究，提升教育训练品质，提升教师技能水平。我校始终坚持"科研为先导的"理念，教师们在不断进行实践中以科学的方法进行研究，研究成果填补了我国智障教育科研的空白，同时也培养了一批具有较强技能的专业训练队伍，弥补了我国专业康复训练人员不足。通过智障教育研究，教师已不单纯成为一种职业实施者，而是成为专门领域的专家。

三、让社会实现和谐的发展

美国学者默瑟(Jane Mercer)从社会学角度提出"智力落后不应被看作个体的病态，而是个体在特殊的社会系统中的地位的描述，是人们期望他所扮演的角色和社会系统中其他成员对他的行为期待。智力落后是一种已经获得的地位"。

社会学让人们站在社会的(环境)角度来看待智障问题，而不是从智障本身或我们以往比较他们与我们的不同的角度来解释。他们认为，人类社会要想健康和谐地向前发展，自身也存在着一个循环系统，就像动物界的食物链一样：大鱼吃小鱼，小鱼吃虾米。每一个社会组成对于系统的健康发展，都有着极其重要的意义。智障儿童让我们看到差异的存在，让我们懂得关心帮助，培养了爱心，珍惜了自己已经获得的。这些是在竞争的社会中人们容易忽略却又十分重要的人性基础。智障教育也提示了教育本身应该是使受教育者得到充分的个性发展，应该是个性化的、适应生活的。

正是从这样更人本更具社会意义的角度上认识，国际社会已经将智障学生"融合教育"列为发展方向，《萨拉曼卡宣言》提出：融合学校应当满足所有儿童的教育需要的，包括那些有严重残疾和学习困难的学生。融合学校必须认识到和照顾到学生之间的不同需要，顺应不同的学习类型和学习速度，通过适宜的课程、组织安排、教学策略、资源利用及社区合作，确保面向全体学生的教育质量。

在办学中我们一边让智障学生享受优质的教育服务，一边向社会广泛宣传智障教育，特别是把智障学生带入社会中，不仅使他们得到社会的帮助，更重要的是使我们的社会更具爱心。作为一名智障学校的校长，让智障学生享有平等的教育，让智障教育工作者成为专家，让社会和谐发展，把学校办出特色，是我追求的目标。

(本文刊发于《海淀教育》2015 年第 6 期)

同事评说

她是一群特殊孩子的妈妈，她喜欢把所有学生都称作"我的孩子"。她用超凡的爱守护着这群折翼的天使，把自己的青春岁月毫无保留地奉献给了这群孩子。她就是北京市海淀区培智中心学校校长于文。

她永远是那个充满激情、快人快语、风风火火的样子。每当人们称她是专家时，她总是以一句玩笑话回答："我不是什么专家，我就是一个老'智障'。"一个"老"字，代表了一种坚持，标志着一段历程；一个"智障"，则把淡泊名利、不畏艰难、敬业奉献的路程勾画在眼前。

爱心坚守——她是成百上千特殊孩子的妈妈

1987 年，海淀区教委筹建了辖区内第一所公办培智教育学校。低矮的平房，木质的黑板，黄土的操场……因为校舍紧张，孩子们上课、住宿都在一间教室。"一间教室半间炕"——于文就是在这样的环境中，加入了特殊教育工作者的行列，那年，她 20 岁。

那时，于文和几个年轻教师组织起了北京市第一支智障学生鼓乐队。鼓乐打出了智障孩子振奋的精神，也打开了智障教育的新局面。孩子们的生活是丰富了，但背后的艰难只有老师们知道——所有的活动都要边学边教！学生学做广播体操特别费劲，她就画出一个个分解动作，再一遍一遍教给他们。学校人手少，更没有专业教师，她把所有的活动都承担了起来。

"老师,您救了我们一家!以孩子的能力,或许一辈子都无法报答您的恩情,但您带给孩子的成长和快乐,我们会一辈子铭记。"一个学生毕业离校时,家长这样对于文说。这些话,句句撞击着她的心。她说:"我的青春岁月能够和海淀区培智教育共同发展,和这段历史紧密相连,是一种莫大的幸福。比起健全孩子,智障孩子更需要我的爱。"

执着办学——她用信念播撒特教爱的阳光

20岁投身培智教育,于文一步一个脚印,从班主任做起,历任大队辅导员、教导主任,2000年11月,被任命为海淀区培智中心学校校长。肩上的担子更重了,责任也更大了。进入21世纪后,海淀培智中心学校办学条件得到了改善,但又面临着新的挑战:越来越多的精神残疾儿童进入学校……种种困难摆在于文面前,她更多地开始思考智障学生的未来。"当听到别人叫'傻子'老师、'傻子'学生的时候,我的心被深深地刺痛。我下定决心,一定要办好我们的学校,帮我的孩子们赢得做人的尊严!"

在多年从教历程中,她深深感到,原有的特殊教育模式根本不适合智障孩子。一个特殊孩子六七岁时来到学校,十多年后把他们送入社会,该让他们成为什么样的人?能够教给孩子哪些独立生活的技能?特教教师肩上的责任太重太重。为了孩子,为了孩子的家庭,为了社会,她下定决心:改革势在必行。

她带领全校教师在全国率先开展课程改革,为每个学生建立个别教育计划,让每个孩子都能享受到适合自己的教育。在北京"非典"最严重时期,学校停课,学生不上学,她趁着这个时候组织教师们编写校本教材,不仅解决了本校教学需求,还在全国发行,为多个省市的培智学校提供帮助。

为了推进教育公平,于文心里不但装着在校学生,还时时想着那些不能到校上学的孩子,她想方设法、克服困难率先在北京市开展了"送教上门"活动。由于"送教"的学生残疾程度严重,她带领教师们学习康复训练技术,每日坐在地板上搬动学生,千百次地重复一个动作。家长们由衷感叹:"老师做到的,我们家长都做不到,老师为我们带来了信心。"

潜心科研——她用专业与创新诠释特教内涵

很多人都称赞她有超凡的爱心,但她相信一位特教专家所说的:"什么是爱？爱就是专业。"她常对老师们说："你要是不专业，你连保姆都不如；你要是专业，你比医生都神圣。"但是，通向专业的道路是何等的艰难。中国的培智教育起步较晚，在没有多少经验可供借鉴的情况下，每一步实践都是在创造历史。只有一步步地摸索，不断地研究，才能让孩子更加受益。

为了提高专业技能，于文带领老师们研究学生、不断实践，承担起了国家级、市级、区级研究课题。正是在她的带领下，学校探索出一整套培智教育训练方法，成为国内自闭症教育训练权威学校。在她的带领下，学校连续3年被评为北京市教科研先进单位、北京市残疾人康复先进单位，连续3项研究成果获北京市政府奖励，"个别化理念下自闭症课程体系的研究"获得首届教育部基础教学成果二等奖、第四届北京市基础教育教学成果一等奖。

28年风雨兼程，于文以她的坚守与爱心、专业与奉献，书写了一位特教工作者不平凡的历程。她把特别的爱给了特别的孩子，用行动为特殊儿童创造了一片爱的天空，点燃了他们的生命之光。她用自己的行动演绎着"执教鞭的医生"和"弥补生命缺憾的人"的人生，正是她和所有特教老师们爱的付出，让"教育"真正能够使所有的孩子受益，使"教师"这个称号闪耀更加神圣的光辉！

（北京市海淀区培智中心学校　　张　瑶）

小 学 篇

为了爱和自由的教育

北京大学附属小学　　尹　超

我常常问自己，爱是什么？自由又是什么？我认为，爱如水，而且是甘甜的泉水。它滋润着老师，滋润着孩子，滋润着我们彼此的心田。爱，如灿烂、明媚的阳光，温暖着你，温暖着我。自由如清新的空气，它渗入心扉，沁人心脾，让人自由欢畅地呼吸。

那么我们为什么呼唤"爱与自由"的教育？这水之爱、风之自由会给孩子、给教师给人带来什么呢？我想，它能成就师生创新的环境，文化的包容，精神的庇护，点亮生命之光。

在我们学校西门门口，有一座 15 吨重的朝霞石。朝霞石的背面，是一轮由石头纹理自然形成的冉冉升起的太阳。在这块石头上，我写了这样一句话：愿孩子们像一粒粒饱满的种子，在阳光、雨露、沃土的滋润下茁壮成长。其实，孩子们，从出生的那一刻起，就已经决定了他们是有差异的，是带着不同基因诞生到这个世界上的，他们就像一粒粒不同的种子，有可能将来成为一棵大树，也可能就是一棵小草，但无论是参天大树，还是无名小草，他们都一样获得尊重。教育的使命就是给予他们这适宜的阳光、雨露和沃土，爱和自由的空间，让每一个生命都得到绽放。

如果问我对办学和管理的总体思考是什么，我想，那就是"以人为本，让师生在爱与自由中快乐和谐发展"。

当然，我们强调的爱与自由，不是那种浅层次的、纯感官上的或行动上的爱与自由，而是具有深刻内涵的、体现人生价值的、高层次的精神愉悦，是让全校师生的生活充满情趣，富有精神追求，对自然和人类内心充满善意，懂得感恩，追求进步，自信而乐观地面对生活。

以人为本，在爱与自由中快乐和谐发展，就是尊重、理解、欣赏、包容；以人为本，在爱与自由中快乐和谐发展，就是多元、开放、兼容、并蓄；以人为本，在爱与自由中快乐和谐发展，就是敞开学校大门，迎接八面来风，让学校始终处于向上发展的涌动之中。

一、敞开爱的胸怀——惟恺的故事

我还记得那是 2011 年 7 月，马上就要期末放假了，我上午刚宣布完人事安排，收到了惟恺的一个短信：您下午有时间吗？我想找您谈谈。我欣然允诺。但，我怎么也没想到，他竟然提出要调离附小。当时，我确实很震惊。因为惟恺是我非常欣赏的一位语文老师。5 年前，他是我们破格录取的。小伙子不但长得帅，而且满腹才华，精通诗词格律，是一位文学功底非常扎实的老师。平时，我们的关系非常好。所以，在这个时间，他突然提出要走，而且毅然决然地，要求第二天就把所有的关系办完，于情于理我都难以接受。因为我从来没有想过，他会离开附小。

但是我也理解，由于学历问题，他的编制始终没有得到解决。所以当他提出来要走，而且是和朋友们一起创办教育机构时，虽然心里隐隐作痛，但为了成人之美，我还是同意了。

我记得很清楚，办完关系第二天，他来到我的办公室，说，校长，我跟您告别来了。知道我喜欢丝巾，他还特意选了一条紫色带花的丝巾送给我。看到惟恺眼含热泪，我当时也有些抑制不住了。但我不想以这样的方式告别，不想让惟恺看到我内心的脆弱，于是就催他，你快走吧。其实我是非常难受的。可能是因为想保留校长的自尊，我不想在老师面前掉眼泪。走的时候，惟恺说，我们能拥抱一下吗？我就轻轻拍了拍他的肩膀。

惟恺走后，我心里特别难受。我忍不住一直反思，我到底是哪里出了问题，做错了什么，伤害了他，让他感到没有希望。

暑假过后，刚开学那周的一个上午，我又收到了惟恺的一个短信，校长有时间吗？我想找您聊聊。下午，他来到我办公室，谈了很多对学校人、事、物的思念，提出想回到学校。看着他憔悴的样子，期待的目光，不知道为什么，我又欣然允诺了。

但等我冷静下来，我知道自己可能有失原则了。于是，我立刻把班子成员叫过来，给大家道歉：对不起，对不起，不知道为什么，我今天没有和大家商量就做了一个鬼使神差的决定。校长，不会是王惟恺要回来，您同意了吧？我使劲点点头。校长，他怎么能提这种要求，咱们学校是想来就来，想走就走的吗？他不知道自己下午要走，你上午还在争取他的编制问题？校长，你这不是打了自己左脸，又打右脸吗？

今天，我可以说实话，我是故意不商量就做决定的。我知道我这样做是违背原则的，但如果我不这样说，良师诤友们小钢炮般的批评会让我哑口无言。因为在我心里我真的非常欣赏惟恺独特的才华；同时他的走我始终在为他担心。在我心里，我真的把惟恺当作孩子。我理解他提出这样的要求，是真诚的，发自肺腑的。他那年整整四十岁，还单身，身体也不是特别好，加上他的性情又那么单纯，很难再融入复杂的社会环境（当时他提出合办私立学校）。

于是，北大附小再次热情地迎接了他。我们还记得，那天的全体会，王惟恺主动上台，当着所有人，一字一句地敞开心扉，那一天，七尺男儿吐露了几十年来最酸楚的往事、纠结、怅惘与感怀，所有的老师无不感动，潸然泪下。

当讲台失而复得，惟恺对学校的感情更加深厚了。这件事也感动了更多的老师，老师们对北大附小更加热爱，相互之间也更加珍惜。惟恺回来后，以他为主创，我们大家一起创编了北大附小校园三字经，还有很多感人的原创歌曲。

这件事让我感受到，在我们心里，始终有柔软、脆弱的东西。校长也是人，在人性与原则、人性与制度发生冲突的时候，我们怎么选择？是更多地考虑自己所谓的"面子""尊严"，还是更多地关注人的价值与发展？其实，这也是我们会共同面对的问题。

二、人比课更重要——杨重生的故事

杨重生是北京大学数学系毕业的研究生，也是一个非常有思想、有个性的小伙子。这个故事发生在他毕业的第二年。当时，他将代表学校参加海淀区的竞赛课。我还记得研究的内容是平行四边形。一开始，老师们都非常尊重他个人的想法，但是，通过几次试讲，大家都感觉到，在短时间内很难顺利地实施。我记得赛课前两天的晚上10点多钟，数学主任跟我打了个电话，跟我提出了两个想法：要么换课，要么换人，不然的话，成绩很难保证。当时，我就回答他，既不能换课，也不能换人。我觉得人比课，更重要。

如果换人，就会深深地伤害一个年轻人的自信心和自尊心，特别是他是一个刚入职不久的年轻教师，有自己对数学的独特理解，他是多么渴望被尊重，被认可。可能他的想法还不成熟，或者不切合实际，但这正需要团队去呵护、去尝试、去激励。如果换课，就不仅仅是对他个人的否定，也是对整个数学团队的否定。因为一个团队的成长，更需要不断吸收新鲜的东西，需要不断地调整、碰撞。这个过程往往是漫长的，甚至是痛苦的，需要付出代价的。无论是研究课也好，还是竞赛课也好，我始终认为成绩很重要，但不是最重要的。最重要的是，团队的思想相互激荡，共同成长。所以过程比结果更重要。

三、勇于担当，善于化解——五星级酒店事件

2011年12月27日，《京华时报》上刊发了四年级2班在五星级酒店举办联欢会的报道，引发了网上的热议。短短的几个小时，新浪、搜狐、凤凰网等数十家网站转载，很多群众也不断跟帖，发表指责学校的各种言论。12月28日，《北京晨报》又在第5版上针对这件事情进行整版评论，言辞非常尖锐。

后来，我们在随即展开的调查中了解到，被媒体称作"北大附小五星级酒店办联欢"的活动实际上是由我校四年级2班家长自发组织的学期末联欢活动，时间是12月18日（周日）下午两点。这个联欢的主题是孩子们一学期的成长汇报与才艺表演。活动从策划到具体组织，整个过程是由家委会负责实施的，并没有知会学校。联欢互动以家庭为单位进行展示，除了四年级2班的30位孩子参加外，还有孩子的亲戚、邻居、朋友等90人。

由于联欢会是在12月中旬举行，天气寒冷，考虑到就近原则，并且有一位家长享有消费打折的优惠，所以大家决定选择距离北大附小东门约400米的文津酒店作为活动场地，费用8100元，包括大家的场地费和午餐费。在此次活动中，班主任老师、数学老师被邀请参加联欢会，但并没有在酒店用餐。

这件事情发生后，经过媒体报道和网络的热炒，使一场由家委会自发组织的活动成为一个敏感的网络话题，严重影响了北大附小的声誉，并对基础教育的很多问题引发了一连串的质问，造成了很大的连锁反应。在这个时候，作为一校之长，如何处理这个应激的问题？对此，有人提出，发表声明，说这件事是家委会组织的，与我们没有关系。也有人提出意见，说事情是家委会组织的，最好让家长出面澄清事情的真相。还有人说，咱们老师也够可以的，怎么事先都不通知学校？这种不想后果，

不承担责任的做法真应该批评。尽管当时不利的舆论铺天盖地，但是我觉得，家长是北大附小的家长，教师是北大附小的教师，孩子是我们北大附小的孩子，如果我们推卸责任，就会伤了大家的心。每个人的出发点并没有错，大家都是为了孩子。这个时候，学校应该勇敢地站出来，校长就应该像一棵大树一样张开臂膀保护他们。

于是，我亲自起草了一份关于《"北大附小五星级酒店办联欢"事件的情况说明》给市委宣传部和大学党委。在报告中，我特别强调，尽管对此活动的举办，校方并不知情，但我们对教师和家委会的引导不够，仍负有一定的责任。鉴于网络失实的炒作，可能会伤害到可爱的孩子和善良的家长们，影响学校的发展，而且我们也注意到，有网民利用此事夸大、渲染贫富分化和对立情绪，因此，我们恳请上级领导和相关部门出面协调、制止这种不负责任的网络炒作。

一场风波就这样平息、化解了。事后，很多家长非常感动，纷纷来找我，老师也很自责，觉得给学校造成了这样大的麻烦。但是我觉得，这没有什么，大家都是一家人，遇到问题了，就应该共同担当。

所以，我经常和老师们说：不能打动人心的教育，不能称之为真正的教育；走不进人心的管理，不能称之为真正的管理。

作为校长，我还有一些个人崇尚的信念。

第一，校长要做一个永远追赶太阳的人。夸美纽斯说："校长应该像太阳，把天空照得四面通明一样，每天都照亮所有学生的心。"对此，我心向往之。我也要求自己，努力践行，为学校师生不断构建一个又一个的梦想，做一个追赶太阳的人。

第二，享受生活也是教师的权利。我觉得，我们的生活应该是丰富多彩的，五彩斑斓的。工作不是我们的唯一，只是我们人生中的一部分。所以，在北大附小，我提倡专心地工作，痛快地享受生活。我不提倡老师们加班，而希望老师业余多花一些时间经营自己的生活和家庭，这样才能让老师们有更愉悦的身心、更健康的状态投入工作。我觉得女老师就应该漂亮、优雅、化淡妆，而且越漂亮越好。男老师就应该阳刚、帅气、爷们儿。我鼓励老师们买车、买房、度假、旅游，鼓励老师们更好地享受生活，更好地提升生命的质量。我认为让老师有尊严、无后顾之忧地生活和工作，也是校长的职责。

第三，荣誉多了是鸡肋。作为校长，怎样看待荣誉？怎样对待荣誉？

我始终认为，荣誉可遇不可求，应该水到渠成。我更看重团队和学校的和谐。对于校长个人来说，荣誉多了是一种负累。因为，人的一生中，真正属于我们的，是内心的幸福和快乐。而学校的发展，教师的幸福，学生的快乐，就是对我最高的奖赏。

第四，包容才能让团队焕发活力。北大附小最让我骄傲和自豪的就是我们这支可爱的教师团队。我发自内心地欣赏他们、爱他们。他们年龄、个性、学科背景、生活阅历各不相同，有从海外留学回来的，有我们本土自己培养的，有学教育专业的，也有非教育专业的，有学经济、新闻、出版、法律的，还有专业舞蹈演员等。这样多元的团队给学校带来了广阔的视野和奔涌的活力。作为校长，首先要尊重他们的个性，尊重他们的独特思考，乃至特有的生活方式。包容他们，欣赏他们，为他们创设一个温暖、安全、宽松、自由的学校氛围，让他们能够表达，善于并勇于表达自己。这样，学校才会呈现百家争鸣、和而不同、和合相长、多元文化相互激荡的局面。

第五，专心地学习，痛快地游玩既是教育的真谛，也是我们生活的真谛。

总之，教育是一条没有终点的路，艰辛与快乐，我们共同分享。让我们在温暖与关怀中成长。时光流转，岁月轮回，我们始终在播种希望，耕耘理想。继续着、努力着，为了心中的梦想，朝着阳光的方向；行走着，幸福着，让生命在爱的温暖中自由地飞翔。

（本文刊发于《海淀教育》2013 年第 4 期）

同事评说

尹超是土生土长的北大附小人，1984 年 7 月，从北京第三师范学校毕业分配到附小工作，历任语文教师、班主任、教研组长、教学副主任、校长助理、副校长，于 2002 年 6 月走上了北大附小校长的岗位，至今已有 31 个年头。这几十年里，她在教育这片沃土上孜孜不倦地耕耘着。

在担任语文教师及班主任工作期间，尹超勤奋好学，积极努力地参与教育教学研究，不但是一个家长、学生都喜爱的班主任，而且还是一个走在教学改革前列的年轻人，多次参与市区的研究课、评优课。她曾经获得全国语文评优课一等奖，成为第一批北京市中青年骨干教师。

走上校长岗位后，尹超主动研究教育的发展规律，站得高，看得远，做的第一件事就是统一思想，鼓舞和凝聚人心，为北大附小的未来发展勾画蓝图。长期以来，她坚持"教育不仅是为了学生的今天，更是为了学生的明天"的办学思想，确立了建设"与北大匹配的、国内领先、世界一流的小学"的办学目标及"以人为本，快乐和谐发展"的办学理念。在尹超的带领下，附小 2002 年—2006 年以硬件建设为主的内涵发展阶段，发展到 2006 年—2010 年以软件建设为主的主动提质阶段，再发展到 2010 年至今以硬软件建设并行的创新发展阶段，提出"科研引领，课程助力，特色发展，多元开放"，一步步实现了新的发展愿景。附小的办学思路更加明晰，形成了科学、民主、高效的管理体制及优胜劣汰的竞争体制，形成了团结、豁达、开拓、进取的附小精神，实现了从传统办学到自主办学再到特色办学的新跨越。

尹超在工作中始终保持清醒的头脑，坚持正确的导向，勇于创新，为人正直，顾全大局。她在刚刚担任校长时就多方筹措资金，以校为家，全身心地投入，带领全校教职工改造校园落后的面貌，努力建设和谐美丽、适于师生成长发展的新校园，使学生全部搬进了被誉为全国第一座生态教学楼的新楼上课，一年四季不出教室就能呼吸到清新的空气。同时把附小的文化内涵渗透到有生命的建筑之中，使学校每个角落都凸显文化内涵。如今走进附小，你会看到各种老树散落在教室、楼群、操场、小院和走道上，貌似一处公园。一幢幢蓝瓦灰砖的教学楼掩映在苍松翠柏中，典雅、凝重，传统与现代在这里得到了完美的融合，让人感到一份天然的绿色，一份自然的美丽，一种激动人心的领先和骄傲。

尹超认为正人先正己，要树立良好的学校风气，校长一定要正，有正气有正义，以身作则，公平对事，平等待人，用欣赏的眼光真诚对待每一个人。所以她淡泊名利，为人低调，敢于担当；她有权威，能服人心，令行禁止；她有品识，通晓人性，善与人同，对部下能赏识喜爱，是关爱教工、尊重人才的模范，是学校的主心骨。对教工坚持激励为主，即使批评、处分乃至劝转，均做到以情感人，以理服人，使之心悦诚服；即使教职工离开附小，仍对附小保留美好的回忆。目前，在附小，"专心地学习，痛快地游玩""快乐是师生的权利""尊重老师的个性以及个性化的生活方式""每个人都是重要的，但没有一个人是最重要的""只有完美的团队，没有完美的个人"等这些价值观念已成为看得见的符号，内化到每一个人心里，体现在每一个人的言行举止中。

尹超提出附小的文化重在团队的"和谐共生",营造"尊重个性,包容异见,宽容失误,鼓励创新"的自由和谐的氛围。一方面,学校积极提供条件,放手让老师去做想做、有兴趣做、有能力做的事情。另一方面,学校也让老师们察觉到个人智慧的有限性,希望老师们能够纳百川、怀日月,在团队合作与研究中碰撞提升。附小的教师团队有一个明显的特点——多元异质。因为专业背景不同,这些老师能够跳出教育看教育,跳出国门看教育,在教学工作中始终保持着广阔的视野和旺盛的创生能力。附小教师队伍多元异质还表现在男女教师的比例上,目前附小的男教师占到40%,这样的组合让小学教师队伍更多了一些阳刚之气,多了一些男性特有的思维和视角。

正因为尹超努力付出,个人也得到了一些认可,曾获得一些荣誉,但她仍然低调,不愿接受媒体采访,不宣传个人,只是时刻告诫自己"路漫漫其修远兮,吾将上下而求索"!

(北京大学附属小学　孙江红)

尊重·引领

——为了师生的自主发展

北京市海淀区中关村第一小学　　刘　畅

办一所好学校，是每位校长的职业追求。怎样才算是一所好学校？可能每个人都有自己的定义标准。

做校长十年来，我一直在思考两个问题：办一所什么样的好学校？在这样的学校里师生的生活状态是什么样的？我认同这样一种观点：好的学校一定是学生快乐、教师幸福和具有良好社会赞誉的学校。这三个维度，可以分为两个层面，前两者是学校内部的事，后者是学校外部的事，前两者是校长应该把握而且是可以把握的事，后者是校长难以把握但能够影响的事。前两者是因，后者是果，一所学校如果真的在实现教师幸福地教、学生快乐地学上有所作为，那么，通过几百名教师，通过上千名学生和他们所联系着的成千上万的家庭、社区，形成好学校的口碑就是自然而然的事了。

地处中关村高科技自主创新核心区的中关村一小与共和国同龄，在64年的发展历程中成长壮大，如今已经拥有5000多名学生、3个校区。历史的积淀、历代人的奋斗创造了一小的成就。学校毗邻科学院所、著名高校，高级知识分子聚集，这样的社区环境，注定中关村一小必须承担起优质教育的重任，必须在教育改革进程中始终保持领先的发展势头。这既是客观的要求，更是我们追求的目标；既是外在的挑战，更是内在的动力。

多年的办学实践，使我认识到，要办好一所学校，一定要把关注的视点聚焦在人的身上。理念、制度、文化、课程、教学、评价、资源等诸多要素，都是为人的发展服务的，包括教师的发展和学生的发展。

学校教育理念的落实、培养目标的达成、课程的实施、教育教学活动的组织，无不通过教师创造性的劳动得以实现。教师因学生的发展而有意义，学生因教师的引导而成长。学校教育、尤其是小学教育的特殊性，决定了教师与学生这种同呼吸、共成长的生命连接体的关系。

多年来，我们一直努力将管理的重心从关注"事"转向关注"人"。学校变革，首先从变革人开始。我们试图通过价值引领、组织结构的变革、激发师生自主生长的愿望，将实现师生自身价值与学校发展统一起来，在成就师生的同时，成就学校的未来。

一、让"做最好的我"成为师生共同认可的价值选择

我认同这样的观点，真正能够把散落的一个个师生个体串成一个整体的，是由师生的生命之线共同织成的那一根柔弱而又强韧的细丝，是办学实践中逐步积淀下来的那种凝聚力和向心力，是流淌在师生心中、获得师生共同认可的价值观和信仰。

"做最好的我"就是中关村一小的价值追求。

我，代表的不仅是个体的我，也是集体的我，包括我们研究小组、我们的班级、我们的年级、我们的学科、我们的学校。"最好"是一种价值追求，是一种不甘落后的精神状态，是这个集体永不言败的自信。"最好"的核心要义是发展、进步，这种发展和进步是基于自己原有状态的比较，是自己与自己比出来的。也就是说，无论个人还是集体，在已有基础上能达到的好就是最好，或者在某一方面做得好就是最好。这是人人经过努力都可以实现的追求，一个个个体的最好，汇聚在一起，就能形成学校发展的大的最好。"做最好的我"的三个核心内涵是：人人都有想法，人人都能创造，人人都会成功。对于学生而言，"做最好的我"，表达的是每天成长的发展愿望；对于教师而言，是在帮助学生进步中自我价值的实现，对于学校来说，是永不满足、开拓创新的目标和动力。

如何让学校的文化理念渗透到每个师生的心中呢？

每个人心中都埋藏着一种自主成长、主动完善的向上的力量，激发和保护人内心深处潜藏的这种正能量，就能让学校文化理念得以生根发芽，枝繁叶茂。我们以调查问卷的形式了解到来自教师、学生和家长的对于"好学校""好老师""好学生"的基本品质的认识，并将大家的共识纳入《中关村一小自主教育60条》中。通过"对话校长""每周一得""说出我的教学故事"等不同方式，让老师们表达出自己在实现"最好的我"过程中的甜酸苦辣，使一个个平凡而又感人的故事承载着一种文化在校园里流传开来。

我们连续九届召开的教师论坛，在研究学生需求、满足学生需求、

服务学生需求、以学生视角研究课堂教学变革的同时，也把研究的触角投向了"如何做一名好老师"上。"一名好教师就是一门好课程""一节好课就是让学生动起来，学进去，感兴趣""一名好班主任就是一所好学校""一名好组长就是一支好团队""一名好干部就要带出一支好队伍"等成为大家的"五好"行动主张。我们努力让学校文化成为一种无形的力量，激励和引领每一位师生努力前行。

二、构建适合师生自主发展的组织结构

一小规模大，师生人数多，靠制度、命令、监督，再增加三倍干部人数也管理不过来。一小的师生能人多，个性强，蕴含着极大的能量，在这样的状况下，最好的办法就是顺势而为，通过组织结构的变革，给予教师更大的发展空间。基于这样的思考，我们着手进行组织结构的调整与变革。通过放权、分责、搭台、激励四项措施的实施，形成自我管理的力量，让更多的人在学校发展中起到引领、创新、润滑、补充和支持的作用，让学校发展成为每个老师的共同责任与担当。更重要的意义在于，放权意味着发挥每个人的无限潜能，帮助他们实现自身价值；分责让大家承担一份责任，贡献一份智慧，体验一份成功，这是对每个生命个体最大的尊重。

我们将学校7个处室进行整合，构建了以三个"中心"（课程与教学中心、学生成长服务中心、资源管理中心）为主线、以"项目负责制"和课题负责人为辅助的管理布局，凸显了"人"在管理工作中的地位。

我们成立"一会两院"，几十个岗位面向全体教师招聘，所有岗位人选均由教师自愿申报、同伴推荐、教师之间协商产生。一大批具有领导力的优秀教师加入到"一会两院"中。我们还设立了"项目管理负责人""科研老板""论坛坛主""风采人物""学校形象代言人"以及"校长助理""学科协理"等岗位，使老师们在承担管理责任的同时，积累团队引领者的素质。

我们通过"金点子"制度、教职工提案等平台，让老师们主动为学校的发展提出好建议、好主张；我们提出的"1＋X伙伴行动计划"，凝聚了团队智慧，使教学同伴成为教学研究的合作者。

我们发现，组织结构的变革，弱化了原有管理结构的层次感，增加了学校发展的动力点，提高了学校发展的凝聚力。在这过程中，校长必

须从单一的领导者角色，向教师发展的"平台搭建者""资源组织者"和"首席服务者"的角色转变。由此，学校管理由校长一个人的独角戏，变为教师们共同的责任与担当。

三、自主教学研究激发教师更多的教育智慧

小学教师的工作，很容易流于简单的重复，教师因为"熟悉""熟练"而产生倦怠，这种倦怠是侵害教师的慢性毒药，是推动学校变革的最大障碍。

为激发教师的职业热情，中关村一小多年开展"自主教学"研究，提倡教师们在完成教学"规定动作"之外，积极开展"自选动作"，实现基于日常问题的微变革、微创新。

我们鼓励老师们每人都能有一点新的想法、新的尝试、新的体验和新的收获。引导教师们更多的思考学生怎么学，我提出的问题怎么说学生才能听得明白，提这个问题学生会怎么想，教学设计如何更加适合不同学习起点的学生，怎样不代替学生思维、聆听学生的声音等，并积极尝试对现有问题的解决。

渐渐地，有的教师通过隐形的分层让不同知识水平的学生找到自己的"最近发展区"；有的教师通过名字卡、学号单让每个学生在课堂上都有"表现"机会；有的教师选择"生活化"的学习材料让学生在体验中学习数学；有的教师根据学生的问题进行持续性的观察和记录，并进行数据统计和分析，坚持数年，成为专家型教师。小先生助教、五分钟演讲、123分享策略、学案导学、学困生导师、混龄学习等"自主教学"策略使课堂教学焕发激情。

渐渐地，教师们领悟到，每天改变一点点，并不是什么难事，而这种积累的过程，就是建构属于自己的教育学知识的过程，也是使自己的教学变得越来越智慧的过程。

从关注教材到关注学生，从关注一个孩子的成长到关注一群孩子的成长，从关注全体孩子的成长到关注孩子的全面成长，老师的教学观、学生观发生着改变。不仅研究教材，更研究学生；不仅研究怎么教，更研究怎么学；不仅研究教学方法，更研究学习方式的变革；不仅研究一本教材，更研究如何用好家长、社区、社会这些宝贵的教育教学资源；不仅研究一间教室，更研究校园、社区和大自然。如果说，自主发展在

一定程度上促进了一小教师的成长和进步的话，那这种变革一定源于教师内心的认同和接纳。

在自主发展的办学实践中，学校的骨干队伍不断成长。他们富有激情，善于反思，主动担当，敢于迎接挑战，在学校各领域工作中发挥不可替代的作用。这是中关村一小校园充满生机、课堂充满魅力的基础，是一小之所以成为一小的最好答案。

四、基于儿童视角设计学校生活

葵花是中关村一小的校花，是中关村一小倡导的学校精神的象征：阳光灿烂、健康向上、目标坚定、永不放弃。将校园装扮成葵园，其背后隐喻的是中关村一小坚持的生态教育观：从某种意义上说，教育更应该像精耕细作的农业，而不应像批量生产产品的工业。学生就像校园里一粒粒生命的种子，是具有不同生命形态和发展可能的独立个体。

当我们真正把学生当作"生命个体"来看的时候，就会发现，小学生有着很强的自我发展愿望和自主发展能力，这种能力一旦释放出来，所呈现的效果是超乎我们想象的。但现实学校教育中，学什么、怎么学、在哪里学、什么时候学，学生往往无法自主，得服从成人预先的安排，严重制约了学生自主性、主动性和创造性的发挥。

尊重学生，就是要尊重学生自主发展的权利，尊重学生合理选择的权利。我们将国家课程校本化和校本课程特色化实施结合起来，在保证国家课程高质量完成的基础上，将教师资源、家长资源、社区资源和高校资源等各种资源优势协调起来，重新构建满足学生多元需要的课程实施方案，打造具有"一小味道"的课程体系，让学生拥有更多的选择空间。

比如，我们三年级到五年级的学生，已经由原来的全班一张课表到现在一人一张课表，由原来的一个年级开设 9 门到现在的 36 门课程，由原来的 72 个到现在的 288 个学段课程，由原来的只接触 9 位教师到现在和学校大部分教师和校外专家都有相处的机会，由原来的只和自己班上 40 名同学交往，到现在可以和整个年级的 400 多名同学结成学习伙伴。

中关村一小的学生家庭背景多元且文化素质普遍较高，很多家长有自己对教育的理解和教育能力。有的重视早期教育，孩子在上小学前就认识很多字、会做很多题；有的家长主张不过早开发，顺应自然，孩子上小学时是零起点；有的孩子在国外生活过，外语听说能力甚至比老师还好；有的孩子表现出极强的天分或是某一方面的特长。面对这样的学生，教师们从了解学生真实的学习状况入手，根据学生的不同需求，设计多样灵活开放的学习方法，帮助学生找到适合自己的学习方式。

校园生活是学生自主成长的大舞台，这个台子有多大，学生的发展就有多大的可能。或者说，你为多少学生搭了台，就有多少学生得到了成长的体验。我们组织学生活动的目的不是为活动而活动，而是坚持两条原则：一是一项活动尽可能让更多的学生参与；二是学生的活动尽可能让学生自己做主角。我们的想法是，让每位学生在小学生活阶段，至少有一次记忆深刻的人生第一次。这就意味着，学校活动的内容选择、组织流程、情境设置、材料准备、人员参与等，都应当让更多的学生参与讨论、设计、主持、展示和呈现。

教育就是这样，打开一扇扇窗户，让学生发现自己；搭建一个个舞台，让学生展示自我；创造一个个机会，让学生成功自己。在《中关村一小自主教育60条》中，我们这样描述一小的使命：人人"做最好的我"，引导每一个学生"品德成人、学习成才、做事成功"。将中关村一小建设成为具有"儿童立场、首都特质、国际视野"的师生相互学习的最好的学校。

"做最好的我"是中关村一小和每位师生的价值追求，促进师生自主发展是实现"做最好的我"的途径和方法。"最好"根植于每个师生心底，"最好"意味着每个人都好，每个团队都好，中关村一小就会更好。这里有信任、尊重和欣赏，更有每个人不断追求卓越的情怀。

（本文刊发于《海淀教育》2014年第1期）

专家评述

"做最好的我"是一个很好的主题。"做最好的我"对学生而言是他的发展目标、成长目标，是他正在形成中的价值选择。作为老师来说，"做最好的我"是出于追求形成的价值。只有教师有成为最好的愿望和追求，才能更好地引领学生成为更好的自己。如何实现这种最好的愿望，尊重和引领这两个关键词很重要。尊重就是尊重主体的选择权利，给他机会，给他时间，给他条件，让他自己在这样一个过程中去成长起来。所以，没有尊重就没有教育的基础。没有引领也不行，孩子的发展不可能全凭兴趣出发，完全自由地成长。因为他所谓的自我是形成中的，是不完善的。作为生物主体，他确实是一个自我的，但作为一个社会主体，在不断融入社会发生的价值碰撞的过程中，才能逐渐形成他的自我价值选择。所以在这个过程中需要有教师的引领。在尊重和引领中达到一种巧妙的平衡是教育的艺术。

几位老师在沙龙里面谈到，他们非常强调在教育过程中的价值认同，注重用协商的方式达成认同。协商是对已有价值判断、已有价值选择的认可，和在认可过程中相互交流、互动，逐渐地去改变，而不是强迫的。特别是在今天，我们要努力实现中国梦，要实现中国社会主义的市场经济的发展，要实现中华民族伟大复兴这样一个历史任务面前，面对人的培养，不仅小学、中学，一切人的成长都需要尊重和引领。尊重体现的是教育的人文精神，引领体现的是教育的科学精神。两者结合是我们办学校所应该具备的，即要把人文精神和科学精神结合起来。

中关村一小能够形成今天这样以尊重和引领为核心价值观，与学校多年来坚持自主教育、自主教学的改革方向密切相关。一个校长可以讲出许多为学校做的事情，但是他的领导力究竟如何，还要看他的团队怎么样。中关村一小的团队体现了两个东西，一是每一个个体的敬业精神、创造精神；还有一个就是团队的合作水平。学校教师对学生的尊重、了解以及主动促进学生发展的多种可能性探索，已经成为他们的一种自觉信念和行为。中关村一小提出的尊重和引领的教育策略，真正体现了教育规划纲要提出的育人为本的教育理念，真正抓住了教育的本质。

（北京教育科学研究院　　文　喆）

桃红李白　心暖花开

北京市海淀区中关村第二小学　　杨　刚

一、凝心聚力的家园文化

学校是个特殊的地方，它的核心在于育人。学校就是要促进每一位师生快乐和谐地发展。而这样发展的基础就是要为师生创造一种快乐的、纯净的、和谐的工作和学习氛围。

回顾二小在多年的办学实践中，得到老师们广泛认可的是和谐融洽的人际交往，宽松愉悦的工作环境，活泼进取的学习状态，我认为这种氛围就是一种"家园式"的文化氛围。在对学校原有文化的理解和传承的同时，2003年5月，我提出了用"家园文化"引领学校发展的理念，凝练出"家园文化"的指导思想是"以人为本，关注发展"；"家园文化"追求的目标是"自我管理，自我发展，自我超越"；在管理中力争实现从"有形制度约束—淡化制度管理—自觉自律践行—实现自我超越"的管理境界。

在大家共同的精心培育下，"家园文化"得到了老师们的广泛认同。在二小，师生可以自由地对话，"尊重"被给予最好的诠释；在二小，宽松和谐的工作氛围，是满满的包容，是爱的延伸；在二小，谁都拥有广阔的舞台，赏识与激励点燃每个人的梦想。

随着二小办学规模的不断扩大，我们在办学过程中也面临着新的问题和挑战。那就是，如何让来自不同校区的师生与原二小的师生真正成为一家人，形成更大的合力？

带着这样的思考，我提出：坚持用"家园文化"引领学校发展，在多校区办学实践过程中，不断分析和吸收来自不同学校的办学思想和文化，缩小校区间的差异，缩短心与心的距离。以"家园文化"的力量推动多校区的发展，实现资源共享、文化共融、品牌共创及合作共赢。在实践中，二小的"家园文化"得以进一步确立，我解读为朴实的三句话："二小是大家的，二小的发展是为大家的，二小的发展是靠大家的。"目前，这三句话已经成为每一个"二小人"所欣赏、推崇并以此作为行为原动力的一种共识。"家园文化"的确立，帮助三校区师生形成了统一的文化认知、愿景认同和观念整合，把三个校区所有的师生凝聚在一起，成为"大二小"发展的主体力量。

随着多校区的稳步推进，我们开始更多地思考学生个体生命成长的意义，我们希望家园里的每一个人都能够在二小感受到自身存在的价值，都能够在二小绽放最美的自己。我们把这样一种美好的教育愿景，凝练成"桃红李白，心暖花开"，这既是我们的家园梦想，更是我们的教育追求。

"桃红李白"表达了桃李之间和而不同的自然属性，寓意每个生命都是独一无二的个体，这既是教育的起点，又是教育的结果；既包含教育的方法，更蕴含教育的过程和教育的智慧，体现了中关村二小尊重生命个体差异，因材施教、因人而异的教育主张。

"心暖花开"预示着每一个孩子都是花蕾，含苞待放；每一朵花蕾的盛开都需要悉心呵护，用爱守候。学生作为生命的主体，其情感、心灵和个性都应得到尊重和理解，让每一颗心灵都享受到阳光的照耀、雨露的滋润，进而聚力为开，绽放最美的自己。

凝心聚力的"家园文化"最大限度尊重学生的成长，最大限度地激发教师的潜能，让师生在浓浓的情感氛围中快乐和谐的发展，使二小成为师生共同绽放的精神家园。

二、以人为本的办学实践

"家园文化"是二小发展的灵魂，是二小长久以来稳定发展的根基。"家园文化"的核心就是以人为本。在多年的实践中，以人为本的办学理念渗透在校园的每一个地方。

(一)办好每一个校区

中关村第二小学于 1971 年建校，作为海淀区优质学校，在推进义务教育均衡发展中，始终承担着优质教育资源辐射的社会责任。在过去 17 年中，二小共参与了 7 个学校或校区的发展建设，成为海淀区小学中参与办学形式最多、承接新建校、合并校最多的学校。

面对各个校区的发展建设，我始终认为，无论是合并校还是新建校，都是二小。每个校区的家长和学生都希望享受到二小优质的教育。所以，在我的心里，每一个校区都是同等重要的。肩负这份责任与使命，我不断在思考：如何让二小的优质教育不缩水，实现校区间优质均衡发展？我们进行了如下探索。

1. 构建立体管理网

相对于单一校区办学，多校区办学的管理难度更大，问题更加复杂。如何进行有效的管理，保证校区间学校工作整体推进、教育教学规划同步实施、教师发展研修制度一视同仁、学生培养目标同步落实，这是实现多校区同步、优质、均衡发展的关键。

为此，我们探索实施了"家园文化"下的网状管理结构，即以横为主、以纵为辅，横纵结合，构成立体管理网。

"横"体现学校在教育、教学、后勤等方面对各个校区统一的扁平式管理，它保证了校区间的同步优质发展，学校的教育、教学、后勤、人事分别安排一位副校级领导干部负责，统筹管理相应工作。

"纵"是指行政纵向管理。体现学校对各个校区发展的科学放权，允许校区结合自身特点因地制宜，实现校区的特色发展。各校区设一名行政牵头副校长，结合校区实际情况统筹、协调、落实本校区日常工作。

这种网状的组织管理结构和管理职能交织的分工方式，确保多校区是一个整体、一套班子，同样的管理政策和制度，同样的管理办法和评价机制，保证校内管理的一致与和谐。在这个网状管理结构中，每个人的工作上、下、左、右都有与他人相连的交叉点，每个人都有自己的位置与角色，既体现了管理上的无缝对接，又优化了管理人员，实现了管理的实效与高效。

2. 搭建多维数字平台

多校区办学的另一大难题，是如何克服空间上的距离，实现校区间的统筹管理与同步发展。中关村二小利用"教育＋互联网"的思维模式，为三校区统一搭建了多维的数字平台，打破了三校区的空间限制，实现了三校区教育教学和行政等工作的全面、实时、零距离沟通。

2006年2月，为了满足校区间统筹管理和同步发展需求，学校开通了中关村和华清两校区的视频会议系统。随着校区的不断变化，2009年，又开通了中关村、华清、百旺三个校区的视频会议系统。现在无论干部、教师在哪一个校区，都可以实现同步教研、同步听评课、同步会议等工作需求。与此同时，协同办公系统、智能排课选课系统、学生课堂评价系统、教师网上测评系统等都在日常的教育教学中得到广泛应用，这种工作和学习方式在二小早已形成常态。

中关村二小在多校区的办学实践中，始终坚持"一个二小、一个标准、一个质量"，努力实现多校区同步、优质、均衡、特色发展。今天，我可以非常自信地说，在二小，没有本校与分校的概念；在二小，没有选择校区的烦恼。只要你走进二小，任何一个校区都可以享受到二小优质的教育。

(二)发展每一位教师

十多年的办学实践，我始终坚持把重点工作放在教师队伍建设上，因为我深知，没有好的教师，学校一切都无从谈起。校长的责任就是要不断凝聚教师发展之力，让每一位教师在这里找到成长点和发展点，最终为学生的健康成长奠定坚实的基础。

1. 一个团队——构建教师生命共同体

不论学校有多大，校长心中都应该装着每一位教师，让每一位教师获得发展。在二小，每一位教师都至少属于一个团队，都能在团队中找到自己的位置和发展的空间。二小有很多团队，8大学科专家工作室、班主任工作室、党团工作室、科研项目组、青蓝之约、青年教师沙龙、教师俱乐部等，教师在团队中碰撞思想、分享理念、增进友谊。每一位教师都在团队中前行，感受着来自集体的力量和智慧。

经过多年的实践，我们把这样一种团队文化不断传承、发展为"1&N"教师团队发展模式。"1"是团队中的核心，他可以是校长、也可以是一名干部，还可以是一位教师；"N"指团队中的若干个成员。在"1"的带动下，整个团队共同发展进步。每个成员可以是团队中的"1"，也可以是团队中的"N"。任何成员在"1"的位置上，都有一个团队在背后的支持；任何成员在"N"的位置上，都在为团队提供支持，也在团队中共同成长。我希望在学校里出现更多的团队，希望更多的老师成为"1"；更多的老师体验在团队中的"1"和"N"的相互配合和支持，希望多个团队形成更大合力，生成更大的生命共同体。

二小就是由若干个"1"带动若干个"N"形成的一个大团队。在大团队中，真正实现聚全校教师之力，让教师生命共同体持续发展。

2. 一张课表——突破教师再发展瓶颈

目前，教师的发展面临诸多困难，如工作量大、工作压力大、学习时间零散等，这些成为教师发展的瓶颈。如何利用学校现有资源，为教师再发展助力，是我一直深入思考的问题。为此，我们提出了"个性化脱产培训"计划。

推行"个性化脱产培训"的初衷就是要为教师创造一个相对安静的、完整的学习时间，让他们有机会跳出日常的教育境遇，通过系统地读书不断更新自己的知识结构；通过反思实践找出自己发展的短板；通过课程培训丰富教师人生体验。

"个性化脱产培训"不是学校统一安排的规定动作，而是针对教师个体发展需要的私人定制；不是面向少数教师的个别培养，而是自主申请、全员参与的个性培训；不仅有面向教师专业成长的培训，而且有面向教师个体发展的多方面提升；培训内容不是静态不变的，而是因人、因需动态调整的。每一位教师都独特，每一位教师的成长需求都不一样，因此，每一位教师都有一份专属的课表。

3. 一个梦想——助教师个体特色绽放

教师个体的成长，离不开个体的自主性、主动性和创造性。在保证三校区教师整体提升后，针对有特殊发展需求的老师，我带头给予他们充分的肯定和支持，帮助教师实现个体的特色绽放。

爱好天文的朱戈雅老师，在探秘星空方面有着无穷的创意和设想，学校全力支持她建设天象厅、开设天文校本课、组建天文星云社；酷爱读书的刘晓丹老师，当她提出图书馆建设方案的时候，学校尊重她的设想，将主持建设的重任交给她；刚刚参加工作、喜欢京剧的焦翔宇老师，引领孩子们走近国粹，学校支持他筹建京剧团……

这样一批有想法、有专长、有自我实现需求的老师是二小的财富，更是学生的幸福。

（三）培养每一位学生

徜徉在二小的校园，这里真正的主人是学生。在这桃李之园，"每一缕阳光都应该分享""每一扇窗扉都应该开启""每一朵花蕾都应该绽放"。我们希望每一位二小的学生在六年的小学生活中能够收获健康的体质、阳光的心态、儒雅的品行、感恩的情怀。

1. 健康身心，育人基石

随着社会的快速发展，很多家长担心自己的孩子输在起跑线上，而忽视了身心健康这个儿童成长中最基础的部分。在二小，身心健康是育人的第一要素，也是二小崇尚运动、阳光活力、勇于挑战的精神气质。2013年金秋，我们在奥林匹克森林公园举办第一届少儿长走大会，这项活动得到了家长和社会广泛认可。迄今为止少儿长走大会已经吸引学生与家长累计1万多人次参与，将近60％的挑战者成功完成10公里长走。长走大会的效应在持续升温，健走道、运动场上常常看到学生运动的身影，热爱运动已经成为二小学生的健康风尚。

同时，我们还关注学生的心理健康，引导学生以阳光般的心态对己、对人。心理健康教育宣传周，是我们为学生量身定做的心灵之约，健康的体魄、阳光的心态是二小人的教育追求，这也将成为学生一生的财富，为今后的可持续发展奠定基础。

2. 儒雅品行，浸润花开

审视二小的过去和现在，学校一直流淌着涓涓书香、清正雅和的气息。富有特色的儒雅课程，为培养讲文明、负责任、懂仁爱的儒雅少年累积底蕴。

以"悦读·幸福"特色课程为例，每个学期学生们都拥有两周静心阅读的时间，在宽松愉悦的氛围中品味书香。师生、家长们把古今中外最经典、最受学生欢迎的书目汇集成"悦读书库"，引导学生读好书。每个学期，语文老师都要为学生上一节名著阅读指导课，帮助学生从爱读书到会读书。同时，我们还为学生建立了自助图书馆，借书就是扫描一下手掌这么简单。学校图书馆、梦想书社、年级书屋、交换书屋帮助学生实现随时随地的轻松阅读，真正实现了阅读是一件幸福的事情。

同样让学生感到幸福的还有我们的儒雅讲堂。它以"文明""责任""仁爱"为核心，将中华传统礼仪规范、现代公民素养与学生的学习生活结合起来，以真实生动的故事案例、轻松有趣的情景模拟，将儒雅的内涵渐渐地浸润于学生品行中。我们希望二小的学生通过六年的涵养能够多一份交往的文明，多一份处事的责任，多一份心灵的感恩。

3. 个性舞台，最美绽放

在学校的大舞台上，主角永远是学生。"最佳现场"就是为学生展示自我而打造的专属空间。在这里没有专家学者，所有的主讲人都是学生。他们自主申请，自选主讲内容。万逍同学讲述的是自己为盲童录制有声图书的故事。她坚持每晚录音，通过微信公众号已经推送了248期。关爱老年人的马添戈同学凭借小课题研究，申请到专项基金 1 万元，为安贞社区的老人建设活动室。在这里，每一个小主讲分享的是他们独特的成长经历，获得的是自信的表达，同时，启发更多的伙伴们发现自己的与众不同，为绽放各自的美丽积蓄力量。

在二小，我们希望每一个人都能绽放出属于自己的美丽。这里的绽放不是一个最终结果，而是不断充盈的过程。每一次聚力都为了最美的绽放，每一个绽放又是一次新的聚力。

（本文刊发于《海淀教育》2015 年第 6 期）

专家评述

对杨刚校长的报告和中关村二小的办学实践，我"没想到"，对中关村二小的"家园文化"，我认为"有道理"，对中关村二小的未来发展，我很期盼。

我是真的没有想到，在十分功利、极为浮躁的当今社会，也包括基础教育界，居然还真的有中关村二小这样一个确实是清清白白、纯纯净净的空间。杨校长安安静静、从从容容地在帮助学生健康、快乐地成长。在他们的身上，我看到的是一种坚定，山一般的坚定。

我也没有想到，在凡事为己、冷漠自私的不良风气十分普遍的当今社会，也包括基础教育界，居然还有中关村二小这样一个确实是相互关爱、相互支撑的空间。杨刚校长和二小的老师们，就在这样一个空间里面，愉愉快快、和和睦睦地帮助学生健康快乐地成长。我在他们身上看到的是一种宽广，海一般的宽广。

我也没有想到，在得过且过的心态，懈怠、消极的情绪广泛弥漫的当今社会，也包括基础教育界，居然还有中关村二小这样一个确实是积极奋进、昂扬向上的空间。杨刚校长和二小的老师们，就在这样一个空间里面，勤勤恳恳、活活泼泼地在帮助学生健康成长。我们常说，学生应该是活泼的，我觉得二小的老师们，他们首先就是活泼的。就是在他们身上，我看到的是一种激情，火一般的激情。

我同样没有想到，在有意愿没有舞台、有能力没有机会的现象十分普遍的当今社会，也包括基础教育界，居然还有中关村二小这样一个确实是八仙过海、人尽其才的空间。杨刚校长和二小的老师们就在这个空间里面，尽尽情情、巧巧妙妙地在帮助学生健康、快乐地成长。在他们的身上，我看到的是一种绚丽，彩虹一般的绚丽。

在二小这个地方、这个空间里面，真真切切地充满着纯真、充满着善良、充满着美好，而这样的纯真、这样的善良、这样的美好，在当今的社会近况中，在当下的基础教育界，说说容易，做到很难，部分教师做到容易，所有教师或者说基本上所有教师做到很难。

二小的家园文化确实有道理，我觉得二小的家园文化具有合情性、合理性和合法性。

第一，二小的家园文化具有起码的合情性。合情性体现了二小家园文化的经典界定，就是"心暖花开"。每个人都有脆弱的一面，我们每个人，每个教师，每个学生，都有对于自身存在安全的一种需求，都有对于精神慰藉的一种需求，都有对于心灵港湾的需求，都有对于人格尊重的需求。这样的需求到哪里去满足？首先是在有血缘关系建立的家当中去满足。尽管我们现在许许多多的家并不能满足，那是另外一回事。所以，这个"心暖花开"，它首先是满足了这样一个人性的、人的一种根本的需求。"心暖花开"，就是温暖，就是温情，就是温馨，我把它叫"三温"。有了这"三温"，家或者家园就有了心灵港湾的作用，就有了精神寄托的场所，就具备了它的基本功能。所以它具有合情性，没有这一层，其他一切都免谈。

第二，二小的家园文化具有充分的合理性。这个充分的合理性体现在"桃红李白"这四个字当中。其实它的含义就是百花齐放，就是万紫千红，就是每一朵花都要最美地绽放自己。"心暖花开"，开的是什么花？开成什么样？那是有多种可能的。其中最好的一种可能就是桃红李白，就是百花齐放，就是万紫千红，就是每一朵它都能绽放最美的自己，与众不同的自己，而这一点，正是对学校的要求、对学校教育的要求，这个不是对家庭的要求。学校就是要让每一个教师、每一个学生都能充分发展自己的个性，都能充分发挥自己的潜能，都能充分体现自己的特点，都能充分地表明自己在这个世界上无可替代。教师不能成为教育的标准件，学生不能成为学习的标准件，教师与学生都必须在成为一个真正的人的同时，还成为他自己。

杨刚校长和二小老师们的高明之处就在于，他们把"桃红李白"和"心暖花开"连接在了一起，使这两种意涵、两种特质成为学校的家园文化。从某种意义上来讲，"心暖花开"的基本意涵是"养"，护养的养，精神慰

167

藉意义上的养。而"桃红李白"的基本意涵是"育",是教育的育,是培育的育,是心智提升意义上的育。所以,在这个意义上说,尽管我们现在仍然在使用"家园文化"这个概念、这个词,是因为还没找到更合适的词。因为有了桃红李白这样一个要素,其实它已经超越了原本意义的家园这种概念了。它实际上对原本意义上的、对那个狭义的"家园文化",进行了一种改造,进行了一个丰富,它注入了教育的元素,教育的意涵。

第三,二小的家园文化还具有足够的合法性。"家园文化"绝对不是杨校长一个人苦思冥想的,而是杨校长与全体二小人通过自身的感受和体验,而提出来的一种发自内心的文化主张,是杨校长带领学校领导班子,带领全体二小人通过实际行动做出来的、建构出来的、创造出来的一种文化产品。它并不是杨校长一个人在孤军奋战,也不只是学校领导班子几个人抱团取暖,而是他们和学校所有的中层、所有的教师、所有的员工携手共进。在学校文化建设方面,二小打的是"人民战争",走的是"群众路线"。

正是因为有了这种具有起码的合情性、充分的合理性、足够的合法性这样一种家园文化,所以我们也会发现,二小每一个人活得都很阳光,都活得很简单,都活得很快乐,因为他们没有不阳光、不简单、不快乐的理由。

(南京师范大学　　吴康宁)

中关村三小：3.0版本的新学校

北京市海淀区中关村第三小学　　刘可钦

一、学校教育中的"难题"

学校在发展过程中面临着共性的问题。比如，我们每个空间都装满了学生，在狭窄的教室，学生只能固定在自己的椅子上来听讲，做练习；教材、教案、作业、分数构成了教师生活的全部；我们的管理方式几乎都是布置任务、检查工作，多样化和个性化的管理模式很难体现。

我们在每节公开课上几乎都能看到那些孩子喜欢的学习方式：合作、发现、动手，但是遗憾的是，现实中并不多见。因为老师担忧，放开了管不住，更因为狭窄的教室只能排排坐。

老师是学校最重要的资源，从把孩子送到学校的第一天起，家长就希望孩子能够遇到一个好老师，尤其是遇到一个好的班主任。可是当越来越多的班主任成为"抢手货"的同时，更多的老师却不敢当班主任了，因为压力太大。

鉴于对上述现象的思考，我们想通过一些改革，让这些问题的解决能够有所突破。

中关村第三小学目前是一校两址，中关村校区建于1981年，万柳校区建于2003年，目前两个校区有将近6000名师生。三小的每一位师生都期望有所改革和变化，但狭窄的空间让新的设想举步维艰。

2012年春，海淀区政府在黄金地段给了我们一块地，虽然不大，但是可以承载我们对教育追求的渴望，也给了我们新的发展契机。

二、教育空间"变形记"

于是，我们极尽想象，我们的新学校应该是什么样的？新校区建设开启了学校每个人的"教育大脑"，我们努力透过空间的变化，表达我们对教育的追求，学校文本性的发展纲要和工地上的施工蓝图同步启动了。

我们选择了美国的一家建筑事务所和中国建筑设计研究院联合设计

新校区，力求站在全球的视野之下，重新看待我们的学校。可是，设计师们首先问道，你们学校的理念是什么？

我跟老师们说，这不是一件简单的盖房子的事儿，我们要把这个建筑作为一种"课程存在"。同时，期望这所学校是安全的、亲和的、温馨的、绿色的，还期望能够有这样和那样的空间，更期望教室的空间能够大一些，而且是可以组合的……但这些概念，用什么样的形式表现出来，并不能够马上描绘出来。

于是，我们开始了与设计师的一系列对话：学校里的每一处空间如何让孩子们感到如家一般的温馨？能不能不再是一间间孤立的教室，能否创造团组式学习的可能？我们现在的学校太大，学生众多，怎样才能拥有像小学校一样的便捷、自如……

设计师将我们的感性认识转化成了空间的理性建构：三间教室加上一间几乎同等大小的开放教室，组成了这座新学校的结构单元。教室和教室之间的墙壁消失了，取而代之的是可以灵活组合的活动隔断，让教室根据教与学的需求进行"变形"。

这样就产生了"班组群"和"校中校"的概念。

班组群，就是将过去以一个个班级为单位的管理空间，延展为三个教室组合在一起的群组空间，将三个年级、不同年龄的孩子放在一个"班组群"中生活、学习，是一个家庭式的学习基地。四个班组群组成了一个"校中校"，实行人财物、责权利的统一和自治，也实现了小学校般的便捷和温馨。

我们认为，这样的空间能够比较好地把传统的班级授课和我们期望的教师指导下的开放学习以及我们所追求的小组探索性学习有机融合在一起，满足个体学习、小组学习的需要以及团队学习等多重的需要，我们称之为"学校 3.0 版本"。

处处都是教室，处处都是图书馆，处处都是博物馆，处处都是舞台，是我们对于"学校 3.0 版本"空间的具体描述。我们希望，每一处空间都是孩子乐意去的地方，也是能够探索学习的地方。在新校区建设的过程中，最可贵的价值就是打破了原来的空间思维定式，开始有了想象和突破。原来教育还可以这样去做，原来我们的空间还可以这样去划分，原来是物理意义上的一道道墙，阻隔了我们教育的想象。当我们跨越这些阻隔时，发现学校教育还有许许多多新的和未知领域，等待我们的探索。

这，对于每个三小人来说都是极其珍贵的。

三、教育的空间变了，教育的形态应该怎么改变

在"校中校"和"班组群"的空间形态下，我们开始了新的思考：在这样的空间里，我们的教育怎么发生？师生如何生活？站在过去、现在和未来，我们应该怎样做教育？

对应"班组群"中大孩子和小孩子共同学习、生活，在目前既定的学校空间里，我们设计了毕业课程。六年级时，有一个月的时间被称为"学长日"，六年级的学生5～6人一个组，到对应的年级和班级做学长，带着学弟学妹们一起学习、游戏。这当中，学生角色的变化使他们获得了课堂上不一样的体验。这种"学习伙伴"的角色胜过了传统的"师长"角色。在这里，教师的作用就是创设一个让学生承担责任的学习氛围。

在这个过程中，我们意识到，课程就是生活，活动就是机会，孩子最好的老师是孩子。

当然，我们对于学校资源的认识，也在逐渐扩大：学校楼道里有一个狭小的空间，曾经是装杂物的地方。后来，我们把这个空间打开，里面放了一些书，竟然成了孩子最愿意去的地方——"书洞"。类似于这样的开放型空间变得越来越多，孩子们不再仅仅局限于教室内的学习。在今天，足迹所至皆学习。学校也不能仅仅是课上和课下的两极生活，而应该是孩子生活的全部。

更多样的学习空间和内容，也促发了教师团队的多样组合。老师们过去只在"我的语文学科""我的数学学科"中生活，每个人都以学科和教材为中心。当把学生看成一个完整的人来重新审视我们的工作时，当以学生为中心。

重新思考我们的教与学时，老师的跨学科的交往就增多了。对应新校区的"校中校"的管理，我们开始了"级部管理"的实验。在这个过程中，北京市十一学校李希贵校长耐心地为我们介绍十一学校的"级部管理"改革思路和做法，让我们少走了许多弯路。我们还组成了4个模拟班组群的研究团队，将现有三个年级的师生整合在一个团队之下，独立开展各种学习活动。在"文化周""家长志工""秀·才""数学好玩""英语达人秀"等活动中，老师们跨越学科和班级的界限，共同制订方案，吸引家长的参与，组成教育共同体，服务于孩子的成长。

　　在追求一个好老师上好自己课的情况下，我们开始追求一群老师的协同教学，期望通过不同教师的组合，解放我们的教育力。这样的团队组合，不再因为一个老师的更换而引发家长不必要的担心，因为家长知道所有的老师都会共同努力。

　　学校3.0的空间设计，对应着教育要有"真实的学习"的课程规划，我们开始了学习的方式探索。首先，教师教研的方式需要跨越学科界限，因此，我们组建了6个综合学科的教研组，即：①数学、科学、技术和工程；②历史与社会科学类；③语言类（中文、英文）；④视觉艺术类（美术、手工、摄影、微电影）；⑤表演艺术类（音乐、戏剧、舞蹈）；⑥积极身体活动的健康生活方式。

　　其次，学习内容变成主题性的综合学习。比如，关于"桥"的主题性综合学习，一开始的方式是音乐唱个歌、语文作首诗、数学算算题、美术画个画等。这样的形式，看着热闹，孩子快乐，但是老师们却开始担忧：这样的学习犹如"甜点"般可口，学生的基础知识、基本技能是否扎实？能不能像主餐一样进入我们居家过日子的菜谱（课程）之中？

　　于是，"项目学习"开始进入我们的视野。项目学习要有真实的问题，而且这个问题要能够通过一个个"脚手架"，鼓励学生自主完成。比如，关于"桥"的一个真实性的问题就是：选一个桥，做成PPT的观光导览图。完成这个任务，需要满足三个条件：这个桥必须有故事，必须有历史，而现在你还能身处其中；到这个桥上你还能够看到其他三处观光的景点。最后要利用信息技术，利用工具推送到移动终端，做一个导览图。

　　有了这样的"脚手架"，再引导学生展开完成这个问题的策略设计：在这个行动当中我可以做什么，团队的其他成员可以做什么，哪些是优先级，哪些是次要级，怎样保证项目能够完成等。

　　这种学习，是为了聚焦于21世纪核心素养。而21世纪的核心素养只能通过真实的学习，改变学生获得学习内容和资源的路径，才能够让孩子获得这样的学习经历。

　　从几百年前王阳明的"知行合一"，到一百年前的杜威和陶行知的生活即教育，教育即生活，这些都是真实学习的倡导者。当我们把"真实的学习"作为课程价值追求时，就不再仅仅满足于开设了什么课程，有多少门类，而是致力于寻找更加具有综合意义的项目，包括项目的评价，我们叫评价量规；我们也不再困惑于区分是"项目学习"，还是"问题学习"，或是"主题学习"，甚至疑惑"我还能不能用讲授式的学习"，而是将讲授式（直接教法）的学习和项目学习有机融为一体。最重要的是我们的老师不再纠结于一节课的课时够不够了，不再仅限于"我讲不完"这样的困扰，而是通过"算大账"，把学生当成一个整体的人的不同发展阶段来把握。

由此，教师的角色由传授者转变为助人者。

四、未来的教育还有更多的可能性

对于我们来说，课程的建设是最最艰难的。我们先成立了 50 个人的课程委员会，再到 24 个人的跨学科综合组，再到 30 个人的课程委员会。此外，还有一个课程研发的突击队。我们希望通过这样的方式让更多的老师对课程有所感觉。因为，一个好的经验或理念可以通过超强的执行力推进下去。但是，我们更需要一个从学校自身出发慢慢生长出来的课程体系，成为我们每个人的专属。

发展的视野开阔了，学校的半径也就延展了。2012 年，我们与翠微小学、巴蜀小学、四川大学附属小学等 30 多所优秀的学校，组成联盟学校。在美国威斯康星大学梁国立教授的主导下，我们与美国、芬兰、澳大利亚、新加坡等国家的优质学校一同开展"桥""飞行物"的主题活动。我们期望在共同做一件事的过程中，学习如何开展项目学习，学习如何办一所好学校。我们期望立足于全球背景之下，体会东西方教育的不同，寻找优秀学校的共同基因，实现跨文化学习。

因而，我们办学的价值取向也有了更高远的立意。"大家三小"——这是我们的共同愿景，也是我们的办学理念。这意味着，学校作为一个大家庭，要促进每一个人的成长，所以这个学校需要提供大家庭般的温暖和力量；大家庭的发展，更需要每个人的进取心，所以团队的进取心也是我们追求和努力的方向；需要在全球视野下，有更开阔的视野来看待我们的教与学和学校生活。因此，我们就有了教育孩子、团结人们、引领社会的办学宗旨。

学校 3.0 的理念，学校教育共同体的组成和发展，真实的学习指导下的课程，课堂内外的教与学，成为定位新三小发展的三块思想和专业知识的基石。所有尝试，我们都刚刚开始。目前，我们正在进行探索和实践，未来还有更多教育的可能等待着我们。

同事评说

带着对刘可钦校长的崇敬与仰慕，怀揣着对京城名校的美好憧憬与期盼，我踏上了社会赞誉度极高的教育圣地——中关村第三小学。这里是座资源丰富的宝藏，为我提供了无界限的探究空间，为我搭建多元的学习研究平台，给我无私的帮助与支持，更重要的是时时给我思想的导航。

在走走、看看、听听、想想、写写中，慢慢地，我感觉摸索也是一种乐趣，它让我时时保持神秘感和新鲜感，时时激发我学习的欲望与动力。我近乎贪婪地寻找一切可以学习的机会，如饥似渴地吸收着京城的教育营养。我认真研读《中关村第三小学发展纲要》，阅读刘校长的著作《教育其实很美》《为孩子的成长助跑》及校刊《大家》，尽可能多地了解学校的办学思想与办学追求。我积极参加学校研讨会等大小会议40余场，参加学科类主题教学研讨活动、行政调研课、家长开放日等听课60多节，采访师生50多人次。多元的学习途径，丰富了我的见识，开阔了我的视野，打开了我的思路，慢慢地品出"大家三小"的大家风范。

李希贵在《学生第二》一书中提到："学校文化的核心是学校共同的价值观念、价值判断和价值取向。它产生于学校自身，得到全体成员的认同和维护，并随着学校的发展而日益强化，最终成为取之不尽、用之不竭的精神源泉。"中关村三小校刊《大家》，刘可钦校长的著作《为学生发展助跑》封面背景图最显眼的是"大家三小"，不管行政领导，还是普通教职工，都能张口就说："咱大家三小"。"大家三小"成了学校的精神坐标。

大家三小，是每个人的家，学校为了每一位学生的成长，为了每一位教师的发展，营造尊重、信任、包容的家的氛围。在这里，每位成员都是重要的，每一个人都有领航和贡献的机会和可能，每一个人都会在困难的时候获得帮助与支持。这里的会议，倡导交响式的对话，每个人都是"主人"，每件事都"商量着来"。学校的新思想、新策略、新活动、新改进，都会摆到桌面上商议，行政会轮流主持，每人都要发言，即使是我们这样的挂职干部也会被冠以"会议观察员"的身份发表想法。

学校的各种活动，校长讲话、上镜的机会并不多，很多时候她只是一个静静的旁观者。许多大型活动，站在前面的是教师，接待外宾、对外开放，也是教师。老师们不管在什么场合，不管与谁交流都那么自然，没有多少刻意，大多是源自内心的感受，不仅发言，还很深刻，也很精彩。都说学问增长智慧、积累增长智慧，有了智慧，人的内心就无比强大。很多场合，只要校长在，气场就大，你能感受到刘校长不怒而威，拿主意时，她的立场是坚定的；出现问题时，她的提醒是婉转的，但又是严肃的；老师有困难，有问题时，她的导向是明确的，指导是具体的。她的管理智慧，使她看起来总是从容淡定、高雅大气。她说："不管多忙，别让人看出来，要优雅地工作。"

文化是学校的魂，是学校的核心思想和办学的价值追求，文化是需要全员参与共同建设的。"大家三小""雁阵精神"是中关村三小的文化标识，弥漫于校园的每个空间，成为全员的共同愿景，化为大家的共同信念。6000多名师生为构建一个拥有"北京气质、世界品位、大家风范"的学习场所，凝心聚力，集思广益，共进共赢。

刘校长作为教育部小学校长培训中心兼职教授，她以博大的胸襟，高雅的气度，示范引领着来自全国各地的学习者。中关村三小隔三差五，就会迎来一批骨干校长、骨干教师参观交流、跟岗学习。不管迎接哪个团队，中关村三小都没做太多刻意的准备，端出的都是家常菜，聊的都是家常话。这也是刘校长倡导的"大道至简"，大凡真实的、友善的、愉悦的行为，都能带给人们美的享受。

学校把美国、澳大利亚的教育专家引进来，参与新校区工程建设、课程建设、项目学习研究。新校区打破传统学校的空间格局，以班组群为基本的空间单位，以"处处是教室、处处是图书馆、处处是博物馆/艺术馆、处处是演出的场所、处处是孩子们喜欢的地方"的设计理念，将开启中关村三小的教育新时空。

高瞻远瞩，统领全局，稳步推进，这是教育大家的教育情怀。《人民教育》杂志主编余慧娟说："我们一直在设想未来的学校是什么样的，也许在中国，未来的小学学校是从中关村三小开始的。"

"大家三小"是教育思想的孵化地，是教育改革的先行者，是培养优质人才的摇篮。在这里，每个三小人以"开放、尊重、包容"的积极心态接纳你，让你有家的温馨与幸福；在这里，有与国际接轨的教学理念和教育视野，你能感受大家三小的教育大情怀；在这里，你能体味大家三小大而细腻、大而质朴、大而真实的大家风范。

（福建省晋江市第二实验小学　李秀纺）

七彩教育之花幸福绽放

中国人民大学附属小学　　郑瑞芳

　　学校自创短剧《彩虹的约定》中最后有一句台词："当所有的一切都已淡忘，只有色彩才是记忆中最深的烙印……"对于附小人来说，这个色彩是什么呢？我想，那就是七彩，七彩教育正是留给每个附小人记忆中最深的烙印。

一、七彩教育的丰富内涵

　　走进人大附小，映入眼帘的是独特的彩虹校门。彩虹门是2005年迁入世纪城新校址时，在众多的校门设计中选定的。九年来，彩虹门不仅成为人大附小的标志性建筑，并折射出深刻的教育内涵，还成为人大附小七彩教育的象征。它象征着孩子们在人大附小宽松和谐的校园中健康快乐地成长；象征着全体教职员工对孩子七彩人生的祝福和期盼；也象征着附小七彩办学之路越走越宽广。彩虹的色彩成为附小的育人理念：那就是每一个孩子都是独一无二的，都会有自己美丽七彩人生。彩虹，色彩的多元化，色调的不同组合，引发我们构建七彩教育的内涵。七彩就是多彩、多元、多样化……我们的孩子应该是多彩的，我们的教师应该是多元的，我们的教育应该是多样化的。

　　七彩教育理念的实质内涵就是依据多元智能的理论，确立多样化教育目标，开发和发展学生多种潜能，构建多样化课程，满足学生多样化发展需求，促进学生多元成长，成就教师多元发展，创造学校多样化文化，筑就师生多元梦想的教育。归纳起来就是尊重个性、关注差异，满足学生多样化的发展需求，让每一个生命都能独特地绽放出自己应有的色彩。

　　多元智能理论为实施多样化的七彩教育提供了重要的理论依据。多样化教育，要使每个学生都有自己的优势智能领域，学校里人人都是可育之才。我们的教育必须真正做到面向全体学生，努力发展每一个学生的优势智能，提升每一个学生的弱势智能，从而为每一个学生取得成功打好基础。

176

二、七彩教育的追根溯源

人大附小七彩教育理念的源头到底在哪里？它的历史积淀、文化渊源来自何方？从我做校长的那天起，不论办公室如何调换，校长室墙上始终挂着历任校长的照片。我希望每一个附小人都要记住这些前辈。因为人大附小发展到今天，不是一个人的智慧与力量。

1989 年，在开展市级课题"小学生质量综合评价"中，任慧莹校长提出了"创造适合于儿童发展的教育环境"的办学思想。2003 年初我任校长时，曾带领干部教师从认识层面和实践层面对其意义、价值及教育规律进行过研讨，深入解读了这一办学思想："创造"就是把创新精神作为学校发展的灵魂；"适合于儿童"表明学校要以学生为主体，尊重学生；"发展"是着眼于未来，着眼于素质教育，着眼于多元人才培养；"教育"是给予学生多元的成长和发展空间。"创造适合于儿童发展的教育"就是让我们的教育去适应儿童发展的需要，并创造相应的环境促进儿童的发展。

"七彩教育"中的"赤橙黄绿青蓝紫"是适合儿童发展的宽松和谐的环境；是尊重儿童差异的多元教育；是充满生命灵动的教育。"七彩教育"在注重挖掘学生的多元潜质的同时，也注重教师的多元培养，七彩教育为师生创造与提供适合的、多样化的教育环境。

经过多年的办学实践，附小逐渐形成了极具时代精神、独具特色的七彩教育体系。

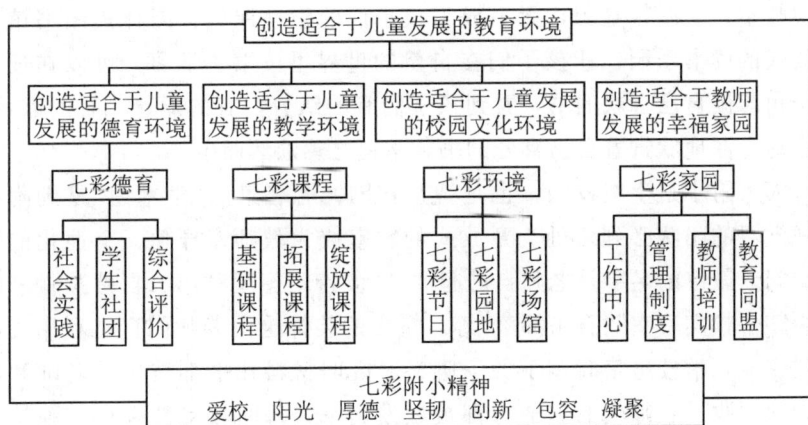

三、七彩教育的幸福实践

（一）七彩环境成为师生多样化成长的天地

常听孩子们自豪地说："我们人大附小是蓝天下最美丽的学校"，为此，我心中充满感动。我想一个 6 岁的孩子走进小学，一定是先喜欢学校，再喜欢老师，然后喜欢学习，一定要让孩子们和学校"一见钟情"。我们的七彩环境理念是：把校园还给孩子。

校园应该成为每一个孩子自主体验、自主实践的场所。为此我们的校园文化设施，孩子们都可以自由地动一动，玩一玩，试一试，校园文化设施的作用不仅发展孩子们的视觉，还发展孩子们的听觉、触觉等多种感官，有利于激发孩子多种潜能发展。

每当看到园地中被磕碰得坑坑洼洼的小木块，我心里就泛起一种喜悦，因为我知道那是孩子们生动活泼玩弄的，喜欢比什么都重要；让校园的每一个角落成为孩子自我展示、自我管理的天地。墙壁上师生的自创格言，小课题研究的创新墙，全校学生七彩的小手印，学生自己播种的七彩小菜地，屋顶化园来自于学生设计的七彩雕塑作品，足球场周边206 名学生、家长和教师们利用春假创作的精美而又富于童趣的百米画卷，学生自主参与的附小吉尼斯的秀秀吧、七彩小银行的兑兑吧、生命教育的救救吧、各种棋吧、心理宣泄互动交流的动动吧、聊聊吧、汽车模拟教室、动漫教室等，无不成为孩子们的隐性课程；园林式图书馆为开放式的读书乐园，让孩子们在自然的世界里读书、学习，可以在任意一个角落读自己喜欢的书，看到孩子们有的趴着，有的跪着，有的靠着，惬意地专注地欣赏着自己喜爱的书，幸福之感油然而生。

人大附小是生态校园，也是智慧校园。著名景点"学术苑"是到附小参观学习的团队必到之处。开放式的教室成为教师多样化、个性化的成长空间。教室的名字是老师自己起的，"波特幻想屋""第二自然""伽利略星际""牛顿实验室""石头部落"等。室内的装饰也由老师们自己利用废旧材料完成，学校施工时剩下的下脚料、废旧材料几乎都被科学老师和美术老师回收了。师生的创造力都被激发出来，每间教室都有自己独特的风格，变废为宝，变废为美，废报纸与餐巾纸粘出的万里长城、旧灯罩做的蘑菇、废旧水彩笔笔帽和笔杆做成的国宝熊猫图、4999 个瓶盖创作而成的彩虹墙……教师们如果隔一段时间再去学术苑，也惊叹这里的装饰总在变化中。

(二)七彩德育成为师生价值观形成的基石

每当新生入学的第一天，我总是喜欢站在校门口，与孩子们打招呼，目送他们走进教学楼。那一瞬间，我觉得孩子们是那么"毛茸茸"的，稚嫩的笑脸，单纯的眼睛。作为教师的我们，怎样才能够为这些天真无邪的孩子描绘出更加灿烂、更加辉煌的多彩人生呢？

立德树人是教育的首要任务。让学生由被动的接受变为主动的参与，体验、领悟活动的意义，从中受到教育。德育活动要注重实践性和创新性，只有实践性和创新性，德育才有了实效性。根据这一思想，学校研发出《人大附小德育纲要》，确定了育人目标：做可爱的附小人，做了不起的附小人，做有特质的附小人，构建出了七彩德育课程体系，使社会实践活动成为附小七彩德育特色课程。让孩子们在实践感悟中，学做人，学做真人。为此，七彩德育生动、具体地塑造孩子健全而有特质的人格。

关注每一个孩子，更要关注有特殊需要的孩子。特殊孩子也是七彩中的一色。"七彩心语轩"是学校为特殊学生建立的资源教室，这里体现了我校的融合教育。2010年我校确立了"特殊儿童正常发展"的育人目标。2013年寒假，学校专门召开了特教专题会，教师们总结出附小特教的秘诀：一是走进孩子，一定要走进孩子心灵，用孩子的眼光看世界，用特殊孩子的眼光看世界；二是理解孩子，从孩子的角度去思考，他为什么会这么想，他为什么会这么做；三是取悦孩子，我们要让孩子喜欢我们，如果孩子不喜欢你，那么你根本别想走近他，更谈不到帮助他；四是取信孩子，喜欢只是一小步，当孩子信任你的时候，他就会向你敞开心扉。喜欢和信任相比，信任更为重要。五年来，老师对这些特殊孩子不离不弃，教育境界不断升华，多名特殊学生经过干预训练，得到了很好的成长。现在我们老师都把做好特殊教育看作是一份社会责任，看作是七彩教育的重要内容。

(三)七彩课程成为学生多样化成长的途径

加德纳多元智能理论强调学生的参与，提倡为学生准备范围更广的可供选择的课程。我们深刻认识到七彩办学理念要依靠课程来实现，课程是途径，是跑道，七彩课程是实现七彩教育的重要载体。

怎么让附小的孩子爱学、乐学、会学，让学习成为孩子们喜欢的事而不是负担？我们秉承"学习是好玩的事情"的七彩课程理念，探索实验了"让课堂高效起来，让课程丰富起来，让作业可爱起来，让考试轻松起来，让学习好玩起来"的七彩课程教学思想。

近年来，我们努力将国家课程严格落实，地方课程务实做活，校本课程丰富充实，坚持从实现学校的育人目标出发，整体推进三级课程，初步构建了体现人大附小办学思想的七彩课程体系。七彩课程包括基础课程、扩展课程和绽放课程。其中拓展课程包括综合选修课程、国家课程校本化课程，满足大部分学生多样化发展需求。绽放课程满足学有余力学生的选择性需求和发展，促进学生个性化的特长发展。

在七彩课程理念引领下，2010年学校开展小课题研究，2011年针对选修课评价研制出"七彩评价小护照"，满足了学生多样化的需求，促进了学生多元成长。2012年着手研发中小衔接的毕业课程，让孩子们喜欢上学的小幼衔接的小豆包课程及玩具节、树叶节、童话节、苹果节、泡泡节等节日课程，丰富多彩的"学科周"成为学生综合素质发展的有效途径。

为进一步培养教师的创新精神，实现教师自身价值，打造研究型团队，展示团队的研究能力，2011年我们创造性地尝试了一种新的校本研修方式——教研组发表课。教师团队共同研究、参与的发表课，打破了学科之间的壁垒，打破了课内外的壁垒，在40分钟内，学生学习与同一专题相关的多学科知识。各学科教师共同展示集体的智慧，为孩子们的学习开辟了一种别样的视角，带给学生特别的惊喜。多学科融合的发表课，像一朵盛开在人大附小七彩课程百花园中的奇葩，既使学生受到多学科文化的浸染，促进了学生的全面发展，也促进了教师间的合作，使教师团队在合作中得到成长，由此形成了人大附小独有的教师培训模式，消除了教师的职业倦怠感，让课堂充满灵动与生命。

（四）七彩社团成为学生多样化成长的舞台

我校七彩社团理念是"让每个孩子都有成长点"。社团建设是继学校课程建设的另一条隐性的生命线，是学生在课堂以外通过兴趣爱好追求个人理想的另一个自由的舞台。丰富多彩的社团就是让孩子们都能找到自己的生长点,给孩子一个机会,给孩子一个舞台,给孩子一个支点,让每一个孩子与众不同,让每一个孩子充满自信,让每一个孩子都有成长的舞台。

学校为喜爱艺术的学生成立了金帆京昆团等学生艺术社团,为给孩子展示的舞台,单年举办音乐会、双年举办彩虹艺术节;校园文化进社区;赴国外演出,参加艺术大赛;为学生举行个人演奏音乐会、建造录音棚,录制光盘。为有体育特长的孩子成立了以乒乓球、足球为特色的传统项目学生体育社团,单年举办阳光体育节;双年召开小小奥运会;为喜爱科技创新的学生成立了科技社团,成为孩子们的梦想摇篮,在国际、全国、市、区级头脑风暴 DI 创新大赛上,我校屡次创造佳绩,培养了具有创新思维的学生。我为我的孩子们在世界舞台上的出色表现而骄傲,自豪。

(五)七彩评价成为学生多样化成长的动力

在多元智能理论的指导下,附小教师们进行了评价改革探索,尝试改变单纯以学科成绩为主的评价观。在评价的内容方面,不仅仅局限于传统的学业评价,而是多元的;在评价的方式方面,也不只注重书面考试,而是探索多维评价方式。在实施评价的过程中,尽量减少单纯的知识技能评价,让学生在解决综合性和任务性问题的过程中完成多种目标的评价。

25 年来,我校坚持实施小学生综合评价,不以分数的高低看待学生,注重孩子的综合素质发展。七彩评价手册与时俱进,评价要素不断完善创新,成为学生的进步册、荣誉册、成长册;配合七彩德育内容,创立了七彩的德育证章。六年的附小生活,佩戴七彩证章成为了孩子们的向往;为统一学校奖励制度,发挥学生创造力和主人翁精神,172 位学生参与设计,诞生了第一套"七彩的附小币",现已发行三套,每张币上都有一位优秀学生照片与故事。

(六)七彩文化成为教师个性发展的源泉

多年来,我始终坚信:幸福的团队滋养幸福的教师,创新的团队促成创新的教师。打造一支具有高幸福指数和强创新精神的教师团队是我始终不懈的追求。在我心中,每一位教师都是我的家人,我愿把幸福和温暖传递给他们；在我心中，每一位教师都是我的贵人，我愿把创新和提升的舞台提供给他们。

在我做校长的十年时间里，如何将学校的管理做到规范化、人性化、个性化是我始终关心的问题。有了"七彩教育"这一办学之魂，有了幸福团队这一办学之基，学校的管理制度日趋体系化、多样化、特色化。创新学校管理机制的七彩工作中心，树立"领导与教师只是岗位不同而不是职位不同"的意识；促进教师专业成长的七彩教师培训，确立了"教师走不远，孩子就走不远"的培训文化。

为减轻教师的工作压力，营造"家"的氛围，教师办公区内设教师阅览区、休闲区、教学资源区。老师们足不出户坐在舒适的沙发上，阅读到上百种报纸杂志，看到自己喜欢的文章随时复印下来，作为资料保存，阅览时教师还可以使用按摩器按摩腿脚，预防静脉曲张。在教学资源室里，有国内各版本的教材，有从国外带来的教材，有可通过校园网络调用的资源库，丰富的教学资源为老师们备课提供了理论和素材支撑。

有教育专家说："人大附小是一所令人迷恋的学校。"这是因为附小的管理定位是把附小当成一个温馨幸福的家来经营，关心和尊重每个人，让每个人都感受到人大附小"大家庭"的温暖，感受到作为附小人的责任和光荣。学校关注每一位教师的发展、价值和愿望，促进学校价值和教师价值的共同实现。

学校是学"笑"的地方，七彩教育让师生笑着成长。教师的微笑是学校的一种符号、一种涵养、一种智慧、一种知识、一种能力、一种文化。幸福的洋溢使微笑成为附小教师的"名片"，成为无声的美好"语言"，成为坚强与团结的内在力量，成为附小教师精神文化的重要组成部分。

四、七彩教育的独特意义

杨振宁先生曾经说过：中国的学生最善于从书本上找答案，善于模仿，不善于批判性的思考，也不鼓励标新立异，没有多样化的、个性化的学习空间和学习机会。造成学生在创新能力和实践能力上严重不足。如果不进行改革，现有的小学教育既不适应学生发展，也不适应社会需求。

注重多样化的七彩教育就是着力于人全面发展的教育，它是个体化、个别化和个性化的，又是多样化的，使学生成为既富有个性又有益于社会的人。七彩教育体现了素质教育的精神，是面向全体学生、面向未来的教育。七彩教育关注学生的差异性，注重满足学生的多样化发展需求。多样化的七彩教学要求一切以学习者为出发点，不是学生去适应环境，而是学习环境去适应学生需求，使学习场所多功能化和网络化。七彩教育所主张的从单一性到多样性，从简单性到复杂性，是对素质教育的一种全面理解，也是教育思维方式的一大变革，体现了以学生发展为本的教育理念。

2012年5月我校承办海淀区银燕小学，2013年9月开办门头沟京西校区，目前一校三址。三校区学生中有人大子弟、世纪城商品房及农民回迁房的子女，有外来务工人员子女，有棚户区改造的回迁子女；全校教师中有大学编制教师、海淀区教委编制教师、门头沟教委编制教师，有海淀人才待进编教师，有来自15个省市外地户口教师，由此可见人大附小师生来源的多样化，七彩教育理念正是多样化的教育。

今年是人大附小建校六十周年，六十年的发展历程中，记载着一代代附小人洒下的心血和汗水。憧憬中国梦，承载教育梦，实现附小梦。最初的附小梦就是要打造一所师生幸福成长的理想学校；长远的附小梦就是在人大附小百年校庆的时候，期盼着毕业生中能有享誉全国乃至全世界的杰出人才。这是附小人的彩虹约定，更是附小人的教育梦想。

（本文刊发于《海淀教育》2014年第3期）

专家评述

我曾经在20世纪80年代专门研究校长专业发展，我也参考了国际上关于校长发展的一些文献，其中一个非常重要的领域是研究校长的角色，长期以来校长在英语里被理解为"教头"的意思，即headteacher，也就是教师的带头人，那首先就得教得比别人好，就得让大家心服口服。后来大家渐渐感觉到，校长面临的不仅仅是教学，有人提到了校长还应该是一个高效的管理者。所以校长到底应该是一个教学者还是管理者，这个争论直到今天仍然还在延续。

70年代美国有一个博士，他在研究优秀校长的时候，有一个非常重要的发现，他用了一年的时间去追踪一个校长的日常生活，结果他发现，校长每天面对的很多很多问题，其中50%以上都是处理各种人际关系，如何调动教师的积极性，如何应对家长的抱怨，如何去应对上级部门的要求，如何去协调学校和外部机构或社区的关系。他们通过量化的方式观察、统计，发现校长无论是情愿还是不情愿，大部分时间都是用来处理这种人际关系，这是他非常重要的一个发现。在80年代初，整个美国都对中小学的办学水平有非常大的质疑，他们在全国范围内组织了推选，让媒体和社会各界去推举办得好的学校，后来发现了有20所左右非常受人欢迎的有质量的学校，他们就来分析哪些要素构成了这些高质量学校的运行。结果发现，除了这些学校有优质的教师之外，第二个重要的原因就是这些学校都有一个非常优秀的、有人文关怀的、有高效管理能力的校长，这也给我们提供了一个新视角。

我们分享郑校长带领她的团队创建这样一种学校文化，她给我们带来一个新的启发，一个学校包括一个机构、一个部门，大家对这个学校所做的事情，是不是热情投入，是不是身心都去投入、去体验，无论是学习体验、生活体验还是工作体验。校长都知道，面对最大的难题就是如何调动教师的积极性，如果教师的积极性都调动起来了，那么校长的工作就会很好做。当然反过来，教师最大的能量也是能不能调动学生的学习积极性。郑校长的经验表明，一个校长不可能事无巨细地各个学科都明白，但是一个校长最最重要的贡献就是创建和维系一个能够有尊严的、开心的工作环境，能够创建和维系一个让学生参与其中而且能够快乐成长的这样一个氛围。

郑校长的这些做法在理论上是有说法的。在大约十年前，国际上提出了一种新的教育理论，叫作"儿童友善心理学"，英文叫"Child friendly psychology"，就是把孩子当成朋友般的教育学。这个项目由联合国基金会支持在很多个国家推行，就是创建儿童友好学校。这样的一个项目，它背后的理论就是儿童友善心理学，其实就从这个角度看，郑校长就是自觉或者不自觉地、创造性地运用了这样一种理念。我们分享郑校长和她的同事的经验的时候，可能会得到这样一个启发，原来校长可以有很多人为方式走向成功，郑校长她的成功就在于创建或者维系了这样一个让每一个老师、每一个学生都有成就感和归属感的教育氛围和学校文化，对此我感受特别深。我觉得郑校长尊重学生，尊重教师，让师生共同体验学校生活的快乐，在这个过程当中帮他们去获得追求人生幸福的知识基础、实践能力和美好情感，我觉得这些应该是非常重要的，也是我最大的收获。

（北京开放大学　　张铁道）

为聪慧与高尚的人生奠基

——我的"超越·主题·整合"之路

清华大学附属小学　　窦桂梅

从 1986 年毕业成为一名小学教师，直到今天成为一名语文特级教师，回想自己从教近 30 年的经历，我不敢说已经形成了什么教学思想，但我确实是在努力通过自己的工作，为儿童聪慧与高尚的人生奠基，在此期间，"超越·主题·整合"集中反映了我不断成长的三个阶段。

一、三个超越：为儿童打下学习与精神的底子

当年在吉林市第一实验小学，因为教综合学科近五个年头后，我好不容易才走上钟爱的语文教学岗位，所以特别希望以最快的速度成长。

教师成长固然有赖于好的环境，但更取决于自己的心态和作为。于是我虚心向老教师学习，认真钻研教材，苦练语言、板书、简笔画等教学基本功，主动请缨上公开课，坚持结合教学工作，学习教育教学理论。课堂教学水平提高很快，并逐渐对语文教学有了一些自己的理解，产生了教学改革的强烈愿望。

1993 年，我接了一个一年级班，于是，我就把它作为试验田，我充分调动学生学习积极性，让学生成为学习的主人。我活用教材，有的精讲，有的略讲，有的大胆让学生讲，腾出时间，补充一些古诗词、中外名篇，极大地扩大了阅读量，开阔了学生视野。6 年里我倾注了全部心血，也取得了意想不到的教学效果。总结这几年的教育教学实践，我针对传统教学"三个中心"阻碍儿童精神发育的弊端，提出"为生命奠基——语文教改的'三个超越'"，即"学好教材、超越教材，立足课堂、超越课堂，尊重教师、超越教师"。

2000 年，吉林省教育厅为我召开了"吉林省语文学科实施素质教育现场会"，在全省推广我的语文教学改革经验。

2001 年 10 月 24 日，作为国家教育部更新教育观念报告团的主讲人，我走进人民大会堂进行宣讲，从此，"三个超越"的教改思想在全国基础

教育改革中产生了积极的影响。我所提出的三个超越思想，以及"用教材教，而不是教教材""课堂小天地，天地大课堂""和学生一起成长"等观点成为当时教师们经常引用的话语。应该说，这种超越，使我对于语文教育的理解，由让学生掌握知识，培养能力，大量积累，转向开始思考语文教育如何成为人的教育，通过为学生打下学习与精神的底子，进而实现为学生的鲜活生命奠基，今天看来这仍有积极的现实意义。

二、主题教学：寻求儿童生命成长的核心价值

2001年，我来到北京。海淀的沃土，为我提供了新的思想生长空间。2002年3月27日，海淀区中心学区要召开"窦桂梅课堂教学研讨会"，会上我要上一节课。怎么上这节课？

墨守成规、故步自封是成长的最大敌人。

回顾自己的学校生活，乃至以往的教学，尽管积累了大量的知识和一些思想观点，但都感到它们是碎片式的，很零散，缺少统领，难以形成结构，与其他经验无法做链接。

语文学科，是母语学科，它所面对的不仅仅是知识，更是一种专属于我们民族的精神土壤。仅靠碎片式的教学，怎能为母语发育打下"黄皮肤、黑头发"的精神底色？因此，我想必须开拓创新，找一些抓手，以此统领，建构若干个立体的教学"块"。

于是，在那节课上，我以"朋友"为主题，以《皮斯阿斯和达蒙》为主讲课文，再扩展四篇角度不同的关于友情的文章。于是，学生体会到朋友可以是经历生死考验的患难与共，可以是平淡中的君子之交，也可以是洗去怨恨后的相逢一笑。当然，朋友不能成为是非不分的两肋插刀。主题"朋友"就像钻石一样，有了多维的切面，而反映语文学科工具性特点的语言文字训练，自然分布在其中。"朋友"一课的成功教学，让我体会到，这支撑每一课立体教学"块"的抓手，就是主题。

2004年，海淀教委为我召开了"窦桂梅专业成长思想研讨会"。我在会上又上了以"亲人"为主题的研究课，得到了霍懋征先生的肯定，更坚定了我研究主题教学的信心。

此时，我已意识到，主题，并不是随随便便的词语，而应当是滋养儿童精神发育的营养，是个体须臾不能离开的文化基因。例如，《秋天的怀念》中的"好好活儿"，《游园不值》中的"不遇中有遇"，《晏子使楚》中的

"尊重"，《珍珠鸟》中的"信赖"，《三打白骨精》中人性的"向善"，《丑小鸭》中的"高贵"，《皇帝的新装》中"回到事情本身"。由主题"牵一发"，"动"教材知识与能力体系的"全身"——用"主题"串联起那些散乱的"珍珠"，将"听、说、读、写"训练与人文知识统整起来，构成"集成块"。由个及类，由类及理，个性与共性相融，从而形成语文教学的综合育人效果，传承母语文化。这，就是我心目中的主题教学。

主题教学的课堂，以其温度、广度和深度，让学生透过文字、文学体会文化的魅力，通过主题，寻找有助于儿童生命成长的核心价值，从而指引儿童内在的言语与精神生命成长，有助于学生整体建构语文学科的知识体系。以主题，带动多方面课程资源服务育人的理念，为后来学校的课程整合，提供了基础。

理想的风筝飞得高远，是由于实践的线索柔韧。

10年间，我上了20多节研究课。教育部教师工作司教育家成长丛书出版了《窦桂梅与主题教学》。在个人不断成长的同时，我相信：心有多宽，路有多远。一个人可以走得很快，但一群人可以走得很远。于是，我与清华附小的语文老师们，每个学期，都开展"共读一本书、共教一节课、共写一份研课笔记，共同获得专业成长"的系列活动，出版了《清华附小作文教师》《小学语文质量目标手册》《清华附小整体阅读》等丛书。海淀教委成立了我的名师工作室，我与工作室的成员，逐年研究了童话、小说、记叙文、散文、诗歌、文言文、民间故事等不同体裁文本的教学方式。我将自己对于文本解读、语文教师专业素养、语文教师团队建设等的研究成果倾囊相授，有效地促进了优质教育资源的均衡化。

三、课程整合：引导儿童走向整体意义的世界

2010年，成为清华附小校长的我，开始站在学校整体工作的视角上思考问题。这时，国家正进入新一轮的课程改革，我们进一步认识到学校课程的重要性。课程决定学校的品质，课程决定人才培养的质量。我们必须在课程改革上有所突破。也恰在这时，我校被北京市教委确定为"基础教育课程改革实验项目试点学校"，愈加感到肩上担子的沉重。那么，课程改革从哪里入手？

2011年9月开学后的一天，我在班级蹲点听课。

第一节语文课，老师有一套自己的教学内容和对学生的要求。第二

节数学课，数学老师对学生又换了另一套教学内容与要求。接下来，课间操、英语课、体育课，每一个时间段，老师们都会根据自己的学科特点，安排各种各样的学习任务。而孩子们呢，积累的还是各个学科的本身的碎片。

教育是培育生命的事业。但我国现行小学主要实施分科课程，课程门类较多，学生负担较重；学科之间缺乏横向联系，有的内容重复，同一教学内容在不同学科又不同步，造成教学时间上的浪费。而现实生活中的问题本来是综合的、立体的、密切联系的，单纯的、不适当地强调分科教学，容易导致学生孤立的、割裂地看问题，甚至造成思维僵化，不利于培养学生发现和创造性地解决现实生活问题的能力。

正是基于上述思考，为了做到"增效"不"增负"，将"立德树人"的根本任务真正在学校加以落实，为学生聪慧而高尚的人生奠定坚实基础，我们啃起了课程整合这根"硬骨头"。

我们的课程整合，首先是从语文学科做起的，主要是以下三条途径。

1. 学科内整合

教材是课程内容的重要载体。现在我国的语文教材是 一"标"多本，各版本的教材都有自己的优势，也各有局限。如何取各家之长，形成一个更好的课程内容体系？我们的做法是，将现在使用的北师大版教材，根据学生的兴趣和喜爱程度，结合教师对于整个教材系统的把握，分为精读文和略读文，精读文全面覆盖、精学精练。略读文，学会生字新词、体会文章大意，一般一课时结束。节省出相应课时，一方面，为学生补充阅读其他版本教材，如人教版、苏教版的经典课文；另一方面，也带领学生大量阅读课外读物，以此丰富学生的语文素养。

课程内容整合了，怎样确保每位教师都能在教学中，准确把握教学内容，确定合适的教学目标？我们依据国家课程标准，在对学情进行分析的基础上，制订并研发学科目标体系，编制出版了每学年一册的《小学语文质量目标指南》（以下称《指南》）。

早在主题教学研究中，我就提出了语文学科"三个一"的质量目标：一手好汉字、一副好口才、一篇好文章（包括阅读和习作两个板块），把语文学科"模模糊糊的一大片"变成了"清清楚楚的一条线。"《指南》将其进一步细化，明确了"三个一"，每个一中"教什么、怎么教、如何评价教学效果"等一系列相关问题，在课程标准与学科教材之间搭建桥梁。同时，

《指南》提供大量课程资源，"一手好汉字"板块提供了基础字词表、拓展字词表、课外词语表、识字小窍门、常用字字理、写字小故事、书法小讲堂等。"一副好口才"板块提供了倾听素材、朗读素材、表述素材、应对素材。"一篇好文章"板块提供了名家名篇推荐、必读选读书目推荐、影视作品推荐、必背古诗词、必背儿童诗及现代诗、必背古文经典、文学小常识、趣味语文、读写结合、写作指导范本、学生作文范文等。

语文课堂要实现学生与同伴、教师、文本，以及自我的多方对话。在《指南》研制的基础上，我们还研发供学生课堂及课外学习使用的《乐学手册》，旨在打通课前、课中、课后的通道，使课堂上生生间、师生间、师生和教材间的对话有了依凭，明确了学什么、怎么学、怎么练的问题。其中每一篇精读课文的"乐学单"，都分为三个板块：预学、共学、延学。

预学是要求学生初步感知学习内容和提出疑问，培养学生自主建构和发现问题的能力。学生是带着准备和问题走进课堂的，这成为教师课堂教学的起点，使教学更有针对性。共学中，以问题串的形式呈现学习内容，以小组合作为主要学习方式，倡导师生、生生共同质疑，合作解决问题，学生在质疑、释疑的循环中获得持续的提高。在这个过程中语文课的学科特点也没有丢，咬文嚼字、写法探究、人物性格分析，样样落实。延学中，为学生提供丰富的延伸学习的途径，推荐阅读、实践活动，鼓励学生应用知识去解决实际问题。

为了适应整合、改革后的课程内容，学校在保证课时总量不变的前提下，将原来固定的每节课40分钟，变为长短不一的大、小课时。"大课时"60分钟，主要安排精读文的学习，以及每周一次的"主题阅读"。"基础课时"35分钟，主要是略读文的学习。"小课时"10分钟或15分钟，10分钟的经典晨诵，每天中午15分钟伴随吟诵声的习字等，大小课时结合，促进学生最优发展。

2. 跨学科整合

跨学科整合，是打破以往泾渭分明的学科界限，以统一的主题、问题、概念统领不同学科相关的教学内容，目的是使学生在此过程中建立系统的思维方式，体验知识之间的联系。其中，以主题统领，开展跨学科整合的方式最具实效。

上《三打白骨精》，以我的课为龙头，学校各个年级都以不同的形式，学习《西游记》。二年级：看"小人书"学《三打白骨精》；三年级：综合实践课《快乐西游行》；四年级：讲读课《三打白骨精》；五年级：名著导读课《从西游记到三打白骨精》、比较阅读《三借芭蕉扇》和《三打白骨精》；六年级：名著阅读分享课、反复叙事写作课、《三打白骨精》故事新编课、速读课《猴王出世》。学生读各种版本的《西游记》，画西游取经图，制作西游人物谱，运用《西游记》中的方法进行习作练习。

结合语文教师担当班主任、任教思品学科的特点，我们将有关的教育教学内容整合，形成了六大主题课程：言行得体、协商互让、诚实守信、自律自强、勇于担当、尊重感恩。班主任在语文教学、班队课程、班级文化建设、学生养成教育以及丰富多彩的活动中，根据年级特点将六大主题在不同的时段，有轻有重，交叉进行，卓有成效地内化体验，构成清华附小学生的整体精神风貌。

以六年级"尊重感恩"主题课程为例，首先，在语文课上，以教材中的《花脸》为切入点，初步播下尊重的种子，而后选取外国小说《魅力》展开主题同构的阅读。其次，开展丰富的体验活动，讲述发生在附小的尊重故事、年级"足球联赛"体会尊重、名家院士进校园，分享多元文化。最后，举行毕业典礼，回味中不断深化。

3. 课内外整合

学科知识和社会生活紧密相连，学生的课内学习和课外活动紧密相连，学校的课程设置要把这些密切相关的东西统整起来，从而培养学生理解和综合运用知识解决实际问题的能力，乃至迸发创造火花。

在清华附小的课堂上，我们强调教学一定要紧密联系学生生活实际，激活和调动学生的生活积累和经验，让学生自主建构知识，使学习变得有趣、有用、有意义。学校为学生提供各种综合性的实践平台，鼓励学生开展"社会调查""小课题研究"，进行小发明、小创造，培养学生综合运用所学知识解决社会生活中实际问题的能力。漫步学校，老师们会看到，到处都是学生们的作品，到处都是儿童可以学习的资源。

跨学科与课内外的整合，将儿童的母语学习，从语文学科的课堂，领到广大的世界，从而使他们能够随时随地真正成为母语学习的主人。

就在几天前，国际著名课程专家，《理解课程》的作者威廉 F. 派纳先生来到我校，在参观完我们的校园，听了我们对于课程改革的情况介绍后，用两个关键词形容学校。第一，belonging，学生在学校里有归属感；第二，power，学生在学校里享受到权力。我想这也正是对学校课程整合的一种肯定。

在语文教学率先进行整合尝试后，课程整合工作就在学校全面展开。学校现将原有的 13 门国家课程，整合为四大板块，形成了学校"1＋X 课程"的体系。整合，让附小的课程改革进入"深水区"，给学校带来的最大的变化就是，教师在学科教学的过程中思考着教育，关注了完整的人的成长；学生在学习过程中有了更多的实践、体验和运用。于是，师生都体会到课堂上久违的"舒展"，推动了清华附小的课堂焕发出人性的光辉。

以上就是我近三十年来教育教学改革的历程，也是我成长的足迹。这些年，党和人民给了我很多荣誉，为此，我心存感恩，常怀愧疚，时刻激励自己卓越攀行。我的路还很长，这段时间我就在想，课程改革不能停留在促进知识的积累、能力的增长，而应该将单纯的知识教学、能力培养转化、提升、整合为素养教育，聚焦学生适应未来社会发展和个人终身发展所必备的核心素养。怎样在国家制定的关于学生发展核心素养模型的基础上，拟定附小学生的核心素养体系，进而实现为儿童发展的核心素养而整合，是我们下一步要继续努力的方向。

在我们这个伟大的国家，在人人都说中国梦的今天，我心中也有一个梦想，那就是，所有的教师不仅仅站在学科教师的角度，而是站在教育者的角度，以自己的生命之泉，去浇灌孩子的生命之树，从而让整个社会，对教育，这永远绿满人间的神圣劳动，充满深深的敬意。如果您也怀有这样的梦想，就让我们一道，去读书、去思考、去研究，带领着我们的学生一道，向着聪慧与高尚前行。

（本文刊发于《海淀教育》2013 年第 6 期）

专家评述

参加窦桂梅的教育教学实践研讨会，我最突出的感受是：作为一个基础教育阶段的老师，评为特级教师，又当了校长，仍然坚持在教学第一线的几乎凤毛麟角；坚持在教学第一线，这把年龄还敢在台上上公开课，这么真实而又精彩地展示在大家面前、让大家看的，几乎没有；在公开课上，敢于使用新的理念和最先进的技术，这更是我在这些年的从教，包括管理工作经历中很少见到的。今天窦老师的这节课，实际上是她教学管理、办学管理，以及语文课改等多方面思考与实践的集成。

第一，一节课 60 分钟，这是清华附小在进行很前沿的教学改革。义务教育课程改革深入到今天，不动结构是难以产生足够效益的。仅仅像过去那样僵化地执行原有的课时和课程进度，不能适应现在的发展。清华附小正在实施北京新课改最前沿项目——遨游计划。她在进行课程结构，包括长短课时的调整。谁说小学的课，必须得是 30 分钟或者 40 分钟？进行结构上的调整，是课改进一步深化的方向。而这背后是清华附小教师的团队研究。

今天课上，再一个很前沿的东西，是把平板电脑引入课堂，并且加入一些很有意思的"佐料"。窦老师课中拍几张学生的照片，这不是哗众取宠。整节课中，她拍的素材是这节课的一个"佐料"，让孩子看到了自己的形象，看到自己的作品，并且由窦老师根据这些素材又生成了新的素材。如果说"杀伤力"的话，我感受到的杀伤力之一，就是窦老师说真正优质的课程资源，不是写好的，专家编的，而是在课堂生成的。利用平板电脑等现代技术不仅仅捕捉几张图片，窦老师创生教育资源的过程，为我们在大数据时代进行理性思考提供了很好的空间。

此外，我还觉得有"两味佐料"特别有意思。一是把经典的图片和音乐引进来，不论有没有平板电脑，孩子们都可以用这样的方式混一个脸熟耳熟。但这脸熟耳熟当中，也有学生的思维过程。为什么选择这个曲目，来配这个图？怎样和小组的表演合在一起？这是一个饱和的思维过程。二是英文的引入，一个"Oh"为什么翻译成"哎呀"，这种看似小的"佐料"，但是都是我们宝贵的生成性资源的激发点。如果没有这些，教师就又成了照本宣科。窦老师的难能可贵之处，就是坚持在课堂上，进行这种前沿的探索。

第二，我也想谈谈对母语教学的感受。我是教地理的，但是现在的教学改革，特别是对于我们教学的实践者、研究者和管理者而言，躲不开的一个话题，就是英语和语文哪个重要？谁是谁非，我们不去拓展论述。但是清华附小在母语教学的探索上，给我们展示了一种战略战术思维。母语像母亲一样，浩瀚无边，战略上我们要认识到这种大的布局。而战术上，我们要聚焦小学各个年级应当实现哪些基本的母语素养？窦老师带着她的团队，对整个小学阶段浩瀚无边的母语素养进行了梳理，并且形成了两级的战术指导手册，一个是《质量目标指南》；另一个是《乐学手册》。这两级的战术指导手册，使每堂课能够进行精确定位。当前既要提高学生素养，又要大幅度减负，仅仅靠课标和考纲不足以达到。我们的教材，有很多东西，梳理不清，胶合在一块，增加了负担。但是，清华附小提供的结构，相当于现代化的武器，打得精准，效率高，让我们的学生在最快的速度内吸收并且提高。同时，她提出语文素养的结构：一手好汉字、一副好口才、一篇好文章，都是母语教学方面有益的探索，是我们迫切需要的东西。当前的热点、难点问题，不应该靠减少考试次数、不准留作业或者减少学习范围去实现，而需要像清华附小这样的战略战术思维。这是我的第二点感受，也是第二个"杀伤力"。

第三点感受，杀伤力更大，《皇帝的新装》我从小就看，今天的延学部分，有学生提问："那两个骗子怎么处理?"当时，我的心又一次提到了嗓子眼，心想：万一有个学生问"皇帝经过这么一个过程后，他会怎么办?"这个问题连我也无法回答。这样的情形，对我们基础教育的研究者、管理者以及所有从业者来讲，都应当有切身的感受。而我想，基础教育的魅力就在这，如果课堂上没有碰撞，老师就真的成了教书匠。今天，窦老师整个的发言，包括短片，给我们一个概念，就是跟学生一块成长，并且在成长的过程当中不断丰富和提升自己。

（北京市教育委员会　　李　奕）

坚守本真　奠基幸福

北京市海淀区五一小学　　陈　姗

一、让教育坚守本真

在十几年的校长生涯里，我用心于教育，潜心研究，对教育有了一些感悟与体会。我认为，教育是关于人的事业，是关于人的发展的事业，而人的发展是一个长期的过程，它需要持之以恒，稳中求进；它理应远离作秀，抵达朴素；它必须拒绝浮躁，回归本真。

那么，怎样理解教育的"本真"呢？"人"就是教育的"本"，离开了学生和教师谈教材、谈教学、谈德育都毫无意义。而人的发展规律就是教育的"真"，认识到人的发展规律，才有真正的教育。只有对这个"真"认识得越深，教育之路才能走得越远，孩子才能终生受益，教师才能终身发展。

回首五一小学办学历程，从20世纪50年代的"母爱教育"到60年代的"劳动教育"，从80年代的"自力更生"到90年代的"全面育人，全员育人"，无一不体现出"朴素""沉静""本真"的文化底蕴。作为校长，我的首要任务就是继承历任校长留给我们的这种优良传统，并让它发扬光大。

2004年，我用"奠基教育"概括了这一传统，提出"为人生奠基"的理念。我认为小学教育虽具有基础性，但如果只理解为"双基"的夯实，不仅是片面的，而且是狭隘的，我们应该让孩子们在小学阶段形成健康的身心素质、良好的道德习惯、浓厚的学习兴趣，这才是人一生发展的基础。

2008年至2009年间，伴随海淀区"学校文化创建项目""中英学校发展计划合作项目"的研讨，我更加深刻地认识到，教育除了要"给予"学生一生发展的基础外，更重要的是唤醒人的智慧，释放人的潜能，促进人的成长。因此我们进一步明确了"奠基教育"的方向和核心内涵，提出"为学生的幸福人生奠基"的办学理念。站在人生幸福的角度思考"奠基教育"的内涵，体现出我们对教育本质的不断思考和追问。

2011年，为使奠基教育理念有落脚点，我们将"奠基"聚焦于"幸福素养"的培育上，认为要实现为学生的幸福人生奠基，不仅要教给学生一生幸福必备的素养，更要让学生获得幸福的学习经历与体验。因此，我们把"道德、健康、人文、科学、艺术"五种幸福素养，作为奠基教育的内容，并在此基础上，着力构建"幸福素养"课程体系，打造幸福高效课堂，探索实施奠基教育的途径和方法，形成了育人特色。

随着时代的进步，"奠基教育"的思想内涵虽然在不断丰富和发展，但我和我的团队坚守本真的精神始终不会改变，我们也坚信，把追求人类幸福作为教育事业的价值重心永远不会过时。我常想，也许守住"本真"，就是守住了根基，守住了幸福。

二、让教师乐为人师

在学校发展的历程中，我越来越觉得，教师发展是学校发展和学生发展的核心动力，校长眼中有教师，教师眼中才会有学生。那么如何引领教师智慧从教，幸福为师呢？"知之者不如好之者，好之者不如乐之者。"如果把一个职业作为毕生的事业而永生追求，乐在其中，无疑是一种幸福的人生体验。

1. 体会追求之乐

教育是一种需要信念的事业，习近平总书记在《做党和人民满意的好老师》中提出四点要求，其中"理想信念"放在了首位。没有坚定的教育信念，教师的专业发展将失去动力，教师的快乐也将离去。那怎样才能树立信念呢？首先是愿景激励。共同愿景是一种精神理想，它让每位成员不仅看到学校现在的样子，还可以想象它的未来。作为一校之长，无论是师资队伍、校风校貌，还是学校特色建设，都必须有近期和远期打算，制订出具体而又明确的奋斗目标，带领师生为实现这个美好愿景而努力。因此，当面临三校合并的复杂情况时，我带领大家制订并实施了"三步走"发展战略，明晰的愿景，凝聚了人心，提高了士气，为学校可持续发展奠定了坚实的基础。2011年，我又与教职工一起审视学校发展现状与潜力，将"打造温馨型、开放性和国际化的品牌学校，促进特色发展"作为下一步的奋斗目标，并将其渗透于管理的方方面面，积极倡导"校兴我荣"和"有为有位"的责任意识，让这种意识深深地印刻在教师的心中，付诸自己的行动。

在愿景的引领下，学校设立了"劳动奖章"和"形象大使"双十评选机制来引领教师追求。全体教师集思广益，凝练了"务本求实、锐意进取、开放融通"的五一精神和"文雅大方、笃爱至真、博学睿智"的教师形象，进一步凝聚了教师的价值取向，成为教育自觉的精神源泉和强劲动力。

2. 感悟成长之乐

我认为，真正的人性化管理，就是要尊重教师的专业发展规律，为不同的教师搭建成长的舞台；就是要在注重职业规划，促进专业成长，体验职业幸福上多做探索。尽管每个人的基础不同、能力不同，但每个人都希望享受成功的乐趣。因此，在学校整体建立教师培养规划的基础上，按照"适应期、定型期、突破期、成熟期、创造期"的专业成长规律，根据专业、年龄、个人优势等，制订教师"个人三年发展规划"，采取不同机制助推成长。按不同需求建立的分层培养机制，让教师的工作成为一种有目标、有追求的事业，让每个人都感受到"我的工作是有价值的""我还可以做得更好"，从而促进他们专业的提升，激发成长的动力。

3. 享受家园之乐

教师工作压力大，他们需要闲暇，需要缓解压力，作为管理者有责任为教师构建一个充满人文关怀的工作环境与氛围，让平淡的生活变得有声有色。教师"点染"工作室、"百灵鸟"合唱团等富有特色的教师社团，提升了教师文化和艺术修养，活跃了业余生活；每年举办有主题的新年联欢会，在轻松的氛围中，教师们尽展诗、乐才华；大家因为相同的兴趣而自发组建的篮球、登山、瑜伽等俱乐部，让"积极、健康、乐观、向上"的生活方式，在各类和谐的文体活动中得以彰显，生活或工作中的不快情绪，在彼此沟通中很快化解；温馨的教工之家，设有健身房、台球室、瑜伽室、茶艺室等惬意的空间。工作之余，老师们常常到这里坐一坐；或看书、备课，或聊天、健身。大家三五成群，有说有笑，其乐融融。

因为有了精神引领，有了专业追求，教师形成了巨大的凝聚力，他们凭着严谨治学的态度，不断进取、永不服输的韧劲儿，用自己的一言一行诠释着五一精神的深刻含义，形成了一支富有爱心、肯于钻研、乐于担当的教师团队。教师的职业幸福感一定会激发他们对学生的爱，对工作的热情，他们会倾其力关爱、呵护孩子的成长。这才是教师幸福的最高境界。

三、让学生活力飞扬

教育的最终目的不是传授已有的东西，而是要把人的创造力诱导出来，将生命感、价值感唤醒。孩子们一旦得到更多的信任和期待，内在动力就会被激发，会更聪明、能干、有悟性。我们的奠基教育关注的就是学生的主观能动性，正像我们的校徽所阐释的那样，学生犹如一粒粒正在发芽的种子，他们作为一个个灵动的生命，有其自身的生长力，只要为他营造一种发展的氛围，在阳光、雨露和空气中，每粒种子都会以他自己的方式发芽、开花、生长。

（一）在自我教育的平台中历练成长

我始终认为，教育的最高境界是自我教育。因为只有把教育者提出的要求变成了自我要求，并把它付诸于行动的时候，教育的目的才能真正实现。施行自我教育，并不是盲目地对学生放手，而是需要在目标引导下，通过氛围感染、实践体验，实现良好习惯的养成、自我道德的提升。

1. 树立一个目标，让学生去追求

我们以"九大幸福元素"为载体，培养和践行社会主义核心价值观，编辑五一小学《小行动、大美德》行动手册，制订各年级的养成教育目标，把《小学德育纲要》中关于德育工作的指标和要求，细化为体现学校特色的教育内容，构建了系统的五一小学自我教育目标体系。按六个年级，分别用两条主线贯穿，一条是"六个道德好习惯"，即学会自理，遵守规则，团结协作，诚实守信，承担责任，懂得感恩；一条是"六个好行动"，即爱校行动，微笑行动，爱心行动，志愿行动，绿色环保行动，感恩行动。这一体系把"立德树人"的育人目标分解成一个个让孩子"跳一跳就能够得着"的目标，孩子们在一个个小目标的引领下，循序渐进，自我教育也在不断取得阶段效果的过程中得以实现。

2. 营造一个氛围，让学生去生长

在精心规划德育目标的基础上，我们积极创设有利于学生自我教育能力形成的"氛围场"，通过学生对文化教育资源的吸收和文化教育活动的体验，唤醒学生主体道德成长的主观能动性。主题景观，东门的"奠基幸福人生"和南门的"逐梦"相得益彰，寓意在"为学生幸福人生奠基"理念下，五一学子追逐幸福人生梦的勇气和希冀；仰正大厅枝繁叶茂的"幸福之树"，饱含"若想叶茂，势必根深"之意，也希望孩子们长大成人后如参天大树般挺拔正直。结合"五景""三园""一甬道"校园景观开发的《美丽五一》校本课程有效发挥学校环境育人功能，激发学生浓浓的爱校之情：在这里，校园小导游形成了一道亮丽的风景线，他们用生动、熟练的语言介绍学校文化；小蚂蚁种植园里，挖掘小蚂蚁的可贵精神，赋予教育内涵，通过开展认领、种植活动，培养学生责任、担当意识；充分挖掘涌泉园的文化内涵，组织感恩行动，布置感恩园地，唱响感恩歌曲，感悟"滴水之恩当涌泉相报"的含义。以文化引领成长，实现文化润德，发挥着文化育人的功能。

3. 提供一个舞台，让学生去体验

我们努力为学生搭建多样化的舞台，引领学生在体验中实现主动内化。为学生创设个人、班级、学校三个层面的自主教育平台，在"我的成长我做主""我的班级我做主""我的学校我做主"系列活动中，学生自定目标，自我规划，表现出极大热情和潜力；他们参与班级文化创建，自主设计班徽、班训、班级特色建设方案，创建过程成了学生学习、锻炼的过程；参与学校的管理和决策，借助少代会以"学校发展我成长"为题写提案、说想法，倾听孩子心声，你会为他们独特的视角、独立的思想而兴奋和激动。

结合"大视野课程"，开展走近名家、走进博物馆、走进社区等活动；利用地缘优势，为不同年龄段的学生确立"三军仪仗队""航空航天部二院"等主题教育基地；基于孩子们各自的爱好特长，自发组建的"小钢琴家俱乐部""小记者俱乐部""法律小讲堂"等各种红领巾社团，引导学生积极主动地接触社会，接触大自然，在丰富多彩的实践中，扮演一个角色，学习一种本领，体验一种感受，明白一个道理，形成一种品质，最终促进他们道德品质和综合素质的提高。

(二)在自主学习的课堂中放飞思想

孩子们终究有一天要走出校门，独立面对各种挑战，我们把"学习能力培养"作为教学的切入点，让孩子"乐学，会学，学以致用"，使教室这个小天地成为放飞思想的大课堂。

1. 培育丰富的学习情感

我们围绕"激发学习兴趣，提高学习能力"进行了持续的关注与研究，努力打造适合学生发展的活力课堂。活力课堂是包容的，它尊重差异、鼓励尝试、宽容失败；活力课堂是参与的，每个学生都能融入课堂、享受课堂、成长于课堂；活力课堂是互动的，师生间、生生间有充分的、深度的、生动的交流。

我们举全校之力，组织各学科教师共同围绕"如何提高学生的学习兴趣"进行专题研究，并落实到常态课堂教学中；根据学生能力特点尝试进行分层教学，从教学目标的制定，策略的选择等多方面进行实践探索，建立分层教室，老师们根据学生的个性化需求，进行有针对性的辅导，让不同的学生都能够获得成功的喜悦。与此同时，学校制订出台各学科《活力课堂评价标准》，并将"创设情境，激发兴趣"作为课堂评价的重要维度之一。

2. 教授适合的学习方法

"授之以鱼，不如授之以渔。"培养学生的自主学习能力，还必须在教学过程中，指导学生掌握有效的学习方法，这将使孩子们终身受益。基于这样的理解与认知，我们结合不同年级、不同学科特点，制订《学生学习能力培养目标》，从"倾听表达、质疑解惑、合作探究"等方面明确标准，引领各学科站在全局的角度统观教材，梳理教材的结构脉络，明确各年级、各知识领域之间的内在联系，把教材、学科知识点纵横打通，形成体系，为学生的自主学习提供保障。

我们着力于教学方式和学习方式的变革。语文学科根据主题单元及体裁特点，探索单元整体授课，推出"预读""导读""自读"三读课型，数学学科推出了"核心导学""自学互学"和"主题实践"三种课型，学生在独立思考的基础上，与同伴合作交流，借鉴分享他人观点，逐步完善、深化自己的原有认知，进而产生新的思考，将学习不断推向深入。

3. 搭建多样的学习平台

在培养良好兴趣和指导学习方法的基础上，我们还从不同角度，为孩子们搭建自主学习的平台，引导学生感受到学习的途径是多样的。"自主学习周"让学生切实感悟到了"自己是学习的主人"：学生利用导学单在独立思考的基础上，与同伴进行交流探讨，由此及彼，由浅入深；汇报展示，引经据典，旁征博引。孩子们可以听老师讲授，可以自己查阅资料独立学习，还可以通过与同伴合作、交流、研讨达成学习目标……同时，我们打破学科间的界限，拓宽学习领域，把研究性学习引入学科教学，引导学生开展微课题研究，帮助学生建立多维度的学习空间，在"看生活，用知识，做研究"的过程中，提升学生的综合能力。

(三)在多元开放的课程中幸福绽放

课程是践行和彰显办学理念的过程，也是学校、教师、学生三者协同发展的过程，课程是学校的核心所在。为了满足学生多元发展和幸福成长的需要，学校紧紧围绕奠基教育理念，自主构建符合本校学生需求的、重基础、多元化、个性化的"幸福素养课程体系"。

1. 一点两线，守正出新

在拓展性必修课程的开发中，我们感到中华传统文化的缺失已经成为教育现代化发展中亟待解决的问题，民族文化是我们发展的"根本"，我们以守护"民族之根"为目标，着力开发传统文化类课程，主要包括诗韵飘香、国学养正、武术、书法、国画、剪纸……与此同时，著名的"钱学森之问"也引起了我们深深的思索，因此我们以滋养"民族之魂"为目标着力开发实践创新类课程，主要包括灵动数学、科学探究、木工 DIY、电子技术等校本课程。两类课程的实施强化了对学生"人文素养和科学素养"的培养，使我校逐渐形成了"一点两线，守正出新"的课程特色，即围绕"幸福素养"这一核心点，凸显弘扬民族传统文化和培养实践创新能力这两条课程建设主线。

2. 自主选择，多元发展

为满足学生多元发展的需求，学校开发了道德、健康、人文、科学、艺术五大类校本选修课程。人文类课程，围绕多元文化理解开展，课程的实施寓教于乐、寓情于理，中华文化与中华精神在这里得到传承和发扬，多元文化理解在这里形成；科学类课程，以培养学生"尊重规律，崇尚真理"的科学精神为目标，着力提高学生的科学素养、创新思维和实践能力；艺术类课程，呈现出多元、综合、富有美感的民族艺术盛宴，激发孩子们对民族文化美的追求……每逢选修课的时候，校园就成为了"课程自选市场"，4000 多名小学生不用再坐在自己的教室里面，而是根据自己的兴趣自主选择参加。多彩的选修课程，力求满足不同层次学生的学习需求，促进了学生的多元发展。

3. 实践体验，知行合一

为提高学生的综合素养，我们还打破了学科之间、课内外之间、校内外之间的壁垒，在三至六年级分别开发了"活动策划""主题研究""戏剧表演""创意实践"等各类综合性课程，以体验带动感知，以行动促进思考，行中求知，知行合一。主题研究课程以"品味五一，北京文化"为主题进行研究，"舌尖上的北京"组将自己制作的北京小吃和大家分享，"北京民居"组用乐高玩具再现老北京四九城，"我记忆中的五一"组制作了"五一小学老校舍"沙盘……学生们参与经历了研究的全过程。"戏剧表演课程"为学生开创了一个崭新的学习天地，师生共同阅读书目，创编剧本，排演剧目，自制道具、服装，孩子们的表达欲望被激活，合作能力在提高，综合素质得到提升。创意实践课程以创意设计、创意制作、创意思维等方式，培养学生的动手能力、合作意识、创新精神，制作吉祥物，创作巨幅剪纸名章，创编班歌，当一个个新奇的小创意"出炉"时，我们开发此课程的目的就达到了。

关注人的发展，关注幸福，是永恒的课题。什么才是幸福？那就是用自己喜欢的方式度过有价值的人生。对于教师而言，我们要通过更细致、更具前瞻性的工作让他们爱上自己所从事的教育事业，做到工作充实有目标，生活精彩有品位；对于孩子而言，我们要通过教育给予他们一种能力，有能力适应并创造未来的幸福。

（本文刊发于《海淀教育》2014 年第 6 期）

专家评述

五一小学给我印象最深的有三点。第一点，有定力；第二点，抓根本；第三点，肯担当。这三点在我们当前非常重要。小学影响人的一生，但决定不了人的一生。因为小学的任务，如习近平总书记在北京大学所讲的，就好像是穿衣服一样，要扣好第一颗扣子，如果第一颗扣子扣好了，下面扣子就不容易扣错，这就是小学的奠基作用。我觉得小学的奠基就是帮助孩子学会扣好人生的第一颗扣子。

五一小学有定力。郑板桥曾经有一句诗，"千锤万击还坚劲，任尔东西南北风"。我们现在所处的一个时代，就是一个东西南北风都在刮的这么一个时代，我们的教育事业的发展和改革，也是一会儿东风，一会儿西风，一会儿南风，一会儿北风。在这样一个背景之下，对自身认定的理想、道路、方向、信念不怀疑，不迷茫，不动摇，同时也不懈怠，不反复，不折腾，就是有一个坚定的信念。教育从来没有像今天这样，引起社会广泛的关注；从来没有像今天这样，许多专家都从不同的视角，来审视中国的教育；也从来没有像今天这样，有那么多的政策主张提出来，那么多的改革建议出台。五一小学和陈姗校长坚持用一种审慎的态度、敬畏的心情来对待教育，就是改革要在稳定的前提下发展教育，创新要在继承的基础上创新，也就是他们提出的守本归真。在纷纷扰扰的大潮当中，能够坚持守本归真，的确需要定力。五一小学提出来"要多想一想要继承什么，然后再想要改点什么，想一下哪些可以作为，哪些可以不为，不断地在反思当中创新"。我觉得教育要回归根本，而不是舍本逐末。所以在错综复杂的教育改革大潮当中，教育者应当把坚定的信念，作为一种价值尺度，作为一种奋斗的境界，任尔东西南北风，要始终保持清醒的头脑，不随风杜撰，不因为干扰而动摇，不因为困难而后退。

五一小学抓根本。这个根本就是陈姗校长提出来的本真，他们把这个"本"说成是人，教育的本就是人，把这个"真"说成是规律，就是以为人的发展服务，按规律办事。我想这样才有真正的教育。五一小学认识6～12岁儿童身心发展特点，呵护他们的童趣童真，给予他们一生幸福必备的素养，让每一个儿童能够度过为他终身幸福奠基的童年，我觉得这是对小学教育使命、小学教育功能最好的解读。

一说教育改革，我们可以拿出一套来让人看，好得了不得。但实际上，我们的常态教育，并没有多大的变化，但是五一小学做到了，他们搭建学生自我教育的平台，给学生一个目标让他们去追求，给学生一个舞台让他们去体验，给学生一个氛围让他们去生长。把学习能力的培养作为教学的切入点，让孩子掌握能力，提高孩子的主动性；把课堂作为孩子生命张扬的一个场所，让学生成为课堂的主角。这一切都已经变成了他们的常态，而在这个过程当中，他们把教师的发展跟学生的发展紧密结合起来，也就是我们常说的一句话：学校是学生和教师生命共同发展，共同体现生命价值，共同创造生命价值的一个园地、一个平台。在他们这儿，教师们把所有的教学工作，当作他们的生命体验，和体现他们生命价值的一个场所，把他们的工作看成是幸福的，我觉得这样一种常态的形成，是非常值得我们借鉴和学习的。五一小学由于抓住了根本，体现了小学教育的基础性，体现了以人为本的教育价值观，也体现了工具价值跟理性价值的统一。

五一小学肯担当。担当就是高度的责任感，认真负责，对国家负责，对社会负责，对工作负责，对世人负责，对自己负责。面对矛盾，敢于迎难而上；面对失误，敢于承担责任。现在学校工作不会一帆风顺，有了担当，就不会因为一时的困难与挫折而动摇，也不会因为一时有嘈杂的声音而迷茫。五一小学的发展得益于陈姗校长十多年来坚持继承传统，又坚持开拓创新，体现了高度的责任感，不仅对国家负责，对社会负责，也对学生负责，对教师负责，对家长负责，不仅对现实负责，更对将来负责。其实一些理念、一些观点不一定没有非议，一些做法、一些实践不一定没有阻力。但是他们不抱怨，不放弃，始终如一，奋勇进取。从来没有理想的教育，但我们都是在追求创造一种理想的教育。而对理想的追求，必须转化为踏踏实实的努力，才有实在的意义，这就需要担当。校长如果没有这份担当，就没办法真正办让人民满意的教育。

（国家总督学顾问　　陶西平）

课程改革与教师专业发展

北京师范大学实验小学　　吴建民

一、课程改革对教师专业发展的挑战

在教育改革已经成为常态的社会里，如何保障和提升教师专业性，是推动学校变革的关键。课程改革与教师发展的关系，是互为条件、互为因果的。课程改革需要教师的发展，也促进了教师的发展。反过来，教师发展也是课程改革成功的必要条件之一。所以，目前的课程改革，迫切呼唤着教师的发展，这是改革的需要，也是教师自我实现、自身成长的内在要求。

新课程对教师的新挑战主要反映在三个方面：一是教师教学能力的提升，教师要能够理解、领会和运用新的教学理念和方法，提高新课程的实施能力。二是教师课程开发能力的发展。这种课程开发能力对大部分教师来说，是其职业生涯中的新要求和新发展方向。教师不仅是课程的实施者，也是课程的开发者。校本课程的开发和课程资源的开发，不仅能给学校灌注新的活力，更重要的是，它将最终导致过去那种基于书本的教学真正走向基于资源的教学。三是课程与教学评价能力的发展，尤其是学生评价和教师自我评价能力和评价方式的更新，已经越来越构成新课程改革的实施瓶颈，社会和学校对评价的关注度随着课程改革的推进在不断升温。

新课程为教师专业发展带来了新的挑战，也为教师成长带来了新的机遇。课程改革促进了教师的专业发展，使他们获得新的关注；没有教师的专业发展作为支撑，就不会有新课程的健康发展。在新课程改革中，教师要有自我发展和自我超越意识，要持续不断地进行探究式学习，要不断获取教学专业技能，学会创造性反思，构建多元化知识结构，向成为一个有思想的实践者努力。

二、教师专业发展的途径

广义上来说，教师专业发展的资源和途径很多，最显而易见的是特定时期内专业化的教师教育和训练。除此之外，人们从小接触到的教师、对自身成长有影响的教育经历与事件、从事教师工作后的日常工作经历与经验等都是教师专业发展的重要资源。

一般来讲，教师专业发展有两条基本的途径：自主发展和专业对话。

教师的自主发展，主要是指教师具有自我发展的意识和动力，通过不断地学习、实践、反思、探索，使自己的教育教学能力不断提升，并不断向更高层次发展。从这一点上来讲，它强调教师是专业发展的主人，教师的成长主要靠自身的努力。教师要进行"专业"发展，离不开"自主"，这是由教师的职业特殊性决定的。因为在很多情况下，教师是一种在统一规则下的具有明显个体劳动特性的职业。教师的专业发展带有明显的个人特征，它不是简单地把现成的教育理论用于教学实践的过程，而是一个需要与主体个性特征、原有经验等相互影响的复杂过程。人们常说"教育是科学，教育更是艺术"，前者说明教育需要遵循一般的、共性的理论，后者则要求教师要将一般理论个性化与具体化，并与个性因素相融合。教师的专业发展是共性的教育教学"理论"与教师个人的"实践性知识"的整合过程。

自主发展的核心要素是教师的自主意识和个人能力。教师专业发展的自主意识包括自主发展的需要意识，对自己过去及现在专业发展状态和水平的意识，对自己将来专业发展的规划意识。这种意识就是教师进行职业生涯发展规划的基础。教师专业发展的自主能力包括教学能力、研究能力、反思能力等，其中教学反思能力是一种较高层次的能力。

教师专业发展的本质是自主发展，但这并不等于教师要独立完成，还必须借助他人的力量、团体的力量，专业对话就是借助他人力量、团体力量的较好形式。专业对话是指教师在专业领域里，与同人们进行交流、研讨，对一些问题能相互理解，或能达成共识，或有积极的反应。专业对话可分为直接专业对话和间接专业对话两种。直接专业对话又可分为"校本专业对话"和"校外专业对话"。

三、建立教师专业发展的支持系统

对于每一所学校来说，学校是教师专业发展的有效协调者、拓展者，我们需要把学校办成一个"教师专业发展的中心"，为教师的专业发展建立支持平台。下面以我校为例简要介绍我们的一些措施。

(一)成立校内教学指导组，促进教师课堂教学能力提高

由退休教师组成的教育教学指导组，有针对性地参与教研组活动。随时听全校教师尤其是青年教师的课，与教师一起分析教育教学中的优点与不足，指出其改进与努力的方向，促进其教学能力的发展。

(二)固化专家引领机制，加强校外专业对话

聘请长期与短期专家走进学校，走进课堂，是我校一直坚持的做法，并已形成制度。讲座与对话的内容既包含宏观领域的问题，也包含微观领域的问题。讲座每个学期有专门的主题。例如，我校近一年专家讲座的主题分别是"教师心理健康"与"走近特级教师"。

此外，我们还聘请了不同学科的长短期专家，深入课堂，与教师一起听课。评课，备课，指导教师教学，在青年教师培养方面取得了良好的效果。

(三)加强自主发展意识，每位教师确定个人职业生涯发展规划

在聆听了心理学专家有关个人职业生涯发展规划的讲座之后，每位教师完成了自己的个人职业生涯发展规划，对自己过去专业发展的情况，对自己现在专业发展状态和水平有了基本的思考与分析，对自己未来专业发展进行了初步的规划。学校作为每个教师专业发展的促进者，可以有的放矢地进行指导，并提供相应的条件与支持。

(四)培养反思能力，与教育期刊对话

首先，学校对教师进行培训，对如何写好反思进行指导。其次，要求每位教师每月上交至少一篇反思文章，可以涉及自己教学的各个层面。每位班主任老师每学期上交至少一篇教育方面的反思文章。学校不定期将之整理成册，发给每位教师，达到交流的目的。

学校为每位教师订阅了1～2份专业期刊：给语文老师订了《小学语文教学》和《小学语文教师》；给数学老师订了《小学数学教师》和《小学数学教育》；班主任老师每人一份《辅导员》。其他学科为教研组订了1～2份期刊。

每年学校出版两期校内科研刊物——《教育百花园》，有选择性地收

录全体教职工的论文与研究报告。学校鼓励教师将自己的论文在正式刊物上发表,每年都有不少教师尤其是青年教师的论文正式发表,近几年部分教师出版了自己的专著。同时,学校网站上不定期会将《中国教育报》《光明日报》等报刊上有关教育改革的文章加以转载,供全体教职工学习参考。

(五)强化校本研究,深化校本直接对话

所谓"以校为本"的研究,就是将教学研究的重心下移到学校,以新课程目标为导向,以促进每个学生的发展为宗旨,以课程实施过程中学校所面对的各种具体问题为对象,以教师为研究的主体。这种研究强调理论指导下的实践性研究,既注重解决实际问题,又注重经验的总结、理论的提升和规律的探索。"以校为本"的研究,要具备四大要素:个人反思,同伴交流,专业引领,社会资源的支持。

在校本研究方面我们主要的做法是:

1. 形成教研、科研一体化结构

我校将科研管理单元由学校科研室下移到各个教研组,将以往由科研室统管个人松散研究单位的模式转变为同时面向教研组和个人的相对集中型的管理模式,教研组长成为教研组科研课题的第一责任人,教研组中的各个教师全员参与研究专题,同时引导各个教研组将教研与科研紧密结合起来,形成教研、科研一体化结构。"十五"期间,我校承担国家级、市级、区级、校级各级各类大小课题38项,共有17个教研组申报了自己的科研专题。

2. 打造团体、个人互动式校本研究模式

首先,改变以往教研活动缺乏互动的不足,在新的校本研究形式中,老师们针对所研究的专题实事求是地去分析教育教学行为的宝贵经验与存在的问题,把教研变成学术探讨,形成团体内个人之间的互动。其次,在日常的教研过程中以课题研究的内容作为研讨的主线贯穿始终。最后,学校在每学年的第一个学期都要进行各学科的教学研讨会活动。

3. 倡导教研团体之间的互动教研模式

我们除鼓励教师日常的跨学科听课外,还尝试进行了全校性的集中跨学科教学研究活动,例如,在2005年11月举行的全校跨学科教学研究活动中,全校教师共同听了不同学科的6节课(语文、数学、英语,科

学、美术，体育），然后全校 16 个教研组在组内对这 6 节课进行分析讨论，最后大会交流，各教研组汇报小组讨论的结果。这一活动加强了不同学科间的了解与沟通，取得了较好的效果。

总之，教师的专业发展除积极引导教师自主发展之外，更应从多个方面积极为其创造条件，因为教师专业水平的提升能让教师有一定的成就感和幸福感，从而在一定程度上避免了职业枯竭或倦怠，而最终会对促进学生的成长起到积极的作用。

（本文刊发于《海淀教育》2007 年第 4 期）

编者感悟

教师队伍是一所学校最重要的财富。北师大实验小学吴建民校长紧紧抓住教师专业发展这一要务，为课程改革的实施保驾护航。校长认识到课程改革给教师专业发展带来的挑战，尤其是锁定了教学能力、课程开发能力和评价能力这三个方面，即便在近十年后的今天看来，也依然抓住了教师专业能力的核心。有了这些明确的认识，再依据学校资源条件和实际情况，选择和创设教师专业发展的两大途径：自主发展和专业对话。这是对课程改革中师资队伍建设的一个系统策划及实施过程。在自主发展上，吴校长注重激发教师的主体意识和内驱力；在专业对话上，根据学校便利条件，引进专家资源，建立教师专业发展支持系统，实现教研、科研一体化，形成团体—互动校本研究模式。吴校长以教育科研为抓手促进教师专业发展，这是避免教师职业倦怠和枯竭，提升教师成就感和幸福感的不二法门。

吴建民校长特别关注学生阅读能力的培养，承担了海淀区"十二五"教育科学规划校长委托课题"促进小学生课外阅读的途径和方法研究"。他在教师管理中也特别注重教师阅读，提出了"与教育期刊对话，培养反思能力"的教师专业发展途径的主张。吴建民校长紧紧抓住教师队伍建设不放松，实施人本化管理，给教师营造一个宽松的成长氛围，让教师主动发展。对于教师的各项改革措施，不管是科学探究课还是语文阅读课，吴校长都给予相关支持。他鼓励教师："不求完美，力求创新。"他认为管理者就要尽力帮助教师发展，为教师发展服务，而不是定一些死的框框去限制教师、苛求教师。学校为每位教师订阅专业期刊，并引领教师走向专业写作，鼓励教师发表论文，这都是一所小学学术立校的基本表现。

学校图书馆为北京师范大学图书馆小学教育分馆,有藏书 11 万册,也为教师专业发展和学生阅读能力的发展提供了必要的条件。

吴校长可以说是北京小学校长中"学院派"和"实力派"校长的代表。他身为北师大博士、教授,也一直在带硕士研究生,因此造就了以"课题研究"和"学术品位"为特色的北师大实验小学。吴校长在学术上的造诣使这所名校成为了小学教育的"思想库",在学术研究气氛中成长起来的教师自发钻研于教育教学与学生管理,使实验小学的教育质量在北京市持续保持领先的水平,得到社会的广泛好评。

(北京市海淀区教育科学研究院　　宋世云)

童心教育让学生享受自然成长的时光

首都师范大学附属小学　　　宋继东

　　据报载，美国一位年轻的母亲因幼儿园老师教自己的孩子认识英文字母而向法院起诉。这位母亲认为，当她画出圆圈，孩子可以说是月亮、是鸡蛋，而一旦教孩子这是字母"O"，想象的翅膀就被剪断了——结果，这位母亲胜诉。胜诉的背后，传递给我们这样一种理念：想象的翅膀、淳朴的童心，是孩子最可宝贵的财富。希望每个孩子能自然成长，而不要过早地受到"先导式"教育的干扰。在我们身边，很多家长抱定"不能输在线上"的想法，攀比着上各种培训班，大量购买教辅书，恨不得马上把孩子打造成一个天才。我们的学校也是这样，大量的考试、作业，拿自己的学校和其他学校进行比较，力求"处处领先"。其实，每个孩子在个性气质、知识经验、心理特点等方面都有所不同，成长速度有快有慢。人们无须背离孩子的成长规律，做"揠苗助长"式的努力。家长如此，学校更是如此。

一、做一名研究学生的校长

　　"让学生享受自然成长的时光"是我的办学思想。爱无边，施之有道，在学生小学生活的六年时间里，不能为了成绩好一点或者练就某个特长而导致学生快乐的童年消失，尽可能让他们在符合身心发展规律的环境氛围中，快乐学习，自然成长，这才是对孩子最好的关爱。我们不能为了培养学生的成熟而去折断他们想象的翅膀，正如蒙上学生的眼睛让他去感受生活的趣味一样，世界已经黑了，上哪儿去寻找色彩？

　　"让学生享受自然成长的时光"的教育需要有一颗了解学生的心，应该在小学的六年时间里还给学生一个真实的童年，让他们欢笑、跳跃、嬉戏，也应该让成人从孜孜不倦的"教"中解放出来。正如卢梭所说："在万物的秩序中，人类有他的地位；在人生的秩序中，童年有它的地位；应该把成人看作成人，孩子看作孩子。按照人的天性处理人的欲望，为了人的幸福，我们能做的事情就是这些。"基于此，我们不惜成本地研究学生，通过四大"了解"途径，形成童心自然成长的育人体系——童心成长树。

（1）了解学生的喜好，然后设计出童心课程。将以往的国家课程、校本课程、地方课程、社团课程等整合成"童心课程"，即存在三个内在联系的课程架构系统——完满生活者课程、终身学习者课程、快乐游戏者课程。童心课程将以往分散的课程组合在一起，形成了一个有效率的整体。完满生活者课程保证所有学生基本落实国家课程标准；终身学习者课程在打好学习基础上进行拓展学习；快乐游戏者课程是将显性课程和隐形课程有机整合的课程。

（2）了解学生的成长规律，明确学生的成长一定是阶段性的，然后实施分年段的教育管理模式。

（3）了解学生的主体发展愿望，改变学习方式和教师的教学方式，提出了前置学习和小组学习；加强儿童观的学习与认识，更新教学观和质量观念，从学生发展入手，将自然成长权还给学生，让课堂走向成熟，以科学的教学方式实现理想的教学。

（4）了解学生的个性差异，实施成长测评，不以增加知识学习，更不以考试成绩来干扰学生的成长。

在此基础上我们最终形成了学校、教师、学生成长的方程式：

◎学校成长方程式：有理念＋有成长＝学校的成功

◎教师成长方程式：精专业＋懂儿童＝教师的成功

◎学生成长方程式：会做人＋会学习＝学生的成功

二、形成"率真、关爱、求索"的文化信仰

童心教育作为学校的办学理念，是我校在1998年提出来的。通过几年的发展，它的思想体系已经逐渐成熟并且充分体现出所蕴含的文化科学精神：童心教育是"魂"之建设，把个人与他人、个人与群体、人与环境有机地联系起来，形成一种文化的关系；童心教育是"神"之建设，通过"率真、关爱、求索"的提出把个人的价值追求与学校倡导的价值观有机地联系起来，形成一种文化的信仰；童心教育是"人"之建设，它以研究人为出发点，落脚点是人的发展。学校文化尽管是无形的，但作用是实在的，把现有的文化资源转化为文化力量，把文化的建设引向深入，突出文化立校，静心挖掘学校文化的精髓，提升学校文化的品位，我们

确定了学校的发展愿景。

1. 愿景

成为一所敬畏童心、生动成长的杰出学校。敬畏童心就是对学生的自然成长、对学生的生命的尊重。每一个孩子都是一粒种子，遇到了童心的土地，所有的种子都能长成大树；童心是神圣的，"成为敬畏童心、生动成长的学校"的愿景目标突出了学生的地位，涵盖了教师的使命，明确了教育的任务，体现了对学校发展的憧憬。

2. 使命

以"率真、关爱、求索"价值观为引领，葆童真，激童趣，为学生身心健康打基础，培养会幸福的学生；爱生活，会工作，为教师的职业发展铺路，培养懂儿童的教师；有文化，有质量，深化童心教育，成为素质教育最好的学校。

3. 目标

育人为本，提升课程建设的能力，给学生带来成长的机会；育心为道，体验童心文化的进步，给学生带来快乐的童年；育体为根，关注个体生命的状态，给学生带来健康的生活。

三、维护童心品牌，夯实办学实践

学校发展规划是为了让教师和学校有共同的话题，扬长避短才能行之有效，有实力支持才能成功。只有基于对学校发展的详尽分析，找出学校发展的关键事件，围绕主线发展，我们才可拥有对未来美好的无限憧憬和美好想象。

1. 管理机构改革——尝试有效的内部控制管理

学校发展，教育教学质量是关键。学校以质量提升为主线，量体裁衣，设置了学校内部管理网络系统，我们自称为"大项目结构化的教学管理"，是基于加强学校内部控制管理的思想进行的一项改革。在大项目的管理中，每一个负责人都可以在自己负责的范围内施展才华，机构设置、责权分配非常清晰，避免了谁说了算、说了也不算、谁说了都算等权责不明的现象。做教育工作不能有风险存在，因为每一个教育风险耽误的都是一群孩子的成长。有效的内部控制管理帮助我们避免了校内的教育风险，协助童心教育越走越扎实。

2. 教学管理提升——实现"真·美"的教学管理追求

一个优秀的学校一定是靠文化引领的力量才得以实现的。童心文化的打造全方位提升了学校的办学品质，但是任何一个优秀的文化都同时需要不断地与时俱进，需要新鲜的东西来彰显鲜明的文化特点。童心文化的发展需要几个重要的支点，在此目标下，我们重点建设了"真·美"教学管理文化。"真·美"的教学管理观是基于学校童心教育所倡导的"率真、关爱、求索"共同价值观以及人性化童心行政管理理念所提出来的，是在一种旨在追求科学化、生活化、人本化教学管理理念的教学管理观。它实现了对学校师生教学生活的管理，实现了以"尊重生命"为本的教学管理。

3. 课程设置的创新——童心课程体系建设

我校建立了符合学生特点、满足成长需求，寻求"学力"建构的课程体系：落实国家课程目标的"完满生活者课程"、加强学科拓展的"终身学习者课程"、进行多学科学习的"快乐游戏者"课程。这个体系突出体现了"五性"，即：基础性，夯实知识与技能的基础；生活性，强化与生活实际的结合；综合性，探索多学科知识的学习；浸润性，各科融入童心品质教育；开放性，选取更多适合学生学习的内容。童心课程体系的建设是一个系统的实施工程，从教学的内容、教学的方式、教学的场所、教学的评价以及受教育者的感受五大方面进行改革，依据相关的教育理论形成自己的理论系统，最终实现有意义的转变。

"童心课程"体系的建设，围绕着"率真性情、关爱德行、求索能力"教育目标而设计，围绕着完满生活者、终身学习者、快乐游戏者蕴含学生成长规律的三个框架而设计，将国家课程上出层次，体现了多层次、多样化的特点；将人的培养与需求相统一，体现了育人环境的改善。童心课程以办学理念为载体，以综合性为基础，以合作为核心，以学生未来发展为条件，不仅仅体现了自己学校的办学风格，更是一个蕴含教师发展与学生成长、充分体现育人价值的改革工程。

4. 抓实未来优秀教师的成长

每一名教师都可以是优秀的，每一名青年教师都可以成长为促进学校发展的优秀教师。学校的发展一定要关注青年教师的成长。青年教师，作为最有活力和希望的一个群体，他们的言行举止和所思所想是最引人关注的，在某种程度上代表着一个学校的态度与追求。关注这个群体，服务这个群体和引领这个群体是我们不可推卸的责任。学校提供更多的机会——学习与展示自己才华的机会，让校园 90 后忙起来，也逐渐地成长起来。

对于青年教师的培养，从他们工作中的强项入手，帮助青年教师探索自我，认识自我。每一个青年人都有自己的梦想，学校对他们的帮助就是让他们实现自己的梦想，发挥每一个人的影响力，让他们在促进团队成长的过程中也拥有自己的舞台。为了促进青年教师专业和个人全面素质的提升与发展，学校提出了"四个一"：一笔好字、一张好卷、一堂好课、一场好报告。从青年教师培训的计划和管理入手，提出明确的要求并且以汇报的形式进行检验。青年教师应该是学校发展的栋梁和骄子，把他们的青春、智慧和力量献给学校，用自己的课程能力获得学生认可，用自己的人格魅力得到学生的崇拜。

5. 让每一名学生都生动成长

让学生生动成长为发展目标，以生动的环境、生动的学习、生动的活动、生动的生活来满足学生校园成长的需要。

我们重新规划校园环境设计，以童心地图引导学生学习的旅程，以童心庭院式环境设计为学生的认知发展、能力的发展提供很好的氛围。我们的心中有着那么一幅图景，那是体现童心教育的校园，童心百草园——童心森林——童心山水。一山一世界，一水一童心，每一个孩子就是一个世界，独特的世界，每一个孩子都是大自然的精灵。突出童心教育：葆童真、激童趣，体味童年的美好；突出中国文化：传统与现代对话，体味本土的气息；突出生态环保：让出 30% 给自然，体味自然界的声音。我们期待着每一个生活在校园里的人看到的每一个方向都是一个画面，走到任何角落都可以感受校园"景"的气息，相信自然人的成长。

走过的岁月都是值得阅读的，我们追求的不是一种感受，而是在选择一种更好的教育生活方式。童心教育的第三年，我们在步履坚定地前行。我们在憧憬着一个更加美好的教育方向，我们在全力发展以进化出童心最生动的灵魂，我们在期待着以童心教育感动中国教育。我们坚信，在不久的将来，一个日渐清晰的杰出学校正向我们走来；我们坚信，有了行动，童心教育的理念就会长出更好的翅膀，更加有力地翱翔在属于我们的蓝天上。

（本文刊发于《海淀教育》2013 年第 4 期）

🔘 **记者观察**

当一个民族的孩子们失去了个性、创造性时，这个民族是没有希望的。在现实的学校教育条件下，如何发展学生的个性、保护他们的童心？宋继东——这位果敢、锐意改革的教育者，用一种穿越历史、通达未来的审慎的智慧提出了"童心教育"。

第一，学校通过童心管理引领童心。

童心管理在学校童心教育的实施过程中承担着重要的引领作用。附小将童心教育的价值观——"率真、关爱、求索"这三个概念发展为童心管理的"同心、真心、开心"，首先达成思想上的统一认识，继而形成行动中的"共同做、真心做、开心做"。童心管理强调合作的团队化管理，学校不断打造和完善童心团队：教师、家长、学生；党员、干部、群众；学科、社团、兴趣组。一个个童心团队的建设为学生的全面发展和个性成长创设了平台，搭建了舞台。

为了激活"童心"动力，共同确立愿景目标，附小组织学生、教师、家长开始共同思考学校的办学理念和目标。经过不断探讨、完善，附小确立了反映师生、家长共同诉求的办学理念——"同心呵护童心、同心哺育童心、同心发展童心"；提炼出团队的共同愿景：让学校成为受人尊敬的真爱学苑与求索乐园。用象征的手法"一棵不断成长的童心智慧树"形象地表示出来，同时粉刷学校五栋大楼强化共同愿景的深层次内涵，让它植根于师生的脑海中，成为师生清晰明确的奋斗追求。

第二，学校用童心德育守护童心。

童心德育强调学生本身就是道德人，童心教育的宗旨就是依天性的教育、塑人性的教育，并且通过童心德育体系实现了对学生成长的关注，满足学生精神成长的需要，并以学生自我德育的养成为最终目的。

童心德育要为学生建立起一种规则意识，鼓励学生在规则中发展个性，努力成为一个与众不同的成功的人。由此，附小确立了"我愿意，我会做"的童心口号，确立了"做人有五品质，做事有五能力"童心少年关键行为评价标准。五品质包括尊严、活力、自我管理、集体感、意识；"五能力"即学习力、创造力、实践力、沟通力、表达力。

在附小，童心德育把学生当"童子"看，为其提供与之身心发展相适应的生活。为此，附小制订了《童心学生守则》，用质朴的语言对学生的行为习惯做了生动诠释，让孩子们内化于心，外化于行。为了进一步强化教育效果，附小还制订了"成为文明的走路人、成为文明的说话人、成为文明的做事人"的《校园生活行为准则评价表》，对学生的行为习惯由表及里地进行了规范。

学校建立了童心德育的长效机制。以六年的时间为坐标，制订了展现学生的品质成长和谐推进计划。低年级重点提出爱父母、爱老师主要行动：通过"爱"启迪"爱"；中年级重点提出爱同伴、爱校园主要行动：通过"爱"感受"爱"；高年级重点提出爱自己、爱社会主要行动：通过"爱"理解"爱"。根据孩子们身心发展规律开展德育活动，从塑造孩子们基本的人格品质开始，扎扎实实一步一个脚印地让孩子们走向善良、正直、宽容、负责。

第三，学校实施童心教学激发童心。

"多育共存，多元思维，点燃智慧人生"是附小的教学目标，而课堂则是这一理想得以实现的地方。为了实践这一神圣目标，附小人首先打造关注学生生命成长的童心课堂。童心课堂，是德育、智育、美育等多育共存的课堂。附小的课堂教学不仅坚持对学生进行应用知识的传授，更重要的是，它注重能力的培养，注重开发人的智慧和潜能，要求全面发展学生的生理素质，心理素质和文化素质，重视培养学生的自我发展能力、分析和解决问题的能力。

附小人追求的理想课堂是"真"和"美"的和谐统一。"真"是童心教学的过程，"美"是童心教学的结果。通过真和美的教学为学生打下学习和思维的基础。真正关心学生的智力发展过程和做人的品质的养成。附小人将"博学、审问、慎思、明辨、笃行"移植到童心教学中，并结合"知行统一""学以致用"，创造性地提出了童心教学思维方式的学习原则：言之有方，问之有方，思之有方，学之有方，行之有方，学生求学。

在谈到童心教育的成果时，宋继东的眼光放得更远。他说，实施童心教育，受益最大的还是孩子们。对于他们来说，良好的童心教育是在人生关键时期形成的记忆，就像一幢高楼的基石，一粒种子萌发时的雨水和泥土，成为照亮一个人全面发展的光源。

（现代教育报社　　张　墨）

打好阳光底色　成就卓越人生

北京市海淀区红英小学　　陈淑兰

教育是人类的阳光，承载着人类生存发展的希望。教育应该像太阳一样公正、透明、温暖、纯净而又博大。这一朴实无华的比喻昭示了红英人对教育内涵的深刻体悟，表达了他们对美好教育的纯真向往。

办学理念是一个学校的灵魂，红英小学基于对学校办学现状及学生实际的认真思考，从"以人为本，培养学生可持续发展能力，为孩子的一生打好底色"的教育观念出发，确立了"阳光教育"的办学理念。

一、落实阳光教育理念，健全习得教育体系

(一)阳光校训：卓越在于习得

红英小学将"卓越在于习得"作为自己的校训。追求卓越成为学校教育整体性的目标。然而，追求卓越需要有牢固的根基。要做金字塔之尖，还须从基础做起；追求卓越的教育，还须从细微处做起。根基何来？来自良好的习惯。

我们认为，良好的习惯更应该通过"习得"来获得。习得是一种创造性模式，一种自然地、无意识地掌握知识或技能的过程，较之"学得"，效果一般更持久。而我们惯常意义下的"学习"，是有目的、有组织、系统地掌握知识或技能的"学得"过程，更多局限于课堂之内，惯于以教师为中心来进行。学得的知识是经过教师反复操练以后灌输给学生的，严重忽视了学生更富主动性的"习得"过程。习得与学得应该辩证地统一起来。我们强调"习得"，是进一步表明学校教育时时育人、处处育人与人人育人的教育思想。

(二)习得教育体系及其策略

良好行为习惯的养成依赖于习得教育体系的建立与完善。为了更好地落实"阳光教育"思想及"卓越在于习得"的校训，"为孩子的一生打好底

217

色"，经过三个学年的摸索实践，红英小学逐渐形成了"底色教育"或称"习得教育"的基本框架及内容。

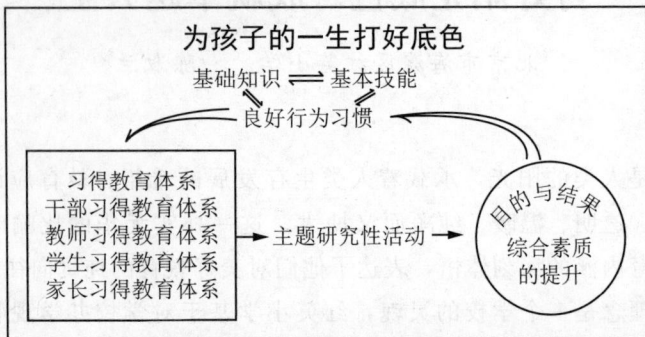

这一框架明确了在小学教育阶段，学校除了传授学生知识和技能，更应注重孩子学习及行为习惯的养成。反之，良好行为习惯的养成又必然促进学生对知识和技能的学习。习得教育体系主要包括干部、教师、学生及家长四个不同的层面，最主要的是学生习得教育体系的构建，其侧重点包括学生学习习惯的习得与道德行为习惯的习得。

1. 明确内容，细化目标

习惯的形成通常包含外力督促强化、自觉但需要一定的意志努力与自动的近乎本能这三个层次，最后一个层次是习得教育的理想目标。在学习习惯培养过程中，学校首先明确地将上课习惯、作业习惯、考试习惯、阅读习惯、反思习惯、预习习惯、自学习惯、观察习惯作为学生六年的"核心习惯"来培养。其具体的培养策略就是：要求具体，严格训练，反复强化，持之以恒。学生行为出现反复时，教师更应该在改革传统教学模式、提升教学质量的同时加强对学生的督导、评价与反馈。

2. 完善制度，策划活动

目标明确了，如何进行有效督导以确保实效呢？首先是管理模式的转变及管理制度的完善。在管理模式上，学校提出要从"粗放型"向"精细化"转变，切实树立精细化管理的意识。学校各项工作都从精细化管理的标准出发，做到"目标明确有要求，过程细化有预案，任务完成有时限，活动反思有内容，监督评价有奖惩"。进行领导体系的结构性重组，成立各级管理小组，分管德育、教学及后勤工作，明确各自职责，增强角色意识，为形成学校习得教育体系奠定良好的基础。

习得教育的核心是活动策划。学校倡导在活动中教育学生、引导学生，让学生在活动中学会感悟，学会思考，学会做事，学会做人。经过三个学年的努力，我们逐渐形成了学校的主题活动策略。例如，"层级化听评课交流制度"主要包括学校定期听评课、校长主任听评课、"阳光工作室"师徒互评课、"名师工作室"学科听评课及校外专家"第三方课堂有效性评估"等一系列活动，以此达到了监控课堂教学效果的目的，对学生良好学习习惯的养成起到了极大的促进作用。

作为一所学校，学生的活动并不少，但如何使活动规范化、秩序化、系列化，能连续并有效地帮助他们养成良好习惯呢？学校开展主题月活动，根据中国传统节日分布的特点，将一年的12个月分别冠以主题性名称，如一、二月为读书月，三月为感恩月，四月为生命安全月等，其具体内容表现为"六个一"，即在主题月活动中，学生们应该"参加一次大型活动，观看一部电影，阅读一本书，学唱一首歌，记住一句名言，学习一位名人"。

3. 家校合作，广泛借力

学校除了通过制订一系列的管理制度来实施对学生习惯养成过程的督导之外，还广泛借力于教师和家长，实现多元合作，形成学生"习惯养成教育合作体"。学校创设了家校合作的多种形式，共同助力学生良好习惯的养成。学校制订的"家长手册"中，不仅包含学校的整体计划、各部门工作职责及联系方式等常规性内容，还加入了课标对低、中、高各年级段的学习内容及习惯培养的要求，便于家长对学生进行有针对性的家庭督导。每学期不定期举办的家长课堂，从根本上提升了家长的教育理念，改变了家长教育的方法，家校形成教育合力，更好地督促学生将"要求"固定为"习惯"。

二、坚持德育为先，形成育人特色

坚持育人为本，德育为先，是国家根本性的教育方针。德育工作开展得好与坏，关系到孩子一生的发展。多年来，学校始终坚持走德育为重、教学为主、全面发展的道路，本着"低起点、抓细节、讲实效、求发展"的原则，时时育人，事事育人，人人育人，处处育人。在具体实践中形成了极具特色的育人模式。

（一）德育制度健全化

根据《小学生守则》和《北京市小学生日常行为规范》的内容，结合我校实际情况，修改完善了一系列的管理制度，其中包括《阳光教育之学生必读》《阳光教育之学生行为习惯养成五十条细则》《阳光教育之安全教育三十条》《仪容仪表检查制度》《卫生检查评分细则》等。

学校的管理工作框架主要分三大块：德育、教学与后勤。德育管理工作主要由少先队大队辅导员、阳光电视台老师、班主任、少先队大队委员及学生值周岗等多人负责。根据小学生的特点，坚持开展班级文明建设达标活动，各班从创建文明建设合格班级开始，逐步提升为先进班级和模范班级。

在开展德育活动中，做到"六坚持"，即坚持学校德育要求每周例会制度，坚持日常量化考核日日清、周周总、月月评制度，坚持"仪容仪表"周检制度，坚持每学期"阳光少年""各项标兵""先进班集体"的评比制度，坚持利用重大纪念日开展主题教育活动，坚持每两周一次大型文体活动，从而寓德育于活动之中。

（二）德育途径多元化

1. 寓德育于课堂教学

首先，教师在教学中充分挖掘教材中的德育因素，注重非智力因素的培养。其次，开展"磨出好课、精品课"系列活动，执教老师们围绕主题教育内容，以学生为主体，深入渗透新课程理念，形象生动地展现了育人过程。各教研组围绕教学进行集体评课，有效提升了德育主题课堂教学的水平。最后，实施"首席教师制"，为学校德育工作搭建全程立交。这一制度拓展了学校德育的途径和思路，强化了教师的责任意识，深化了教师的大教育观念，为学校德育工作立体化的开展提供了平台。

2. 寓德育于主题活动

这是学校习得教育的重要途径。全校师生群策群力，研发了由"首席教师"直接负责的主题月活动；根据学生道德认识的特点，分别在一年中设计了9个主题月活动，包括读书月、感恩月、生命月、亲情月、传统月、礼仪月、爱国月、科技月、反思月，将每个月的活动固化为"六个一"，即品读一本好书，认识一位名人，记住一句名言，学唱一首歌曲，观看一部电影，参观一座博物馆。主题月活动的设计让学生在喜闻乐见的活动中，自主、自动地接受社会优良道德观念的作用。

2008年3月，焦会泳老师领导的"感恩月活动领导小组"设计了"护蛋宝宝的一天"、反背书包等活动。时逢我国南方发生罕见雪灾，焦老师及时抓住教育良机，组织学生开展"为灾区人民献爱心义卖活动"。在义卖活动中，学生将自己的玩具、看过的图书、亲手制作的小工艺品拿到市场上义卖。在互换分享中，学会交往，学会奉献，学会接纳与关注。

3. 寓德育于社会实践

近年来，学校德育工作更加关注学生参与社区服务和社会实践，将之作为进行道德教育的基本途径。关注时事，关注环境，积极参与社会公益活动是我校德育的一大特色。

◇人与自然系列："树种与我""污水处理厂""垃圾填埋场调查""小手擦靓香山""节约就在身边"等。

◇人与社会系列："新交规与我""大货车保险杠的安全改进""储蓄文明活动""国旗进社区""生命与安全""奥运火炬在我身边传递"等。

◇人与人系列："跨越国际的爱""关注弱势群体体验""捐献骨髓干细胞""为海啸灾区捐款""谢谢你，人生路上的领路人"等。

(三)德育评价科学化

在创新德育形式的具体实践中，学校形成了评价育人的德育模式，即以"阳光密码"引领学生，以"阳光俱乐部"激励学生，以"倒金字塔"督促学生，以"校内行为量化表"规范学生，以"家校合作"促进学生的评价特色。

1. "阳光密码"：成功的钥匙

根据孩子的身心特点，我们将学习及实践中摸索出的良好行为习惯归纳为"细节决定成败50条"，提炼出"阳光密码20条"，作为评价学生日常行为规范的准则。我们将这些"密码"制作成宣传板配以学校形象卡通悬挂在学校大门前的教学楼上。值周教师及值日学生每天早晨站在"阳光密码20条"前抽查学生，提醒学生记住"阳光密码"，生活中自觉使用"阳光密码"。每月各班也会针对本班急需解决的问题确定重点培养的六个习惯，作为班级本月的奋斗目标，并以此为依据让学生进行自我评价，起到自我约束、自我监督、自我检查、自我提高的作用。这种目标评价方式引导并培养学生积极向上的阳光品质，为以后成就卓越人生打好坚实的基础。

2. "阳光俱乐部"：前进的计步器

《阳光俱乐部学生成长手册》是学校设计的一本学生发展评价手册，现已成为学生自我评价、自我教育的一个重要平台。"阳光俱乐部"立足于全面展现学生个性，综合评价学生能力，生动记录学生生活。这本评价手册在充分注重学生身体健康发展、心理需求、问题意识、社会责任感以及健全人格等培养问题的同时，更加科学地把学生当作独立的个体进行教育。这种评价明确告诉学生：每个人都有自己与众不同的特点，有别人无法比拟的价值。这种评价让学生更加明白：帮助他人自己同样快乐；对于知识的探索是有方法的；成功不仅仅是学业成绩的出众；生活是五彩缤纷的……手册形式图文并茂，不仅有同学们真实的生活感言，而且所有的插图人物都是自己身边的同学，充分体现了"每一位学生都是重要的，每一位学生都有独到之处，每一位学生都是人才"的红英德育观。

3. "倒金字塔"：责任的温度计

为了激励和促进学生良好习惯的养成，学校根据小学生的认知和心理特点，构建了"倒金字塔"学习习惯评价方案作为"教师日评"的主要方式。学生每日的行为习惯表现都会在"倒金字塔"评价板上清楚地显示。教师根据学生的表现，将代表学生的标牌上推或下移，激励学生努力向上。

4. "校内行为量化表"：成长的助力器

"校内行为量化表"是指学科教师结合学科特点制订学期目标，并及时记录孩子每堂课的表现，根据积累的A、B、C、D，进行学科量化评价，强化学生行为习惯的养成。每学期学校还会组织一些学科方面的参观、实践活动作为对保持良好行为习惯的学生的奖励。

"倒金字塔"评价方式与"校内行为量化表"的实施做到了即时评价，即时反馈，富有激励性，既调动了全体教师对学生行为习惯的关注，打破了年级和学科界限，也引导部分家长加大了对学生行为习惯培养的力度，有力促进了学生良好行为习惯的养成，体现了学校德育的主导性、方向性和时代性，使孩子们在自评、互评、师评、家长评的过程中受到教育，健康成长。

三、优化教育教学，锻造教师队伍

在课堂教学领域，红英小学围绕全面素质教育要求，规范常规教学管理，创新校本教研模式。学校在管理中强化以教师为本的意识，采取各种方式促使学校对教师形成向心力、感召力和凝聚力。

(一)教科研并重，助力教师专业素质

为了满足各科教师的业务需求，使每位教师在专业上有所发展，学校立足校本培训和校本教研，依托校内"阳光工作室""名师工作室"，形成传帮带机制，培养教师新秀。

1. 实施循环教研

为了落实课堂实效，学校采取"循环教研"模式，以学段、学科、教研组为单位，以教师在教学中遇到的实际问题为课题，采用"个人备课—集体设计—选人执教—总结反思—集体再创—换人执教—经验提升"的方法，循环实施，反复研究，不断探索，直至找到实现教育教学效果的最佳方案。循环教研使学科组的每个人都参与到同一课题的研究，不仅解决了教学中的实际问题，提高了教育教学水平，更为教师建立了知识体系，实现了教师教学的立体化、全局化。

学校还充分认识到教研在实施素质教育中的先导作用，构建了以专家引领、校内老教师为核心的校内名师工作室，成立教导处、学科组和学段组"三级联动"校本教研机构。发动教师全员参与，积极开展集体备课、教材研究、教学案例分析、教学反思、听课评课、专题探究等活动。仅 2008—2009 学年度，教师撰写教学反思达 200 万字，在全国、市、区级各类教学刊物发表论文、案例多篇。

2. 创新听评课制度

改进课堂教学，听评课是重要手段。为了提高教师的执教水平，学校施行层级化听评课讲评交流活动制度。学校邀请专家为教师进行"如何听评课"的讲座，指导教师明确听课内容并规范听课记录。每学期开学初，学校制订教研组研究课计划，明确教师听课要求，形成定期化。要求校长、主任每周至少进课堂两次，隔周在行政例会上交流听评课体会。充分利用"阳光工作室"开展每周一次的师徒互听互评课活动。我们总结出诊断式听评课、专题式听评课、捆绑式听评课、第三方听评课四种听

评课方式。主管教学的干部深入课堂听评课交流活动，便于把握教师整体执教现状，提出针对性的指导和建议，从而有效提高教师课堂领导力和教学干部课程领导力。

3. 建立"阳光工作室"

一支优秀的教师队伍，是学校实现跨越式发展的关键。近三年来，学校聘请了海淀区进修学校的教研员和区内特级教师来校进行课堂教学指导，并成立各学科工作室。每学期根据不同的专题有计划地进行讲座及课堂观摩。专家的指导切实提高了教师的课堂驾驭能力。同时，学校还聘请多位外区县的专家、学者来校带领教师分学科、分年段地学习课程标准，解读课程理念，梳理新课程教材，使他们在最短的时间内有了理论的支撑。学校多次选送教师参加各种全国性的教学研讨及培训活动，有27位教师还有幸走出国门开阔视野。这些都充分体现了学校致力打造优秀教师团队的决心。

4. 科研引领教师发展

如果说校本教研提升了教师素质，提高了课堂实效，使教师在学校站稳了脚跟，那科研就像为教师插上了飞翔的翅膀，将其带入一个更广阔的发展空间。学校一直坚持贯彻"科研兴校"的方针，结合学校实际成立了课题研究管理机构，积极开展课题研究，先后承担了13项国家、市、区级"十五""十一五"课题的子课题研究工作，不但提升了教师素质，还进一步带动了学校校本课程的开发与研究。近年来，学校又陆续开发了《红英新生俱乐部》《阳光俱乐部》《红英〈弟子规〉解读》《旗刀操》《红英小百科》等多种优秀校本教材。

通过科研的锤炼，一批青年骨干教师脱颖而出。在35名专任教师中，有区学科带头人5名，区骨干教师3名，区班主任带头人2名，学区级骨干教师7名，各级各类骨干教师人数占全体教师总数的51.4%。在各级各类的教学比赛和评选中，我校获奖比例位列学区前茅。近三年，学校在国家、市区级各类教学论文、案例评比中获奖达104篇。

(二)以"首席教师制"提升教师管理能力

学校通过施行"首席教师制"，将普通教师纳入学校管理体系中来，有效提升了其管理能力。通过开展首席教师制，学科教师承担主题月活动，在学校发展规划中融入自己的想法或愿景，使之有了实现的可能。

首席教师制改变了教师角色，增强了教师的责任意识和角色意识，其身份变化的同时，其思维模式也发生了变化，在活动开展中融入了很多学科元素，既增强了教师的领导力与执行力，也深化了学生的学科知识与技能。

(三)加强师德修养，培育阳光品格

"为师之道，端品为先，模范不端，则不模不范矣。"师德建设是学校可持续性发展的动力源。近年来，学校在师德教育方面探索出了一些新模式。

沙龙活动是学校定期举行的、教师全员参与的思想交流活动。教师以学、思、做、写等不同形式积极参与进来，其主题丰富有趣、灵活多变。例如，学校开展的"我向全校师生推荐一本书(一篇文章、一部教育影视作品)"的活动，全体教师同读一本教育经典。每月一次的"沙龙"成为教师们畅谈体悟、互相启发、提高认识的机会，这样的活动明显提升了教师的文化内涵。

为了进一步提升教师专业水平和人文修养，学校还提出了"红英教师十二修炼"和"红英教师十二知晓"。"十二修炼"的内容包括声音、语言、眼睛、表情、行为、学识、脾气、个性、心灵、气质、灵魂、人生。"十二知晓"的内容包括：知晓学生的姓名含义、上学路径、知音伙伴、生活习惯、个性特点、爱好兴趣、困难疑惑、行为方式、思维方式、家庭情况、社区环境、成长规律。"十二修炼"和"十二知晓"以妙趣横生、充满哲理的语言和内涵，让教师明晰自己的奋斗目标，洞彻自己的教育对象，更好地实现了教师与学生的同成长、共发展。

四、优化育人环境，培育阳光少年

"一流学校靠文化，二流学校靠制度。"在创新、完善各种规章制度的同时，学校还倾力打造"阳光文化"，努力营造充满人文气息的校园氛围，让学生在和谐、宽容与温馨的"阳光校园"中逐步养成优良的习惯，打好阳光底色，成就卓越人生。

近年来，学校陆续建设了多功能数字化的阳光剧场、美术及综合专业教室以及安静舒适的树下书屋、小型体育馆等开放式的硬件设施。这些校园建筑中蕴含着丰富的思想文化内涵。自然景观、科学景观无一不

透出浓郁的人文关怀。师生们徜徉在一种积极、健康、向上的文化环境里，放松心灵，感受恩施。

校园处处是新景，校园处处皆文化。为了实现环境育人，学校注重在各个区域构建各种文化教育环境，例如，在教学楼楼道内形成了极具特色的"楼道文化"，一层以国学为主题，二层以科技知识为主题，三层则以讲民俗、忆校史为主题，展示了中国传统手工艺品及学生自己制作的京剧脸谱和手绘文化衫。不仅如此，每个教室里也都有各具特色的教室文化。这些环境布置达到了一种无声教育的效应，实现了环境育人的目的。

为了丰富学生的知识，进一步开阔眼界，我们开展了名人进校园活动，其中包括童话大王郑渊洁、儿童文学家曹文轩、动物学家郭耕、著名朗诵艺术家周正等，让校园的生活更加多姿多彩。另外，学校还创造一切机会，带着孩子走进北京电视台观看"红孩子儿童剧"的演出，走进国家大剧院感受动漫音乐，走进水立方欣赏俄罗斯皇家芭蕾舞剧院的《天鹅湖》表演等，这些点点滴滴的关注，使处于北部新区的红英孩子，在接触高雅、触摸现代、感受文明中陶冶了情操。学校还帮助学生走出国门，体验异域文化。我校与澳大利亚 Varsity College 成为姊妹校后，双方分别带学生互访，进入各自的家庭生活，体验不同的文化。为了更好地促进学生的全面发展，学校还开设了 23 个阳光社团，旨在培养学生兴趣，发展学生的特长。学生在社团里练合唱、学管乐、玩轮滑、打篮球……充满了展示自我的自信和快乐。

红英小学在贯彻落实"阳光教育"办学理念的过程中态度是坚定的，步伐是稳健的，成绩也是有目共睹的。作为北部新区的一所小学校，面对社会、家长对于优质教育的企盼与渴望，红英人不敢懈怠，也不能懈怠。奋进中的红英小学，未来依然面对着诸多的"拷问"：如何回应社会、学生及其家长对优质教育资源的诉求？如何更深入地探索习得教育体系，真正为孩子的一生打好底色，实现其在未来的可持续发展？如何将德育与教学更加有效地统一起来？这诸多的"拷问"都沉甸甸地压在红英人的心头，等待着我们去思考、探究。

（本文刊发于《海淀教育》2009 年第 6 期）

编者感悟

地处海淀西北城乡结合部的红英小学，是一所因不断追求创新、追求为孩子提供高质量教育而声名鹊起的学校。学校教育教学质量在当地赢得了家长的认可，学业检测水平位居海淀区学校的前列。带领学校快速发展的陈淑兰校长，是一位个性鲜明的人，她自信、开朗、热情，善于学习又敢于实践，做事坚忍执着，永不言败。她一直有一种信念：不要因为我们地处农村，不要因为我们的孩子大部分来自农村，我们就降低对教育质量的要求，就降低对我们孩子的期望。

学校选择"卓越在于习得"作为校训，就是要求学校要有卓越的教育思想，要始终着眼于教育的全局性、整体性与前瞻性；要求教育者着眼于孩子的未来发展。在这样的校训指引下，学校选择了"阳光教育"这一概念，发展出"阳光教育体系"，来承载和实现为孩子卓越人生奠基的教育追求。红英小学的阳光教育做得扎扎实实，做得风生水起，声名远播，从理念到行动全情投入，在师生得到发展的同时，学校声誉随之而起。

红英小学的崛起得益于时代教育政策的扶持。为实现教育优质均衡，体现教育公平，近年来，海淀区教委在校园建设、房屋改造及校园文化建设等方面对红英投资近千万元，极大改善了学校的整体环境和硬件设施，对有效缓解"择校热"，促进海淀教育均衡发展起到了巨大的推动作用。不仅如此，2005年，区教委还在经费补助方面对红英的学生进行倾斜，每位学生每年各种补助累计近2000元，农户生还额外补助330.63元。另外，这种政策的倾斜还惠及广大教师。2005年，教委为红英小学的每位教师配备了笔记本电脑，每年每人下拨700元的培训资金。这些都为稳定教师队伍、推动学校内涵发展打下了坚实的基础，进一步增强了学校进一步提升教育质量的决心和信心。

如果说政策的支持是红英实现跨越发展的客观外因，那么红英的发展还有其内在必然。学校对自身发展的定位一定要准确把握，名校有名校的优势，农村学校有农村学校的特色。红英崛起的事实证明农村学校不能因循守旧，也不能跟在名校后面亦步亦趋，应该始终把眼光聚焦于自身实际，走自己的路。路选对了，农村学校也能办成优质校、示范校。农村学校的生源素质参差不齐，缺乏自信，没有特长，如何让这些孩子接受适当的教育，毕业后更好地融入城市、融入社会是学校发展的根基和立足点，是一切思考、一切奋斗的出发点和归宿。

实行精细化的管理机制，不断研发创新性的制度和评价体系，是红英迅速崛起的根本保证。如果说红英今天的成就是一扇门，精细化管理就是开启这扇门的钥匙。当前也有一些学校在管理中采用精细化模式，但是过度依赖制度的刚性约束而忽略人性关怀，过分注重细节使师生不堪其累，未能把握其内在运行的机理。以学生为本、以教师为本是红英精细化管理的核心，这与阳光教育理念具有内涵上的一致性。这些制度和评价体系是全体红英人充分发挥内部资源优势，群策群力集思广益研发出来的，是他们自觉自愿去执行的，其执行过程主要依靠教师的理解和配合。这种刚柔并济的管理模式才是精细化管理的真谛。北部新区的学校要发展，就要像红英一样，勇于创新，优化管理，为学校的有序运行提供可靠保障。

学校的发展不能仅仅依靠校长的观念、人格与能力，也不能单纯依赖管理制度和机制的刚性约束，更重要的是要熔铸一种校园文化和校园精神。这种文化和精神是一所学校生存与发展的基本战略，其生成是一种不断积累、沉淀、创新的长期过程。但学校文化一旦形成，就能通过一种内在的、深刻的力量引导、规范、激励学校师生，无坚不摧，无往不胜。红英小学以"阳光教育"办学理念为核心，形成了独具特色的"阳光文化"，并以这种文化和精神为支撑，实现了学校从薄弱到优质的华丽转身。红英小学的"阳光教育"理念所折射出的大教育情怀及其跨越式发展，让我们看到了农村孩子的希望，看到了北部新区学校的优秀，也看到了海淀区教育优质均衡发展的成果。

（北京市海淀区教育科学研究院　　严星林）

228

培育美好生活的创造者

中国农业科学院附属小学　　刘　芳

中国农业科学院附属小学将教育视作一种自然的生态营造过程，在继承与创新的实践中创建了独特的学校文化。从 2007 年海淀区教委提出"学校文化创建项目"以来，农科院附小不断探索、总结、践行学校的办学理念，确立了生长教育的理念体系。学校的育人目标——"培育美好生活的创造者"，校训——"新鲜生活每一天"，均从可持续发展的角度诠释了农科院附小的生长教育。

一、生长教育的提出

我校成立于 1950 年。建校初期，第一任校长提出"精雕细刻，为祖国输送社会主义事业的建设者和接班人"的办学目标，在关注学生获得知识的同时，更关注学生的人格和品行。20 世纪 80 年代，第二任校长提出"三主，和谐"的办学理念，即"以学生为主体，以教师为主导，以发展为主线；强调人与人的和谐，人与自然的和谐，人与社会的和谐"。2004年，在贯彻落实新课程改革"为了民族的复兴，为了学生的发展"理念的过程中，我们将"三主，和谐"的办学理念进一步丰富为"1234"的办学理念，即"创建一所安全无障碍的学校，重视两个教育关注点，结合三种受教育主体，牢记四条师德原则"。纵观学校 60 年的发展历程，我校的办学理念在不断地丰富和完善。尽管时代不同，但每一代农科院附小人都有一个共同的目标，这就是要把学生培养成全面发展、自主、健康的人。

我们思考在新的时代背景下，该以怎样的办学理念为指导，从而促进学生全面健康的发展。经过两方面的思考，我们最终将办学理念凝练、升华为生长教育。

美国教育家杜威提出：教育即生长，教育即生活，教育即经验的不断改组和改造。在《民主主义与教育》一书中，他专门列了"教育即生长"(Education as growth)一章，指出(生长是)"朝着后来结果的行动的累积运动""未成熟状态就是指一种积极的势力或能力——向前生长的力量"。

杜威全面论述了教育的生长原则："生活是生长的特征，所以教育就是不断地生长；在教育自身之外，没有别的目的。""判断学校教育的价值和标准，就看它创造继续生长的愿望到什么程度，看它为实现这个愿望提供方法到什么程度。"

中国农业科学院附属小学长期浸润在浓郁的农业氛围中。近年来，我们愈发认识到，农业领域中"绿色、生态、可持续发展"等核心价值观适用于现在的教育，其独特的生态属性引发我们对教育的新思考。若将农业的词汇迁移至教育领域，那么学校就像土壤，是孩子成长和吸收知识营养的环境和载体，多种多样的知识就是不同的"营养元素"，教师就像"水"，帮助和促进孩子吸收知识的营养。孩子们是一粒粒健康的小种子，如果他们被丢弃到自然环境中，他们有可能生根、发芽，逐渐成长起来，也有可能得不到发芽生长的机会而被别的动植物排挤和摧残。如果我们把健康的种子播入优良的土壤环境中，并排除一些不利因素的干扰，这粒种子就很可能健康、正常地生长，最终会结出丰硕的果实。我们需要给孩子创造良好的环境，通过我们的定向培育、精心呵护和有目标的"修剪"，使他们朝着健康的方向发展。

正是基于以上两方面的考虑，在继承中国农业科学院附属小学60年来积淀的学校精神的基础上，我们创造性地将生物学中"生长"这一名词借用到教育上，将生长教育定位为学校的基本办学理念，意在营造一个能影响儿童一生的、有正确的价值导向、充满爱的环境，充分调动学生主动发展的灵性，让学生的智力、品德、体质等方面正常地生长，在动态发展的过程中为自己创造美好幸福的人生打下基础。

二、生长教育的内容体系

(一)生长教育的核心价值观

生长教育的核心价值观是健康成长。我们提出生长教育，并不是要把教育与生长混为一谈。我们的根本目的在于，关注儿童，尊重儿童，使教育和教学适合于儿童的心理发展水平，满足他们的兴趣和需要。同时，这种尊重绝不是放纵。如果只是放任儿童的兴趣，让它无休止地继续下去，那儿童就很难做到健康地生长。生长并不是消极的结果，我们追求的是儿童健康、自主、和谐的生长。

（二）育人目标

基于生长教育的核心理念，我校以学生的生长为关注点，根据学生的生长规律确定了育人目标——"关注学生人格的生长，培养学生学会做人；关注学生知识经验的生长，培养学生学会学习；关注学生社会适应能力的生长，培养学生学会生活；关注学生创造能力的生长，培养学生学会创造"。其中，做人是根基，学习是途径，生活是过程，创造是结果，通过这四个方面的综合作用，引导学生成为当下及未来美好生活的创造者。

1. 培养学生学会做人（learn to be）

做人是学生生长的根基，教育首先要关注学生人格的生长，培养学生学会做人。我国古代教育强调的"教子当在幼""养正当于蒙""少若成天性，习惯成自然"，均体现了古人对儿童人格教育的关注。学会做人指建构符合社会主流价值认可的价值体系，承担个体的社会责任，热爱生命并感激生活的给予。学会做人还意味着除关注自己之外，要珍惜亲情和友情，关心和体贴父母，与亲朋好友之间密切联系，并承担应尽的义务。

我校将培养目标细化为让学生尊重自己和他人，理解文化的多样性。我校提出了相应的标准。

	低	中	高
真诚待人	见到老师、客人主动问好，会使用礼貌用语，少先队员行队礼	不打架不骂人，公共场所不喧哗	向别人请教，态度要诚恳
	未经允许，别人的东西不乱拿	耐心听别人讲话，不随便打断	听到别人的批评，不要激动，平静地听他把话说完
	理解长辈的艰辛	尊重长辈，不顶撞，听从教诲	关心父母，做力所能及的家务活
诚实守信	不说谎话，实事求是	做错了事情主动承认	答应别人的事情要努力去做
认真负责	自己的事情自己做	对自己的行为负责，做班级、学校的小主人	勇于承担责任，有服务社会的意识

	低	中	高
自信自强	按时作息，遵守上学时间	做事不拖沓，珍惜时间	做事有计划，不盲目
	讲究个人卫生	穿戴整洁，讲究个人卫生	爱护环境，参加公益活动
	积极参与课内外活动	积极参与各项活动，敢于竞争	敢于竞争，面对困难和挫折不退缩

2. 培养学生学会学习（learn to how to learn）

学习是学生生长的途径，学校要关注学生知识、经验的生长，培养学生学会学习。学习能力体现了当今时代对人的总体要求，是人的一种必备能力。所谓学会学习，就是独立自主地获得知识的能力，具体指掌握一套良好的学习技术，采取有效的手段和途径，高效率地获取知识。

	低	中	高
主动学习	认真听讲，按时完成作业	学习有计划，时间有保证	学习有方法，上课积极发言
独立思考	大胆想象和联想	勤于动脑，主动参与讨论	敢于质疑，大胆想象

3. 培养学生学会生活（learn to survive and enjoy life）

生活是学生生长的过程，我们关注学生社会适应能力的生长，培养学生学会生活。教育是使人社会化的过程，当我们的学生步入社会后，他们应当成为能够适应社会环境的公民，应当以一种健全的人格生活在社会之中。学会生活，以提高每一个社会成员的生存质量为目的，只有每一个人都能高质量地生活才是社会进步的最终体现。

	低	中	高
遵守规则	上下楼梯，轻声慢步，靠右行走	到专业教室会排队，安静行走	公共场所，不大声喧哗
	不折花草，爱护公共设施	不在桌椅上乱涂乱画	爱护学校的公共设施
友善合作	不打架，不骂人，愿意帮助同学	不歧视同学，为他人着想	为他人着想，关心班集体

续表

	低	中	高
合理消费	爱惜学习用品	不随便向家长要钱，不乱花钱	同学间不攀比
	珍惜粮食，不挑食	不浪费，懂得珍惜	不浪费，懂得节约

4. 培养学生学会创造(learn to create)

创造是学生生长的结果。学生的思维活动并无固定模式，对各种事物充满新鲜好奇。我们提倡、鼓励思维的多样性，关注学生创新能力的生长，培养学生学会创造。

	低	中	高
学用结合	参与劳动，享受快乐	动手操作，注重体验	仔细观察，善于探究。
总结反思	大胆想象，联想	及时总结，富有创意，勤于反思，实践创造	

(三)校训与标识

学校的发展目标是让学校成为学生健康生长和生成爱的乐园。基于生长教育这一理念，我们衍生出校训——"新鲜生活每一天"。我们力求身处农科院附小的每一个人都能认识到，每天都是新的起点，每天都有新的发现，每天都有新的生长。

生长教育理念的视觉展示从我校校徽中可见一斑——它形似麦穗，饱满欢畅。校徽色彩取自赋予万物生长能量的阳光，通透明朗，自底至顶，色调的变化呼应着生命从孕育到成熟的生长全过程。每个麦穗都是一个发光体，聚合成束，具有凝聚力和张力，象征着学生、教师、家长、社会都参与到学校的建设中，相互密切配合，以生态的、自然的、智慧的方式营造校园文化。

三、多彩的生长教育实践

在提炼、丰满生长教育理念体系的基础上，我们将理念落实到多彩的实践活动中。

(一)生长式课程模块：搭设多种平台，关注每一个学生的健康生长

我们根据生长教育的理念，以及低、中、高学段学生的年龄特征和心理特点进行整体规划，精心设计了不同的课程。我校的生长课程模块分为学科课程模块和活动课程模块，学科类模块涵盖了学生可以接触到的各种学科课程，如语、数、英、艺术、科学和劳技等；活动课程模块是指各项实践活动，源于我们对校内外优质教育资源的精心筛选、精心设计。通过两大类课程的共同作用，我们为学生创设最能满足他们多元发展需要和健康成长的优质课程。

(二)生长式评价方式：注重综合表现，用赏识促进学生的健康生长

生长式的评价方式源于新课程的基本理念："从学生已有的经验出发，为每一个学生的发展提供多样化的学习评价方式。"我校通过综合素质评价、增值评价、学习档案、成长记录袋等多种工具，关注所有学生的综合表现，使"每一个学生"的个性潜能充分展现，让他们都能自信而成功地生长。例如，我们将统计学中的"增值"概念迁移到教学评价中，将传统的考试评价方式改为增值评价。我们每学期选择每位学生的 4 次主要考试成绩，形成学业走向图，关注学生整体生长，全面分析学生的学业生长情况。对于学习有障碍的学生，我们会特别关注，采用跟踪记录的方式对他们进行有针对性的指导。

(三)生长式环境保护：关注细节，呵护学生的健康生长

2006 年，我们进行校园环境改造时，根据学生们的身高特点，降低了原来便池、洗手池和楼道扶手的高度。我们还在门厅、教室和走廊里增设大量的展板，用以展示学生的作品等。这些展板高度根据不同年龄阶段学生的身高设计，让学生在潜移默化中体验到"我的世界我做主""我的世界符合我的高度"等理念。虽然各块展板上的内容各有不同，但都充分表现了学生每一次生长的过程。

如今，在校园环境建设方面，我们更注重人文关怀。校园里所有裸露出来的钢制设施都包上海绵，校园里没有突兀的棱角；我们在走廊上

张贴温馨提示语，在卫生间增加洗手液、卫生纸，利用太阳能让学生在冬天用温水洗手，中午吃饭前用酸性水消毒等。点点滴滴，无不彰显学校为学生的健康生长营造安全环境的理念。

经过多年的探索和拼搏，农科院附小的每一个人都在不停地生长着。我们将继续向全校师生宣传学校的办学理念，做到将理念落实于细节中。我们以"生长式评价方式和生长课程模块"为重点，继续深入探索促进学生健康生长的有效途径。

（本文刊发于《海淀教育》2010年第4期）

编者感悟

1916年，杜威在《民主主义与教育》一书中，提出了"教育即生长"的理念，将社会学与生物学概念建立了联系，传达了合适的教育等同生长的思想。近百年后，中国农科院附小刘芳校长，顺应基础教育改革潮流，为让学生全面而有个性地发展，将"教育即生长"理念进行本土化实践，探索出了"生长教育"的办学思想，构建了健康、自主、持续的良好教育生态，实现了教育观与发展观、教育目的与教育过程的统一，为学生的成长发展奠定了基础。

"教育即生长"内涵丰富，意义深刻。农科附小的"生长教育"遵循了杜威的理论逻辑，将其进一步明确化、具体化，形成了清晰的办学思想体系。刘校长认为，生长是在生活背景下发生的，教育不等同于生长，教育的过程与生长的过程是相互交织、连续作用的，学校中的生长更应是一种社会性生长，而不是简单的自然生长，合适的、切需的教育能够给予学生指引与引导，促进其健康生长。健康生长既是生长教育的核心，也是其目的，强调个体化、自主化、差别化的和谐发展，体现了课改、教改的理念与精神。健康生长的实现需要土壤与条件，刘校长从育人目标的角度上提出了生长教育的内容，从教育教学层面诠释了生长教育的途径，使生长教育从理念延伸到实践，辐射到学校文化、德育、教学、评价等方方面面，凝练成了办学特色。

生长体现在身体、知识、能力等诸多方面，农科附小的生长教育内容涵盖了人格、智力、适应三个主要方面，兼顾了智力与非智力因素，尤其体现了人格生长，突出了学生做人根基的培养。生长教育的内容设计以学生身心发展规律为起点，进行了下位的细化与分解，例如，在人格生长上，强调尊重、理解与真诚；在知识生长上，提出了主动学习、独立思考等相关要求；突出小学生行为的训练与培养，注重操作性与养成性，促进学生认知、情感、行为的多维生长。

生长的发生需要外部条件的促进与影响，农科附小着重进行了生长教育落地的探索，以课程、评价、文化为驱动，创设了丰富的教育教学形式，为学生提供了多元、可选择的发展方向，关注到了每一位学生，调动了生长主体的积极性。在课程上，以学段为单位，规划了学科和活动两种课程形式，汇聚了优质化的教育资源，搭建了广阔的发展平台，多角度地满足学生的兴趣与特长，让更多学生获得生长的可能。生长具有过程性，学校建立了生长式的评价；突出过程性，关注学生的综合表现，通过评价为学生生长助力。生长教育强调尊重，学校营造了尊重的文化氛围，尊重学生的心理发展水平，尊重学生的实际需要，让学生在浓浓的人文关怀中，充分享受生长过程。

刘芳校长建构了生长教育理论体系，探索了生长教育实践体系，切实为学生提供了一个良好的生长环境，培养了学生各有所长，具有主动生长的能力，奏响了学生"生长"之音，促进了学生生动活泼的发展。

（北京市海淀区教育科学研究院　　王　瑞）

追寻绿色教育生态梦想

北京市海淀区万泉小学　　景小霞

著名的教育家乌申斯基说:"教育的主要目的在于使学生获得幸福,不能为任何不相干的利益而牺牲这种幸福。"教育作为培养人的活动,以幸福为目的既是一种实然事实的存在,也是一种应然价值的追求。我深切地感到学校教育要营造一个充满和谐、其乐融融的校园,要为每一名孩子的幸福人生奠基,让每一名师生全面、和谐、健康地发展。基于这一认识,2007年起,我们正式把"营造绿色教育生态,传递教育幸福"作为万泉小学的办学理念,坚定追寻绿色教育生态梦想,努力打造幸福教育。

一、何为绿色教育生态

教育生态可以看作是教育系统内部诸要素之间的交互作用及其与外部环境之间的物质、能量和信息的交换关系。在"教育生态"前边加上"绿色"两个字有着深刻的含义。"绿色"这个词语在当今社会被广泛应用。绿色代表和谐、安全、健康,"绿色"既是人类适应环境而创造的一切以绿色植物为标志的文化,又是人类与自然环境协同发展、和谐共进,并能使人类可持续发展的文化。绿色教育生态就是优质的教育生态文化的营造,即我们要建立一个自然的、和谐的、多元的和可持续发展的,最适宜于师生共同成长的教育生态系统。

绿色教育生态的特性之一就是自然与和谐。一方面让孩子走向自然,与自然和谐共处,与自然交朋友,从中认识自然,热爱自然,感受自然之美;另一方面按照自然规律促进孩子学会学习,学会生存,学会发展。强行灌输,强行压迫只能导致孩子们的反感与对抗。根据学生身心发展规律,在思想上加强沟通,在精神上释放关爱,在行为上积极引导,促进人的全面和谐发展,孩子们在身心愉悦中,得到幸福,感受幸福发展的美丽。

绿色教育生态的特性之二就是多元化和可持续发展。绿色教育生态是一种隐性的、极具渗透性的工作氛围和状态，它涵盖社会伦理道德的重组、人与人之间的交往、文化氛围的营造、创新思维的建构等方面，其作用是巨大的。在此氛围和状态学习的学生其心灵是健康的，其行为是规范的，其情感是多元的，其志向是积极的；在此氛围和状态工作的老师和参与的家长，其生活状态是积极的，是奋进的，是最容易形成教育合力的。因此，打造这样的系统工程，我们所培养的孩子是最有后劲和可持续发展的。

二、学校办学理念的形成与发展

"营造绿色教育生态，传递教育幸福"这一办学理念的形成不是一蹴而就的，它承载着学校发展的历史与文化，是长期积淀、缓慢发展、不断完善、不断超越的过程。早在20世纪80年代，学校开展了保护万泉河的环保行动，掀开了环保教育的篇章，这次活动一举夺得全国少工委"创造杯"一等奖。接着编写环保教材，出版环保小报，为小鸟筑巢，轰轰烈烈的环保教育开始了。1994年，与加拿大"生命之树"组织成功地实现互访，孩子们由关注自身的环保知识普及，发展到了唤起全体公民自觉保护地球、建设美好家园的生态教育活动。1995年以后，随着学校硬件条件的完善，学校的发展逐渐由关注社会、关注他人向关注学校自身发展倾斜。进入2000年以后，完善自身建设、推进内部改革、和谐外部环境成为学校发展的主旋律，为此教育生态的理念在学校发展中逐渐生根。

从学校发展历程中，可以清晰地看出我校绿色教育生态发展分为萌芽期(环保行动和环保教育)、起步期(生态教育)、确立期(教育生态)和发展期(绿色教育生态)四个阶段。我们感到营造绿色教育生态的过程，就是一个教育创新的过程，几十年来我们是在有意识和无意识之间运用生态学的原理来开展学校创新工作的。

"营造绿色教育生态"，明确了学校今后的工作方向是建立一个完善的学校内部运营机制，理顺内部各元素之间的关系，寻求学校内部各元素之间和谐、健康、多元、安全、无污染、可持续的发展。"传递教育幸福"确定了我们的教育理念，用"幸福"的教育理念指导我们的工作。教师要做幸福的教师，学生要做幸福的学生，教师要把自己对教育的幸福观、人生观的理解通过言传身教传递给学生，为孩子幸福人生打好基础。

"营造绿色教育生态"是实现"教育幸福"的途径和手段，而"教育幸福"是"营造绿色教育生态"的目的和归宿。

三、学校践行理念的实践探索

营造绿色教育生态是学校发展的一项长期任务和动态历程，它随着社会需求而不断地调整工作任务。其核心是教育观念的落地生根、发展方向的导向性和教育资源的开发利用三个方面。

（一）让教育观念的落地生根

我经常在想：普通校和品牌校到底区别在哪里？是硬件之差吗？是教师之别吗？是没有机遇吗？仔细分析原因多多，但我认为更多的是观念上的差距。有句话这样说"不是办不到，而是想不到"。由于观念的"近视"，往往导致意识的"淡漠"和行为上的"远视"。怎么让自己学校的干部教师成为有思想的提问者和实践者？用"大爱"做小事？

万泉小学的教育实践证明，校本培训是学校长盛不衰的"诀窍"，是帮助教师找到"不累死了"的最有效的方法。连续多年，学校都在寒暑假对全体教师进行高质量的校本培训。我们把它称为"凝思想，明思路，鼓干劲，促成长"的精神盛宴。每一次培训活动之前，我们行政班子全体干部都会反复商讨，仔细研究，精心准备，确保培训让老师有收获、受教育。

自 2006 年暑假以来，针对学校的发展愿景，结合学校发展实际，我们对全体干部、教师进行了八次校本培训，主题包括：发展才是硬道理；明确发展方向，营造赏识文化，解决真实问题；在务实求真中实现学校的持续发展；超越平庸，做行动上的巨人；回归教育原点；营造绿色教育生态，传递教育幸福；学校发展从我做起等。

我们努力用学校的办学目标，统一教师思想；用学校发展的美好蓝图，激励教师对学校对事业热爱的积极情感；用学校日新月异的变化，引导教师之间的竞争与合作；用学校获得的优异成绩，增强教师的成就感和自豪感，增强学校的凝聚力。通过系列培训，全校干部教师的认识逐渐深刻，思路越发清晰，做法也深受社会的赞同、家长的肯定。

（二）让发展方向更加明确

方向比行动更重要，学校发展就像海中行船，目标越明确，众人齐心使力，越容易达到终点；但如果方向错了，用力越大，就会越背道而驰。"营造绿色教育生态，传递教育幸福"既是我们的办学理念，更是学校的发展方向。

在教学理念上，我们坚持以学生发展为本的教学理念。做到"四个放手"：放手让学生探究，重过程更重结果；放手让学生发现，发现问题比解决问题更重要；放手让学生创造，创造是学生的发展之魂；放手让学生尝试错误，从错误中走向成功。

在教育教学行为上，我们做到"四个关注，四个改变"。其中"四个关注"是：关注干部教师的研究状态，让大家先"动起来"，状态比行动更重要；关注研究的技术操作，让研究解决的问题"实起来"；关注队伍的建设，让"龙头团队"先"立起来"；关注理念重构，让研究"深起来"，循序渐进地改变着学校文化。

"四个改变"是：改变先从领导者开始。我们的干部从开始更多的关注做"事情"，到现在的关注"人"的发展；从先前的更多的关注"自己"的发展，到现在的关注"团队"的成长；从先前的自己是"前台英雄"，到现在的"幕后策划者"。改变我们研究的"行走方式"。深入课堂实践，变监督为服务，变忙于应付为自主创新。改变我们的"话语方式"。现在的干部布置工作更加人文，更加注意工作的艺术性，更加关心教师的心理感受。改变我们"已有的习惯"。我们的听课方式由原来的"随意捕捉"，过渡到"有备而听""有备而研"。

（三）有效利用家长资源

家长群体是学校教育最重要、最大的资源。家长是绿色教育生态中最重要的元素之一，离开了家长支持与帮助，营造绿色教育生态就难以开展。

在工作中我们把家长作为最重要、最大的教育资源。学校成立了"三级"家委会组织。不仅有校级家委会，各年级也成立家委会，甚至各班都建立家委会。家委会让更多的家长了解学校，配合学校，参与到学校教育中来。许多家长积极为学校、为班级出谋划策，甚至亲自或动用自身的资源为孩子们举办讲座、组织参观学习和社会实践活动。家长的广泛参与，一方面加强了家校之间的沟通，密切了家校关系；另一方面，学校能够充分利用家长这一资源，让孩子多渠道的接受社会教育。

近年来，我们试图变革家长会。改变家长参会即"听会"的现状，让家长积极参与到学校活动中，成为促进孩子发展、分享教育智慧重要资源。我们归纳出家长会的"五大功能"，即宣传功能、教育功能、沟通功能、培训功能、处理班级事务功能。针对这些功能精心设计每一次的家长会，努力做到"有主题，有意义，有方法，见成效"。把家长会变成教师与家长交心的恳谈会，学校教育思想的传播会，探讨教育孩子有效方法与途径的研讨会。

我校有三千多名孩子，其背后有六千甚至更多的家长，由这些家长的朋友又构成庞大的第二梯队教育资源。故事大王郑渊洁叔叔、著名翻译家李之义爷爷、家庭教育专家"知心姐姐"卢勤、航天飞船设计专家戚发轫爷爷和尚志叔叔、著名演员李琦爷爷以及少先队专家张先翱爷爷等，都是由孩子或孩子的家长为我们请来的贵客。这些名家的到来，不仅活跃了学校生活，扩展了孩子们的视野，更重要的是让孩子"贴近了优秀"，从小树立远大志向，努力让优秀成为一种习惯。

四、学校发展的未来展望

今年已经进入第十二个五年发展时期，也是万泉小学推进"营造绿色教育生态，传递教育幸福"办学理念深入发展时期。我们树立规划、计划和策划意识，让规划起作用，提高干部战略思考能力，成为学校发展的动力；让计划能执行，加强工作实效性，成为工作的导向；让策划走基层，深入一线得到检验，成就每一次精彩。"规划、计划和策划"成为未来贯彻落实办学理念的重要载体。

我们以制订学校"十二五"发展规划为抓手，以制订学校特色建设工作方案为突破口，明确学校的发展定位，推进具有生态特征的高品位魅力学校建设步伐。在规划制订过程中我们充分发挥每一位干部和教师的积极性，从发现问题入手，挖掘发展潜力，拓展思维空间。在交流过程中，大家形成了以下共识：我校的办学理念，文化积淀深厚，方向明确，凝聚人心，有很强的感召力，各方面工作呈现"生态化"的现代教育发展特征，需要进一步夯实和提高，要把这一理念融入"规划、计划和策划"之中，让理念生根，让成效凸显。

通过"规划、计划、策划"研究与实践，我们逐渐清晰了，学校的内涵发展既需要理性的思考，又需要灵性的智慧；学校内涵发展需要"有主见，有理念，有理论，有章法"，更需要"有悟性，有火花，有洞察，有创意"。我们深深地感受到，学校发展从规划做起，后劲儿十足，潜力强劲；学校工作从计划做起，稳步推进，按部就班；学校活动从策划做起，平凡和平淡的教育生活将会变得伟大和不平庸。

特级教师徐世贵说过：走别人的路，虽省力，却很难留下自己的足迹；走自己的路，虽艰难，却充满着奋斗的快乐与笑声。营造绿色教育生态之路很漫长，我们执着追求；营造绿色教育生态之路很艰辛，我们排除险阻。我们相信，每努力一步，就会离梦想越近，只要执着追求，梦想一定会成为现实。

（本文刊发于《海淀教育》2011 年第 6 期）

📚 编者感悟

幸福是什么？古往今来，诸多的文人先哲都有过精辟的见解和论述，积极心理学的创始人马丁·塞利格曼认为，"幸福感来自于自己的优势与美德，通过自己努力获得的幸福才会有真正的幸福感受"，换句话说，幸福意味着个人优秀品质的有效运用和潜能的充分激发。景小霞校长将"传递教育幸福"作为自身的使命，提出了"营造绿色教育生态，传递教育幸福"的办学理念。

"传递教育幸福"需要"营造绿色教育生态"，"营造绿色教育生态"意味着为学生的全面健康成长提供条件和支撑。因此，万泉小学将"健康体魄、阳光心态、乐学善思、创新发展"作为学校的校训，并且以此为依托，以"培养怎样的人"为切入点，以"学生在校期间的各种学习和生活经历"为课程改革的基本内容，将国家课程、地方课程与校本课程有机整合，逐步构建了"健康体魄""阳光心态""乐学善思""创新发展"四个维度的课程体系。

景校长更是将"健康体魄"放到了首要位置，这是因为健康是孩子幸福人生的基石。万泉小学组织教师自编了多套课间操，组建了棒球队、健美操队、武术队等体育兴趣活动小组，开展丰富多彩的社团活动，为孩子搭建广阔的成长平台。景校长坚信艺术改变生活、艺术成就人生，用艺术浸润学生的心灵，用文化提升学生的品位，让孩子们在学校丰富多彩、异彩纷呈的艺术活动中感受美、领悟美、享受美、欣赏美、创造美。多年的艺术教育实践收获了丰富的成果，万泉小学的金帆民乐团在历届北京市的艺术节比赛中均获得一等奖，这样的成绩可以说是景校长教育理念的最好见证。

"营造绿色教育生态"意味着促进教师持续不断的专业成长，享受幸福的校园生活。景校长注重用学校的办学目标统一教师思想，用学校发展的美好蓝图激励教师对学校、对教育事业的热爱，她亲自为全体教师做校本培训，开展《发展才是硬道理》《明确发展方向，营造赏识文化，解决真实问题》《超越平庸，做行动上的巨人》等系列专题讲座。此外，景校长还带领教师开展各种丰富多彩的业余文化生活，以此增进教师间浓厚的情感。针对老师们工作之余对健康、幸福、多彩生活的渴望，成立了多个教师协会，让学校的干部教师能够一起打球、品茶、练书法、编制工艺品，这些活动既丰富了教师业余的生活，又放松了身心，更让教师感受到学校这个集体有一种温暖的家的味道，处处传递着幸福的温馨。

万泉小学"营造绿色教育生态，传递教育幸福"的办学理念，正是为该校每位师生的充分发展提供了一个环境，在这个环境里，各种要素通过充分的结构性重组，实现了最优化；在这个环境里，每个老师都能够获得充分的发展，潜能得到激发，学生获得最好的熏陶和影响。"我们要建立一个自然的、和谐的、多元的和可持续发展的最适合师生共同成长的教育生态系统"，这既是万泉小学的努力目标，也是景小霞校长的教育宣言。

（北京市海淀区教育科学研究院　　孔　伟）

培养明德笃行、自觉自为的阳光少年

北京市海淀区翠微小学　　许培军

学校工作虽然千头万绪，但是定位明确的发展方向是至关重要的事情，这个方向的核心就是学生发展目标。学生发展目标是学校所有工作的方向，是灵魂，具体决定着干部和教师的行为，决定着学生的行为，影响着家长的行为也决定着校本课程的设置和国家课程的校本化实施，决定着校园环境的建设。

一、让学校文化建设与学生培养目标互动共生

翠微小学于1956年建校，已历经半个多世纪。前40年，它均以国家的教育要求、党的教育方针作为其培养目标。1997年，田志刚校长提出翠微小学的培养目标为培养让翠微小学骄傲的学生（"明天的我是翠小的骄傲"）。学校的艺术教育、英语教学独树一帜，名气越来越大。随着课程改革的推进，翠微小学开始规模化、规范化发展，成为海淀区首批素质教育先进校，在海淀区有了比较大的影响。

随着时代的发展，"文化立校"提到学校发展的日程上来。2008年，张彦祥校长顺应时代要求，积极探索，启动了学校文化建设，于2010年4月，通过教代会，明确将"明德至翠，笃行于微"作为学校核心价值理念和校训，确定了"明德笃行的阳光少年"的育人目标和办学目标，以及"明德笃行"的教育内容和校徽、校歌、翠微赋等，形成了翠微教育的核心文化理念体系，以此统领学校整体发展。

2012年，这一文化理念得到了进一步的深化和丰富。"翠微"之"翠"有翡翠、美玉之意，以"美玉"之翡翠色为基本色，"至翠"代表至真、至善、至美的道德和理想境界，形成"美玉"之特质形象与"明德至翠"的文化理念的统一。"翠"彰显的价值理念与追求为"绿的生态""玉的品质"。绿色生态之中，每一位师生员工、每一个团队都能够彰显自己的价值，都能够自由交往、自由呼吸。

"微"彰显的价值理念与追求代表着"翠·微"教育文化的风格和内涵，

有细的教育风格，有精的文化内涵。"微"彰显的价值理念与追求为"微的细腻""润的内涵"。"微的细腻"是"翠·微"教育实践的动态价值追求，是真挚的"情"与科学的"理"汇合的细流款款前行，点滴之中透露着精致、深刻与周到。"润的内涵"则定格了"翠·微"教育"随风潜入夜"的特质，细微中蕴藏一种关爱，温和中蕴藏一种力量，温润中透露着生长和希望。

"明德至翠"要求师生不断加强道德修养，努力进行人格提升，使之达到完美的境界。对学生来说，就是要追求真知，富有旺盛的求知欲；就是要富有敢于实践、勇于探索的科学精神；就是要富有理想，放眼长远，在未来能创造独特价值，服务于文明社会。"笃行于微"就是关注基础和细节，践行所学，勇于实践和探究，注重体验，勤于动手，长于创造，知行合一。"阳光少年"要求学生"富有朝气、锐气、正气的外在形象，富有善良、乐观、合作的内在品质，富有坚定、果敢、守纪的行为表现"。"明德笃行"不是空洞的理念，是有具体内容的，是干部、教师、学生以及工勤人员都内外兼修、德行一致的"行微"显现。

"明德笃行的阳光少年"的目标要求是很高的，要在教育中实施和实现，关键是要在孩子的内心世界生根开花。如果不从孩子们的内心世界去考虑，这样的教育就不是真诚的教育，这样的教育就可能成为使孩子们受苦而不能受益的教育。

我们需要观照孩子的价值世界。在如今这样一个价值多元的社会，价值信仰的迷失使得价值观的培育显得越来越重要。所以，责任教育、诚信教育、感恩教育、幸福教育等一系列教育范畴都被提了出来，并且在许多中小学校园得到了践行。同时，我们更需要观照孩子的自我世界。当今社会，人们几乎是被裹挟着前行，马不停蹄。孩子也是一样。一旦停下来，我们会发现他们中的多数不会休闲，甚至最基本的"玩"都简单乏味，所剩下的只有"学习、学习、再学习"。可以自主支配时间的时候，他们反而失去了自主选择的勇气和能力。与其费尽心思在孩子心灵深处培育价值观的种子，倒不如教会孩子以一种自主的、积极的、负责的姿态去管理，去省察，去协商，去调节。高素质、高能力是重要的，但是，培养出拥有健康自我，在这个复杂多元的社会中能够自主、自在地生活的人却是最为基本的。学生健康自我的重要性得到我校全体教师的认同，因此，我们将培养目标确定为培养"明德笃行，自觉自为"的阳光少年。

二、培养明德笃行、自觉自为的阳光少年

明德笃行只有成为自我的需要并成为自然天成的行为方式，才算是走进了人的内心世界，才是真实、真诚、有意义的。只有将美德理解为人性的渴望，才能走进人的内心世界。只有让孩子们从内心体验到对美德的渴望，美德才是真实、真诚、有意义的。有发自内心的强烈愿望，才能成为自我自觉的需要，才会有不辞辛劳、不怕挫折的自为的行为，才会有真正的笃行。

（一）"明德笃行、自觉自为的阳光少年"的形象化表达

我们以"心"字表达对"明德笃行、自觉自为的阳光少年"的理解。之所以做这样一个形象设计，是想表达我们对学生内心世界的关注，是想说明阳光少年是由内而外的，是心灵的绽放，是一种"自觉自为"。让我们从"心"出发，开始对教育的本源进行探究。

以"心"字最上的一点"健康自我"为最高境界。

它以中间的"乚"所包含的爱心、责任、尊重、诚信、勇气和勤奋为主体躯干，这是我校育人提出的"六德"。爱心是"健康自我"的核心，爱自己，爱自然，爱他人……居于最上端；勤奋是学生学习之本；诚信和尊重是学生做人之本；责任和勇气是学生做事之本。

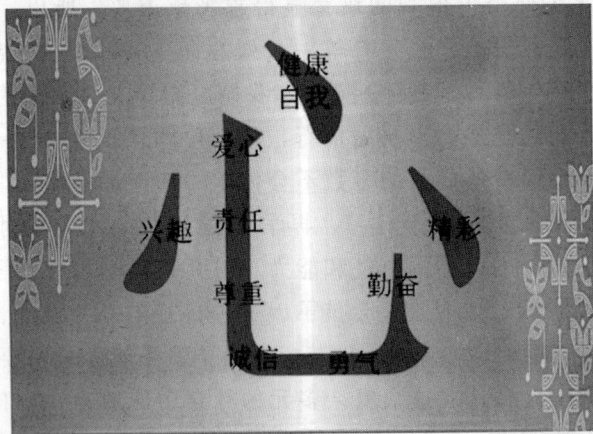

以"心"字左右两边的点"兴趣"和"精彩"为乘风的翅膀，从两头焕发心灵的活力。没有这对翅膀，学习之本、做人之本、做事之本难以到达最高境界。"兴趣"和"精彩"就是自在并自我丰富，在兴趣和自主探索中

246

体会勤奋和爱心，在自我尊重和自我信赖中理解尊重和诚信，在自我价值享受和生命精彩中懂得责任，建立勇气。

(二)培养"明德笃行、自觉自为的阳光少年"的实践路径

我们带领教师认真研究校训"明德至翠，笃行于微"，研究培养目标"明德笃行、自觉自为的阳光少年"，为每个词都赋予丰富的内涵，持续宣传了半年多，希望逐步渗透落实于教师日常的教育行为中。

1. 特色课程点亮学生自我成长之路

课程是学生成长，奔向目标的跑道。"明德至翠，笃行于微"的理念落实在课程上，则秉承了"适度教育""个性教育"的思想，学校将三级课程融合，着力建构"人文社会""身心健康""科学技术""阅读表达""艺术审美""家政生活"六位一体的绿色课程体系，根据学生的需求，开设了校本课程必修和选修课，建立网上平台进行选课和评价，激发学生自发、主动、探索、投入、坚持、放弃、选择等特性。通过"花开在我心田园种植""'大家'走进翠微会客厅""我们走进社会实践""翠微个性特长展演厅""在悦读中发现自我""纪念日典礼活动"等翠微持续、系统、经典的"明德笃行"特色课程点亮学生自我成长的道路。《思路》校刊、《翠苑》学生杂志见证这一历程中学生的切身体验。

2."绿色课堂"成就师生实现自我价值

我们以"国家课程"为核心，努力创建"知识与能力并进""个性与共性融合""情趣与价值共生"的"绿色课堂"。根据学校核心理念，结合课堂教学的特征，我们确定了绿色课堂的评价，以此引导课堂教学。前期针对教师教学，横向包含明德和笃行两个板块，每一个板块纵向包含六个要素，氛围适度、目标适度、内容适度、活动适度、练习适度、评价适度，每一个适度下有3个操作细则。后期针对学生学习状态，主要关注学习专注，能目的明确，精神投入，持续跟进；沟通有效，能主动参与，积极回应，超越自我；思维深入，能多维思考，系统思维，有效调整。每一要素有细则要求，从学生行为层面得以体现。因此在学习方式上，在翠微小学的课堂，以思维发展为核心、以情趣激发为动力、以学生活动为载体的探究性学习有了实质性进展，培养学生学会思维、学会倾听、学会合作、学会表达，以此达到课堂教学的优质，轻负担、高质量地促进学生发展。翠微的绿色课堂理念得到了教师的价值认同和行为追随。

相信深入持久的研究和实践，将使翠微的"绿色课堂"成为师生体现自我价值、幸福成长的地方。

3. 德育活动融入师生日常校园生活

我们从"学生健康自我"出发，将"明德笃行"融入师生日常校园生活之中。学校教育活动逐步走向综合、持续、创新、经典。我们将"爱心和勤奋，责任和勇气，尊重和诚信"德行的具体目标与学生的德育活动结合起来，与学生的兴趣情趣结合起来，架构了德育活动的载体实施体系，有每天的日常行为规范自省、每周一次国旗下讲话、每两周一次的系列班队会、每两月一次的分年段主题活动、每学期一次的社会实践活动、每学年一次的入学和毕业典礼。这些活动以"健康自我"为核心，学生和家长被发动起来，自主设计方案，学校给予指导。从活动目标的细化到活动内容的筛选，从活动形式的推敲到活动效果的评估等，将它当作课题一样精细研究，当作课程一样细致实施，强调内容上的价值和新颖，形式上的独特和创新，互动中的分享和深化，德育活动变得更科学、更系统、更高效。这样的活动使得学生深度参与，充分体验，综合提高，家长志愿者参与其中，感受到学校教育活动的精致、经典、持续、高效，直抵学生心灵，促进德行并进。

4. 优雅环境提供学生自为发展的空间

营造温润如玉的读书氛围，建成孩子的"阅读馆""博物馆"。人的气质、玉的品质依托阅读而彰显，在翠微小学每个校区、楼道、专业教室、多功能厅、餐厅等各处摆放图书，为学生设计开放的"童书馆"，书可以在楼层之间、校际之间漂流，让师生嗅到墨香，喜欢阅读，进而"悦读"。学生在自在阅读中自我丰富。

共建参与互动的家园氛围，建成孩子的"活动馆""展览馆"。我们在室外铺就无障碍草坪，营造人水植物共存生态，扩大学生嬉戏玩耍的空间，满足人与自然亲近的愿望。注意"人"和"体"的关系，巧妙利用格栅、挂钩、鱼线等简约手法、简单工具，立体展示学生作品，目之所及，墙面、地面、空中一切可利用的场所都是学生展示的舞台。

5. 文化管理成为学校追求的最高境界

翠微小学的管理特色体现在与"翠·微教育"的精神文化的内在统一上，它以最终实现文化管理为最高境界。因此，翠微小学在构建学校运转的组织模式上更加尊重学校的客观实际，从基于它本身结构特点的校本环境出发，创设了包含"四大校区""七大中心"和"大年级组＋大教研组"的相互独立、相互合作、和谐共生的管理模式。在运行机制上，翠微小学管理层奉行管理过程遵循教育本性的理念，以文化影响、人本精细化管理彰显翠微教育独特的理念，从而推动了翠微教育的卓越发展。正是在这样的翠微教育的管理之"道"与管理之"术"中，处处体现出翠微教育与众不同的理念与文化——明德至翠，笃行于微。

学校文化建设是一个不断完善的过程，从粗陋走向精细，从制度走向人本，文化的意味越来越重，自觉自为的氛围越来越浓。"创建社会广泛认可的'翠·微教育'品牌学校"是翠微小学的办学目标，它是高尚的办学德行和一流的教育质量的融合。在未来，翠微小学的文化管理将进一步在人本和精细上下功夫，追求管理的品质，为教师的专业发展添彩，为学生的幸福人生奠基。

（本文刊发于《海淀教育》2014 年第 3 期）

专家评述

学校品牌建设是学校发展提升的重要阶段性工作，是学校从一般走向优秀的过程。学校品牌建设一般为三种途径：一是依靠学校自身力量进行品牌建设，形成品牌学校，这种途径可以称为内生性途径；二是主要借助外力给以指导和支持，在专家和专业机构的指导帮助下，形成学校品牌，这种途径可以称为外生性途径；三是借鉴外力与发挥内部力量相结合的办法建设学校品牌，这种途径可以称为内外结合途径。实践证明，要形成持续发展、整体发展、实效发展的学校品牌，必须依靠内生性的学校品牌发展之路。翠微小学形成的"翠·微教育"品牌充分体现了这一过程。

内生性源于挖掘学校内在优势资源并使其得到标志性发展，成为学校品牌的符号。

教育品牌的内生性机制是指要充分挖掘学校自身优势，并使其得到提炼、提升和发展，逐步使其优势成为教育品牌的符号和标志。例如，有的学校挖掘其育人目标的优势，有的学校发挥其教育教学过程的特色优势。翠微小学是在充分挖掘其校名优势的基础上，逐步形成了"翠·微教育"的品牌，使学校校名深刻内涵成为其教育品牌的标志符号。学校巧妙地将"翠微"一词的传统文化内涵与现代教育目标有机结合，形成了"明德至翠，笃行于微"的办学理念和教育品牌目标。"明德"语出《大学》："大学之道，在明明德，在亲民，在止于至善。""翠"追求的是高远的教育理想，清澈的教育境界。"明德至翠"寓意学校的办学目标是"师生不断加强道德修养，努力进行人格提升，使之达到完美的境界"。"明德至翠"代表至真、至善、至美的道德和理想境界。"笃行"源自《中席》"博学之，审问之，慎思之，明辨之，笃行之"，以及"学以致用""积少成多"和"防微杜渐"的中国哲学思想，反映了注重实践和体验，倡导创新的精神。"笃行于微"寓意学校教育关注基础和细节，践行所学，勇于实践和探究，注重体验，勤于动手，长于创造，"知行合一"的办学行为和育人目标。"翠·微教育"品牌通过对普通的学校名字的内涵优势的挖掘，形成了"明德至翠，笃行于微"办学理念和教育目标，使校名成为学校教育品牌的鲜明符号标志。

内生性发展需要建立师生民主参与的学校品牌建设机制。

学校教育品牌内生性的另一个重要特征是民主参与。学校品牌的建设与发展不能只是学校校长和管理者的工作，更不能只依靠外部专家或专业机构的力量，而应是学校全体教师，甚至是学生、家长共同参与的过程。翠微小学"翠·微教育"品牌的形成就经历了这样的民主过程。首先，学校组织干部和教师共同挖掘学校历史，学习研究现代教育理念，在经历了两年多的历史梳理、精确提炼和系统构建后，于2010年初确立了"明德至翠，笃行于微"的核心价值理念。在此基础上，进一步加强学校品牌教育思想和办学理念的宣传与研讨，逐步使其成为学校文化的重要内容，成为师生认同的教育思想和品牌内涵。例如，学校每年举办明德笃行《身边的故事》征文活动，使"博爱、责任、公平、精进"逐步成为翠微教育品牌的教师发展目标和行为准则。在此基础上，学校每年评选"翠微十大杰出教师"，用教师榜样诠释翠微教育品牌。此外，学校每年通过自我申报、自我宣讲、师生投票的程序评选学生"翠微之星"，逐步使翠微的学生"明德"目标——"爱心、责任、尊重、诚信、勇敢、勤奋"——融入培养目标之中，形成翠微教育的学生品德标志。

在学校教育品牌逐步明晰后，内生性的民主参与机制还会对品牌内涵的持续发展产生作用。翠微小学在确定了翠微教育品牌后，又在原有基础上进一步丰富和发展，提出"翠"彰显的是"绿的生态""玉的品质"的品牌内涵。学校还进一步提出"微"彰显的是"微的细腻""润的内涵"，细微中蕴藏一种关爱，温和中蕴藏力量，点滴之中透露着深刻与周到，温润之中透露着生长和希望，是一种"微风潜入夜"的无声润化。翠微小学通过不断挖掘教育品牌内涵逐步完善了对教育品牌本质和品质的教育追求。这也进一步体现了学校品牌内生性为学校发展带来的持续动力。

内生性保障学校教育品牌有效落实与持续发展。

内生性是学校品牌得以实践落实的重要基础，也是学校品牌持续发展的重要动力。翠微小学提出"明德至翠，笃行于微"的"翠·微教育"品牌核心理念后，得到师生和家长的支持，并很快在学校的办学行为中得到有效体现。在学校管理上，"明德至翠，笃行于微"的管理文化体现在教师参与管理的自觉性，逐步形成了"公转、自转"共转的管理特色。学校提出在整体工作目标下，各部门、各校区、各年级、各班级在具体工作中可以从实际出发，将学校发展与教师个人发展有机结合，促进所有人主动、愉快地发展，强调让每个人感受到高度责任心带来的高品质工作的价值感。在学校课程建设上，逐步形成了翠微品牌课程体系，建立了六大系列的菜单式课程，开发网上平台进行选课和评价，点亮学生自我成长的道路。在课堂教学上，融入翠微教育品牌的核心理念，将更多的教学自主权还给教师，教师的"博爱、责任、精进、公平"的行为在课堂教学中得到充分体现。

从翠微小学"翠·微教育"品牌的内涵挖掘、理念完善、品牌实施等方面，可以充分看出学校品牌的内生性发展对学校教育品牌建设的必要性和重要性。内生性是学校品牌的教育价值实现和认同的基础，是学校品牌持续发展的动力，是学校品牌发展的必由之路。

（北京教育学院　　杨志成）

蕴善水之德　育灵慧之才

北京市海淀区上地实验小学　　倪百明

　　上地实验小学校训中的"善、灵、杰"代表了我校的教育之魂。"善"关注的是学生的品格素养，强调了对学生德行的培养；"灵"关注的是学生的智慧技能，强调了对学生才智的培养；德才兼备正是上地教育的培养目标，只有善与灵的和谐统一，才能实现上地教育对学生的人才培养。"杰"所代表的就是追求卓越、不断践行。"善、灵、杰"体现了上地实验小学教育之根本，根据这样的培养目标设计了学校的整体课程体系，我们称之为"灵善课程"。

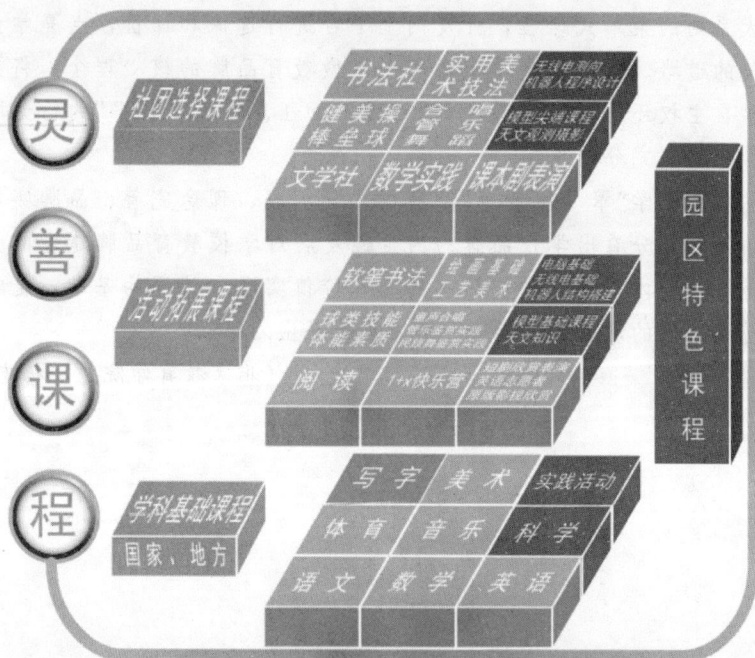

　　灵善课程以魔方模型为原型。魔方具有变化多样，结构清晰的特点，可以随意转动但结构稳定不变，给人带来智慧、挑战的感受。正如课程，它们种类丰富，有各自不同的特点，而其中又必然存在着一定的联系。

丰富、系统的课程是学校教育教学活动的核心，是培育学生善水之德、灵秀之才的根本。

一、整合学科间课程，使课堂教学更高效

对于国家课程，我们在多年教学中发现，同一内容经常会出现在同一年级的不同学科，虽然是相同的教学素材，不同学科的教师之间并不知晓，往往只能关注自己的学科特点，但却受到时间、空间的限制难以深入学习。相同的学习素材在不同学科之间有没有联系，有着怎样的联系呢？这正是课程整合中需要研究的一个问题，如果能寻找到这样的联系并进行有效整合的话，就可以节省出更多的课堂时间，使学生的学习更丰富、更高效。

因此，我校教师梳理了一至六年级12册全学科教材。第一次梳理以音、体、美、科等学科为主，任课教师将所有教学内容从课题到主要内容进行了全面梳理；第二次以语文、数学、英语学科为主，将音、体、美、科等学科与之在内容上有相关度的课题进行了二次梳理；第三次是各学科、各年段的教师进行分年段的集中研讨，主要针对第二次梳理中有相关度的课题进行集中研讨，对于只是内容相近但学科特色过于鲜明不便于整合的内容进行了筛选，真正能够实现整合的课程我们制订了主题目标。经过三轮不同角度的梳理，我们发现在每个年级的学习中都有内容相同但侧重点不同的学习。我校确定出6个年级12个学期的主题研究课程。在确定整合主题之后进行教学时间的调整，在不影响学科教学的前提下将一个主题课程安排在一周内完成。

例如，"身边的小动物"主题研究课程是科学课、美术课和语文课的整合。在真正的授课计划中，这些课程将在一周内完成，以三年级1班为例：他们在周一的科学连排课上先学习了《关注身边小动物》单元，第四课关于金鱼的研究，重点观察金鱼的结构、习性和饲养，在周三的美术连排课老师的教学内容是《红色的画》，我们继续以金鱼为主题引导学生完成美术作品，重点关注金鱼的色彩。与此同时，语文课已经完成了《翠鸟》第一课时的字词、读文的初步学习。基于科学课、美术课有关金鱼的学习内容，在周四的语文课上，老师再引领学生学习关于小动物的写作手法后请学生仿写《金鱼》。这样的课程整合是在同一主题下分散并更有针对性地完成学习任务。对于《金鱼》这一内容，科学课着重于结构

的观察、习性的学习，美术课完成了色彩的观察、构图的表达，语文课就可以更高效进行读写结合的学习。经过学科整合，"观察"在不同学科的学习中循序渐进地进行，从结构到色彩再到形态，在保证各学科自身特点的基础上，使学习更加连贯、系统、深入。

二、整合活动类课程，发挥教师、学生最大潜能

在以往的教学中我们发现品德与社会课程的内容和很多的班队会活动息息相关，同时我们也发现若想真正实现教育目标，单纯的讲授是不够的，需要学生在活动中浸润、体验，而这些体验的过程又需要一些相关学科的支持。因此，从教育类活动课程出发，我们以品德与社会课程教学内容为蓝本，在实践活动主题开展的过程中会根据需要整合相关学科，例如，信息学科就是以实践活动主题为学习素材，结合信息课相关内容做技术性支持；而综合实践活动则是让学生带着最终的学习成果走进社区、走向社会。

在整合国家课程的基础上我们对地方课程也进行了相应的思考。其中毒品、安全防控、环境发展的地方课程分布在中高年级的不同学期，而每学期的课时量又不相同，多则七八课时，少则四五课时，没有专任教师，也没有固定课时安排，这些课程往往难以落实。为了保证这些课程的落实与深入学习，我们也根据教材的年段安排与实践活动课有机整合，作为专题实践活动内容进行学习与研究。

原有课时要求为每周6课时，通过实践活动主题整合，每周4课时完成，这样每周节省出的2课时我校统一安排在周二开展全校的阅读课和多种多样的活动拓展课。每月最后一周的4课时我们会尽量调整为一个完整的半天时间，带学生走出校园，走入社区，走上社会，结合主题活动开展社区服务与社会实践活动。

实践活动类课程更加关注学生的社会性，学生学习方式以研究性学习为主，每一主题一定要和社会实践活动相关联，为学生创设充分的探究式、体验式学习的途径。将学生的学习环境由单一的校园拓展到了校外，在丰富的学习与探究活动中，培养学生良好的品德，发展学生的社会性。

三、开设特色课程，促学生个性发展

1. 写字课程增强学生文化底蕴

汉字及书法艺术是中华民族的优秀文化，因此，写好字是传承中华优秀文化的基础，也是我校学生的基础素质。我校挖掘教师资源，并外请优秀书法教师，让学生既能进行系统的基础练习，又能了解中国的书法文化，感受书法专业的熏陶浸染、积淀笔墨书香的文化底蕴。现在，我校一、二年级利用校本课程自主安排的每周 1 课时全面开展了硬笔写字课，与语文课识字内容有机结合；三、四年级则全面开展了软笔书法课。力求全面提高学生整体修养，感受书法内涵的丰富、博大精深，获得审美的享受、心灵的美化。

2. 活动课程促进学生全面发展

活动拓展课程与学科基础课程相辅相成，并以学科基础课程为起点，结合学生的兴趣爱好以及老师的教学特长进行开设。我校现在共开设了24 个活动课程，涉及艺术、科技、天文、体育、语言等多个领域供学生选择。

需要特别提出的是"阅读"作为所有学科学习的基础，也成为我校的一个重点关注课程。依照不同学段的特点，学生阅读能力的差异，各年级组制订了阅读计划。着眼一个"趣"字，注重提高学生课外阅读的积极性；贯彻一个"导"字，注重正确的价值方向和阅读方法的指导；把握一个"动"字，设计丰富多彩的活动；探求一个"合"字，努力架设起教师、学生和家长沟通合作的桥梁；实现一个"延"字，由一本到多本，由课内到课外，逐步扩大学生的阅读视野。

周二下午是我校学生开展阅读活动和兴趣活动的选择时间。在校六年，学生将会有 8 次选择的机会来发展自己的个性、特长，在专业老师的指导下，每一名学生都能获得全面的发展。我们每学期也会安排专业教师带学生走出校园去看看美术展、参观科技馆，更加深入地感受学科特点，体验有水准的艺术、科技氛围，从小受到专业的熏陶。

3. 社团课程成就学生特长发展

社团选择课程的目标是让社团成为孩子们张扬个性的炫丽舞台，让社团成为教师们放飞理想的广阔天空。所有社团均根据学生个性特长因材施教，努力激发学生潜能，张扬学生独特个性，让每一位社团成员都

有一技之长。在社团开展的过程中，老师们各显才能，每个社团都有自己的团规，通过扎实有序的推进，涌现了一批品牌社团和特长学生。社团选择课程的开展，孕育了一批兴趣广泛、特长鲜明的学生。通过社团活动的深入开展，发展了学生的兴趣特长，提高了学生的实践技能，促进了学生的全面发展。

（本文刊发于《海淀教育》2014 年第 2 期）

编者感悟

上地实验小学位于中关村科技园区上地信息产业基地，1998 年建校，是一所非常年轻的学校。虽然学校历史较短，但建校起点很高。建校伊始即作为中关村二小分校，成为科技园区引人关注的一道风景，成为当地百姓交口称赞的一所学校。2008 年，学校与中关村二小分离，独立办学，学校发展进入新阶段，学校文化厚积薄发。十几年来，上地实验小学一直本着"以人为本，和谐发展"的办学思想和宗旨，为学生的发展创造一个宽松、和谐、民主的学习氛围，培养学生德、智、体、美、劳等各方面素质的全面发展。

上地实验小学地处科技园区，社区背景有着鲜明的特性。学校借助地域优势和社区资源，将创新文化作为校风之魂，创新也成为学校办学理念和战略思维的一部分。学校鼓励教师在各项工作中不断地创新，通过创新谋求更大的发展，实现质的飞跃。追求卓越的创新意识推动着教师教育理念的不断更新，把培养人的素养放在第一位。创新激励着每一位教师在教书育人中不断反思，业务精进。每一位教师都有强烈的发展意识，具有不断学习、不断提高的危机意识和竞争意识，全校干部教师形成合力，帮助每一位学生实现最大限度发展的可能。

一所小学的创新还体现在它独有的课程体系。"上善若水，地灵人杰"是上地实验小学的校训。倪百明校长认为，"善"关注的是学生的品格素养，强调了对学生德行的培养；"灵"关注的是学生的智慧技能，强调了对学生才智的培养；"杰"所代表的是追求卓越、不断践行。上地实验小学"择高处立"，"德才兼备"是基础教育的培养目标，根据这样的培养目标设计了学校整体课程体系，即"灵善课程"。

在海淀区"课程整合"项目研究的带动下，上地实验小学对课程进行了结构性的优化与整合，旨在培育学生的"善水之德、灵秀之才"。学校课程整合策略主要体现在两大方面：整合学科间课程和整合活动类课程。学科课程一直是课程改革的主体，对学科课程的改革与整合，需要慎之又慎。

上地实验小学倪百明校长认识到这一点，组织教师合作教研，分层次梳理一至六年级全学科教材，打乱学科进行重新梳理，下了很大力气。通过教师"三轮梳理"，不仅将音乐、体育、美术、科学等学科教学内容进行了重新审视；而且以语文、数学、英语学科为"蓝本"，找到了音、体、美、科等学科与之在内容上的相关性；然后，各学科、各年段的教师进行集中研讨，对能够实现整合的课程制订了主题目标，确定出各年级主题研究课程；最后，根据不同的整合主题进行教学时间的调整，尽量将一个主题课程安排在一周内完成。

从育人的角度出发，经历这样的"三轮、四步"，虽然很复杂，很费时，但是值得做。因为，对课程功能进行审视和完善，必然触及课程结构的变化，当课程主题、课程内容、课程时间、呈现方式等要素发生变化之后，我们有理由相信，课程的育人功能会得以更好地实现，课程的育人效果会与办学理念更加切合。

当然，上地实验小学的特色课程也是学校一大亮点，如开设写字课程，硬笔书法与软笔书法兼顾，增强学生文化底蕴。活动拓展课程以学科基础课程为起点，结合学生的兴趣爱好以及老师的教学特长进行开设，培养学生在艺术、科技、天文、体育、语言等多个领域的不同兴趣，为学生个性化发展提供选择。尤其值得一提的是，学校将阅读作为重点关注课题，利用每周二下午开展阅读活动和兴趣活动，培养学生的阅读素养，给学生更多的选择机会，在专业老师的指导下，来发展自己的个性、特长。

另外，学校在科技、实践活动等方面尝试打破校园学习空间，体现科技园区学校的办学特色。让学生走入园区，学习场所由校园拓展到校外，改变学生的学习方式，到更广阔的空间去体验和探索，培养学生的创新精神和实践能力，引导他们关注社会，形成乐于探究的品质。丰富多彩的课程充实了学生校内外的学习生活，学校真正成为孩子快乐成长的学园。

上地实验小学诞生于科技园区，经过十七年的发展，倪校长和全体老师一道，正在追寻着自己振翅翱翔的新高度。其严谨、规范的管理特色，丰富、完整的课程体系，创新、包容的精神文化，都已经成为这所优秀小学独有的文化基因，引领着学校不断实现自我超越。

（北京市海淀区教育科学研究院　　宋世云）

为师生营造幸福成长的家园

北京市海淀区西苑小学　　李　辉

伴随基础教育均衡发展的进程，学校与学校之间的真正差异，已经从物质条件的比较转化到学校文化内涵上来。用文化影响人，用文化教育人，已经成为现代学校教育的核心价值追求。

与传统的学校管理方式相比，文化立校是以舒缓的方式展开，春风化雨、润物无声地发挥作用，因而其影响力更加深入、更为长久、更为全面，具有无处不到的渗透力和无时不在的持久性，使每一个成员浸染其间，自觉不自觉地改善自己的思维方式和行为方式。

学校文化是学校全体成员的精神皈依，是他们认同的信念、理想、追求、行为的方向指引，它同时显现在学校的一切教育行为、各种物质载体和全部的符号体系之中。那种能够促进教师与学生的生命得到舒展、成长的文化，就可以称为是好的文化。西苑小学着力打造的是一种让师生感受到教育幸福的"家"文化。我们倡导柔性管理策略，践行"慢"教育的理念，就是努力营造一种温馨的氛围，为教师、学生发展创造自主宽松的空间，让人人脸上充满笑容，在尊重、平等、愉悦、奋进的校园生活中，生命得到润泽，智慧得到生长，身心得到发展。

一、校长是学校文化建设的灵魂

作为校长，应当有强烈的文化使命意识，要善于从学校的历史积淀中、从学校的现实需要中、从学校未来发展的愿景中，构筑起学校发展的精神家园。同时，校长要能够把自己的梦想交给团队，让大家来决定它、培养它、哺育它、拥有它、共享它、丰富它，使之承担起学校价值引领的责任。

西苑小学于1957年建校，经过五十多年的发展，学校已经拥有现代化的教育教学设施和较高水平的师资力量。全校干部教师潜心办学，专心研究，积淀文化，传承文明。学校始终遵循着"用先进的人类文化感染人、启发人、鼓舞人，为国植贤"这一办学理念，秉承着"一切为了孩子"

258

的办学目标，倡导"在书香校园中，教师的发展带动学生的发展；快乐的教师培养快乐的学生"的办学方向，努力营造和谐、平等、尊重、赏识的校园氛围，积极为教师发展创造机会，尊重教师个体感受、真心赏识教师的一点一滴进步，努力使教师活的有尊严、有成就感，从心底感受学校生活的快乐。我非常信奉这样一句话：快乐是能够传递的。校长要做快乐的营造者，让教师在感受、享受快乐的同时，将美好的情感传递给学生家长，传递给社会。

西苑小学实施素质教育的核心正是给学生快乐，让孩子在快乐中学习生活，进而学会用快乐影响周围的人。我们努力为孩子们提供尽可能多的机会，让他们快乐地认识世界、尊重世界、理解世界、欣赏世界、创造世界。我们希望，西苑小学的孩子走出校门的时候，都是最健康的孩子，拥有健康的身体和健康的心灵；都是最快乐的孩子，懂得快乐学习快乐生活；都是最出色的孩子，快乐地做最好的自己。

二、教师行为是学校文化价值的体现

一个学校的文化，透过教师与学生的言行举止，就可以看出个大概。也许有人担心，西苑小学倡导的这种"家"文化，会不会在"你好我好"的人际关系中消磨教师上进的斗志，弱化学校竞争的动力。实践告诉我们，人发展的动力不是外在的压力，而是内在情感的驱动力。求进步求发展是人较高层次的精神追求，我们期待的教师发展，不是压力下的被动发展，而是在和谐融洽的氛围中自主自觉地发展。只有这样的发展，才会有活力并且更持久。

教师是学校的第一资本，教师是学校最丰富、最有潜力、最具生命力的资源。教师快乐的源头就是教师的价值体现。我们坚信，当学校把教师放在第一位的时候，他也一定会把学生放在第一位；当学校让教师感受到自身价值的时候，教师也一定会让学生感受到自己的价值。学校要充分珍视这种积极向上的良好愿望，用欣赏的眼光看每一个教师，尽可能放大教师身上的优点，让教师充满自信地生活在西苑小学的教育场中。更关键的是，学校要不遗余力地创造机会，为每位教师的成长搭台铺路。

多年来，学校组织不同学科、不同职称的教师到外省考察，接受各种培训，开展各类教学交流。例如，组织全体骨干教师赴山东杜郎口中学考察课堂教学，组织语文教师去杭州观摩全国语文的最优课堂，组织英语教师到江西南昌参加全国小学英语教学研讨活动，组织科学、综合实践课的老师去全国最先进的学校学习。教师们外出学习不仅开阔了视野，提升了学科素养，更锻炼了自己独立解决问题的能力，强化了事业信念，加深了爱西苑的情结，增加了教师群体的快乐指数。

"平庸的教研造成教师的平庸，卓越的教研成就教师的卓越。"每种地域文化都有其独特之处，影响着人们的思维方式和行为方式。在跨地域的交流合作中，教师们真切地体会到自身优势与不足，从超越区域的视角审视我们的教育行为，从而引发新的思考。基于以上认识，2010年12月，西苑小学与南京市虹桥小学在南京共同举办了首届两京同课异构教学研讨活动。相同的教学内容，不同版本的教材，不同地域文化视角上的教学构建，不同教学风格的互相映衬和比较，让两所学校的教师着实过了一把交流碰撞的瘾。校长专题座谈、教师同课异构、教师与学生互动，大家以课堂教学为媒介，从不同的文化视角对课堂教学进行了深入的探讨。教师们开怀畅言，享受交流的快乐，感受自身的成长。我们欣喜地看到，在这种教研文化的浸润下，教师都有了感恩之心，感恩学校赋予自己成长的机会，感恩学生伴随每一位教师的成长，更多的教师自愿地把这种感恩转化为对教育的奉献。

三、多彩课程是学校文化传播的载体

课程是学校育人的核心阵地，也是学校文化传播的重要载体，学校为学生提供什么样的教育，要通过课程设置得到体现，学校的培养目标，更是离不开能够满足学生全面发展需求的多样化的课程。

我们抓住属于学校传统优势的语文学科，从听说读写入手，利用校本课程《诵读》《品读》《赏读》，提升语文学习效果。"十一五"期间，学校围绕"日记对提高学生写作能力的作用的研究"课题开展教学探索，对提高教师专业素养、帮助学生学会观察生活、提高语文写作能力发挥了积极作用。

科学课是学生最喜欢的课程之一。在西苑小学的科学课上，科学教师把知识的学习过程藏在社会中、埋在生活里，然后带领孩子们在生活中验证科学的道理，探索科学的根据。在小教室里难以解决的问题，我们就把它放到社会大课堂中：不吃桑叶的蚕能生存吗？你知道海淀公园

的土壤与学校土壤的区别吗？人体的关节有多少种？昆明湖的水质适宜什么种类的鱼生存？……海淀公园成为西苑小学的实验室，学校的花草变成孩子们的活标本，当孩子手捧厚厚的观察日记时，收获的喜悦代替了几个月的辛劳。

英语教师把"攀登英语"与小学英语课程整合实施，唱歌学英语、听英语故事、读英语绘画故事书、编英语小剧进行表演。如今学校的英语课程在"攀登英语"的推动下，已经成为孩子们英语学习的快乐营地。

为了更有效地发挥课程育人的效果，我们在实施课程整合方面进行了积极的尝试。例如，综合实践课程与语文学科的整合，综合实践课程与英语学科的整合，综合实践课程与美术课的整合，少先队活动与综合实践课程的整合。我们带领学生走出小教室，走进大课堂，实现了把"场馆"当教室、把"蓝天"当课堂、把"小溪"当课本的目标，所有沉睡的资源与现有的课程一起活起来、动起来，变成了学校取之不尽用之有效的资源。通过一系列教育教学实践活动与不同学科的创新整合，西苑小学广受家长和社会的好评，"红领巾小导游"已经成为西苑的品牌，西苑小学连续多年被评为海淀区科技、艺术、国防、课外活动先进集体。

四、学生快乐成长是学校文化的归宿

孩子是否成才不是只有分数这一把尺，孩子的快乐也是不能用暂时的分数替代的。我们认为，学校文化的最终归宿一定是要营造出一个快乐成长的场，使学生能够体会学校生活的快乐，感受教育过程的幸福，激发美好的情感，形成健康向上的品格。

每周三是孩子笑脸最多的一天。这一天是学校的无作业日，全体教师每人一个社团，所有孩子自主选择一个社团。抛开学科，语文教师拿起了画笔，数学教师举出了钩针，英语教师摆起了棋盘……孩子们能体验到学校带给自己的另一份快乐。

合唱团是孩子笑脸最集中的地方。六百名学生的学校有一支百人合唱团。他们在每周的升旗仪式上，带着庄严唱响国歌，带着笑脸唱响校歌，更把这种发自内心的欢乐与自信通过社区演出、合唱比赛传递到更远更广阔的地方。

志愿服务是笑脸最阳光的时候。校内总有一群臂戴绿色袖标的志愿者，面带微笑，用轻声的提醒、温暖的嘱咐服务着大家，让整个校园安

然有序。节假日里，学校志愿小导游的身影也经常出现在颐和园大戏楼、圆明园大水法、玉渊潭樱花节、海淀公园收割节上。

每一个课堂是学生笑脸绽放最多的地方。在 25 人的小班中，学生个个都有机会，节节课都有展示，教师也能更有针对性地关注到每一个孩子的需求。

校园海棠花下孩子们的笑脸是最自豪的。除了每年的体育节、科技节、艺术节外，学校在每年 4 月海棠花绽放的时候，又增设了"海棠花节"，其中包括"海棠杯征文比赛""海棠杯小书画家比赛""海棠杯演讲比赛""海棠杯朗诵比赛""海棠杯计算小能手"等活动，为孩子扩大了展示的舞台。

平凡不平庸，宽松不懈怠。西苑小学正是在学校营造的这种家的温馨中，自强不息，一步一步坚实地迈进。学校虽身处深巷，但名播社会，区域内高质量生源不断回流，家长认可与日俱增。西苑小学在快乐文化的引领下，在特色办学理想的执着追求中，扬帆远航。

（本文刊发于《海淀教育》2012 年第 6 期）

编者感悟

在当前什么都追求"快"的社会中，"急功近利""追超猛赶"的心态也逐渐渗透到教育领域，"不要让孩子输在起跑线上"等教育口号满天飞。在这样的环境和氛围中，西苑小学的李辉校长提出了"慢"教育，倡导"柔性管理"，努力为教师、学生发展创造自主宽松的空间，打造一种让师生感受到教育幸福的"家"文化。这既是李辉校长对教育规律的深刻认识和把握，也是她对自身教育理想的固守和坚持。

激励理论认为，过多的外在制度约束和惩罚，反而会削弱人的内在动机。李辉校长在教师管理中采取"柔性管理"，弱化了管理的控制意味，凸显环境和文化的力量，注重通过情感激发、文化浸润、个人感召等方式，从内心激发教师的主动性和创造精神。这种"柔性管理"淡化了竞争和紧张的人际氛围，教师的内心开始变得平静、平和，放下了压力和紧张，开始自主地追求成长和进步，自觉地关注学生、研究教学，反而更贴近教育的本质，更能够发现和遵循教育规律。

教育是心灵的碰撞。教师在学校的生活状态和内心感受直接影响着对待学生的方式和态度。当教师的内心抛却了功利、紧张和焦虑，放慢了脚步，教育也就更为从容，更为关注学生的全面成长。西苑小学的"慢"教育让教师"挖空心思"地去思考如何促进学生的全面成长，教师精心设计了"小导游"综合实践课，培养学生的社会责任感，从2007年开始，已经有700多位学生参与担当小导游。丰富多彩的社团活动，让学生在琴棋书画、舞蹈的旋律、优美的音乐中找到成长的快乐和自信。

为了满足学生全面发展的需求，西苑小学树立了"大课程"观，注重课程的整合，将"攀登英语"与英语课程整合实施，同时将综合实践活动课程分别与语文、英语、美术等课程进行整合，此外还开设了集编剧、制作、表演、音乐、美术为一体的皮影课程，融合了语文、手工、数学、音乐、美术、科学、品德、信息等多门学科，以皮影戏为载体，在制作、编剧、表演的过程中，培养学生的动手能力和创新能力，感受传统文化的魅力。

"慢"教育是一种内心的从容，也是对教育规律的坚守；"慢"教育让校长的眼中有"人"，干部的眼中有教师，也让教师的眼中有学生。正是李辉校长的"慢"教育，让这所有着50多年办学历史的学校，形成了自身独有的文化特色和发展方向，焕发出了异样的光彩。也许这就是文化的魅力，是教育回归到育人本真之时的状态。当学校教育逐渐褪去了功利色彩，回归到育人的本质之时，这所学校、这些老师、这群学生所焕发出的生命力和与生俱来的快乐，是最为引人注目的。

（北京市海淀区教育科学研究院　　孔　伟）

以"和"为魂，文化建设引领学校发展

北京市海淀区民族小学　　马万成

2014 年 5 月 30 日，习近平总书记走进了我校视察，对学校环境给以充分肯定，在座谈会上，总书记还谈道："海淀区民族小学注重树德育人，组织开展了很多活动，取得了积极成效。"总书记的话是对民族小学的最高褒奖，也是对学校各项工作的认可。回顾历史，这些成绩的取得，源自于学校以"和"为魂的文化引领。

一、剖析历史现状，提炼文化核心

民族小学始建于 1890 年，建校初期校名为"马甸回民义学"，学校几经更名为"广育小学""回民学院一附小""马甸小学"，2004 年 12 月 2 日更名为"北京市海淀区民族小学"，是海淀区唯一的民族学校。百年的历史见证了时代的变迁，诉说着历代先贤办学的艰难，也体现了学校有着历史传承下来的民族特色和多民族融合的优良传统。

考虑到学校历史传承下来的民族特色和十多年前队伍涣散、办学状况令人担忧的局面，我们提出以"和"为魂的学校文化核心价值观，希望通过"和"文化的引领，建设学校自然优美的环境，实现人与环境的和谐；建设一支积极向上的教师队伍，凝聚人心，帮助他们重新焕发活力。通过一系列的手段和措施，将"和"的文化理念，传递给学校的每一个工作人员，使其内化于心，外化于行，推动这所百年老校走出低谷，实现复兴。

二、深入文化实践，实现共同成长

在"和"文化的引领下，结合学校自身的民族特色以及教育的普遍规律，孕育出了"和而不同，快乐成长"的办学理念，构建出一系列的学校文化实践体系，其中包括"尊重·和谐"的管理文化，"自然·和美"的环境文化，"多元·发展"的课程文化，"自主·幸福"的教师文化，"参与·成长"的家长文化和"自律·阳光"的学生文化。

(一)"尊重·和谐"的管理文化

学校文化建设的主体是人,如何优化管理机制,激发每个师生员工的积极性?学校在制度建设上探索和营造了"尊重·和谐"的管理文化氛围。学校尊重每个师生员工的个性差异和特长,扬长避短,各尽所能,各负其责,采取自上而下、自下而上相结合的管理方式,实现让每个人的潜能都得到最优化发展的管理,使学校层面、年级组层面、教师层面有效对接。学校在尊重个人特性的同时,也强调内部齐心协力和外部团结协作,积极创建良好的外部生态环境。

1. 尊重师生在制度建设中的主体性

师生积极参与学校制度的建设。通过教工大会、学生代表大会、师生座谈会及意见征集等形式,对学校的相关制度进行讨论,献计献策。在教师层面,经教职工共同研讨,学校形成了《民族小学教师手册》,教师通过阅读《手册》,能够了解学校的历史、理念文化,并且知晓工作的基本要求,是教师工作的行动指南。在学生层面,学校组织开展"我在学校的权利与义务"的讨论,并且编写了《民族小学学生守则》及各班的班规班约,便于学生自我管理,使之逐渐成为自觉的行为。

2."扁平化管理"打造优秀的教师团队

学校的管理机制建设分为"领导班子—年级(学科)组—教师"三个层面,每个层面都有自身的责任、权利与义务。学校尊重每个层面的自主性,充分放权,鼓励各口、各组在彰显特色的同时团结协作,发挥教师的主体作用,营造良好的合作氛围。这样的管理为教师的自主发展提供了宽松的空间,教师更加注重相互间的包容与合作,在彰显个性的同时也加强了团队的建设,涌现出了学生管理出色的一年级组、书香氛围浓厚的三年级组、积极奉献的科技组、能够自动化管理的语文组等优秀的组级团队,典型的示范带动了全校教师团队的发展。

3. 情感投入,营造和谐的工作氛围

古人云:动人心者莫过于情。情动之后心动,心动之后理顺。"情感投入"是管理者调动人的积极性的一项重要方式。学校对每一位老师投入很多的感情。关注教师的身心健康,使教师体验到了家庭的温暖,面对工作更加全身心地投入,更加愉悦地工作与生活。同时,老师们也把这份关爱传递给了学生和家长,师生关系、家校关系都非常融洽。

(二)"多元·发展"的课程文化

基于对校情、学情、生情和师情的综合考量,我校开发和设置了多元、发展的校本课程。课程的多元化和发展化体系既照顾了学生的个体间差异,满足学生多样化的学习需要,又兼顾了学生个体内的差异。

1. 三级课程纵向发展

我校对国家级课程、地方性课程和校本课程进行整体推进,并结合学校实际情况,对国家级课程进行了校本化的研究和实施。

例如,我们的语文课改变逐字逐句分析的现状,而是采用讲一篇再带一篇相同文体或者表现主题的文章,我们称之为"1 带 x"课型。在课时分配上,一周 8 节语文课,拿出 5 节上"1 带 x"课型,3 节上阅读课型。这样的语文课帮助学生找到了课内外结合的点,拓展了视野,使得他们学会迁移,快速提高了学习效率。学校的数学团队将数学游戏大胆地引入课堂,并且将枯燥的数学课后作业改为有趣的实践性作业。这些做法极大地调动了学生学习的兴趣,符合小学生喜欢动手操作的特点。

2. 校本课程横向辐射

不同的学生有不同的兴趣和特长,丰富、多元的校本课程满足了我校不同学生的发展需求。结合"健康之体、规范之行、关爱之心、聪慧之脑、多才之身"的目标,学校开设了涉及科技、艺术、健体、生活四个板块共100 多门选修课程。例如,书法、机器人、魔术、趣味实验、泥塑、街舞、国画、武术、篮球、足球、厨艺、茶艺、做家务等课程。课程的开设是在调查学生意愿的基础上进行的,很多学生对于课程的建设提出了宝贵的建议,如有的孩子提到学校应该多开设法律类的课程,帮助学生守法懂法等。学校还通过民族体育节、艺术节、国际文化节、科技节、小博士杯比赛等活动,为学生搭建展示自己的平台,让孩子们感受到了成长与收获的喜悦。

(三)"自然·和美"的环境文化

我们创设"自然·和美"的环境文化,帮助学生在学校中接触到自然的色彩、声音和各种动植物的形象,同时融入文化的元素,引导学生学会与自然融为一体、和平相处,达到和美的意境,最终使得校园变成孩子们的乐园。

学校是植物园。我们发挥每一寸土地的功效，种植100多种植物。春天繁花似锦，牡丹、芍药、月季，姹紫嫣红，竞相绽放，秋天果实累累，海棠、石榴、山楂、核桃，万果飘香。孩子们在植物园中感受着四季的变化，体会着生命成长的历程，孩子们可以亲自播种、培植、收获，他们欣赏生命，呵护生命，赞美生命。

学校是动物园。一条条可爱的小金鱼在花草间嬉戏，不时还游过漂亮的大锦鲤。每到课间，孩子们兴奋地喂兔子、小鸡、小鸟，和这些小动物成了亲密的伙伴，他们蹲下身子，跟小动物们说着悄悄话，诉说着自己童年的秘密。

学校是文化园。学校历史悠久，具有中国传统文化的建筑点缀在绿树红花之间。孩子们在校园中行走，可以触摸到有着百年历史的螭首、龙纹；在四合院中徜徉，可以置身于红柱回廊间，赏海棠、觅秋虫，下棋看书、吟诗作画，别有一番情趣。在校园的道路两边的草坪上，一块块刻有名言警句的文化石，生动地向孩子们讲述着做人的道理。

学校是乐园。我们依据学生年龄特点，安装了丰富的活动与游戏设施，跷跷板，万花筒，小滑梯……课下、放学，孩子们躲个猫猫，荡个秋千，笑声在校园里久久回荡，校园便也成了孩子们成长的乐园。

(四)"自主·幸福"的教师文化

我们十分尊重教师的个体差异，挖掘教师的闪光点，并积极引导教师自主发展，帮助教师在工作岗位上实现自我价值，体悟教师职业的幸福。

1. 自主发展的教师队伍

三年前，语文老师马文君进行了一项大胆的改革，从一年级一入学，每周拿出两三节语文课带着孩子们读课外书。孩子们如饥似渴地吮吸着书籍带来的营养。到了二年级，一些孩子就开始涉猎《明朝那些事儿》《西游记》《三国演义》等大部头的书，很多孩子一个学期的阅读量达到了五六十本。学校十分关注这项改革实验，和马老师反复探索实验方法，遇到困难共同分担。如今马老师的班级语文成绩遥遥领先了，读书不仅提高了学生的文学素养，也让这个班的学生变得大方懂礼，敢说、能说、会说，并且倾听别人的发言，知识面广，人人有独立的见解。

在马老师的带动下，各班都建立了图书角，同学们自发把家里的图书拿来与大家分享。为了鼓励孩子们读书，学校帮助各年级在楼道里设置了开放图书馆，这个学期，学校又投入50万元用于给各班配置图书，每个班配备600本书，让孩子们浸润在书籍的海洋中。

马老师是我们教师团队的一个缩影，在她的带动和辐射下，一个又一个马老师出现了。例如，贾锁云老师组织的古诗文考段活动，将古诗文进行整理编印，二百四十首古诗词共分为八段，下有底线上不封顶。学生可根据自己掌握的情况自由申报，极大地调动了学生参与的积极性，使得语文教学由原来的"齐步走"变成"尽情跑"；常娜老师的5分钟微课程，使得学生从"寡言少语"到"能说会道"，真正成为课堂的主人；关越老师的"翻转课堂"教学改革实验，大大提升了学生自主学习的能力……老师们的一个个实践与探索，使我们的教学异彩纷呈，使学生的活动也变得丰富多彩。

2. 自我实现的幸福教师

学校重视教师队伍的精神引领，通过一系列的活动，坚定教师的理想信念，激发工作动力，挖掘教师身上的闪光点，营造和谐的氛围，引领教师幸福成长。

教师宣誓：每年的开学典礼，全校的教师要面对学生、家长宣誓，对学生负责，对自己负责，对社会负责。激昂的誓词是自己工作的目标与动力，更是自己一生教育事业的追求。

感动民族小的人和事：一年又一年，有太多的人为学校的发展默默地付出，有太多的事感动和激励着民小的师生和家长。每年学校还组织评选"感动民小的那些人和事"，如"马拉松勇士于昊老师""拄拐上课的唐嘉媛老师"等，这些都激励着民小的老师不断地进取。

明星教师：现在的孩子都追星，什么影视明星、体育明星，为什么不能让我们的老师成为孩子们心中的那颗星？学校已经连续组织了九届明星教师评选，"学生喜欢、家长满意、同行佩服、领导赏识、自我认同"是我们的评选条件，也是教师的追求。每到教师节，我们都会组织隆重的颁奖活动，当激情澎湃的颁奖词宣读的时候，孩子们兴奋地猜想着他们心中的那个明星。被请上主席台的明星教师潸然泪下，还有什么比辛勤的付出被认可更幸福的呢？

（五）"参与·成长"的家长文化

我校充分利用家长的教育资源，邀请家长积极参与学校各项工作的开展。学校有一支"家长教师团"，参与到了学校选修课程的研发和教授当中来。学校定期举办家长讲堂，为孩子们提供不同领域的讲座，对孩子认识世界，了解社会，增长见识，增强技能都有很大的帮助。学校还有一支"家长志愿者"团队，参与学生的社团辅导、图书管理、活动服务等。学校通过定期开展家教沙龙，为家长之间的交流提供平台。家长介绍经验，听家教专家讲座，家长间随意沟通。在参与学校各项活动的过程中，不仅孩子受益、学校受益，家长的教育理念和教育方式也慢慢地成熟起来，形成共同参与、共同成长的良好局面。

(六)"自律·阳光"的学生文化

学校以育人为己任，学校文化的建设最终要落脚到人的发展，落脚到学生文化的引领。结合学校的办学理念和育人目标，我们着手培育出自律、阳光的学生文化，自律是和谐的前提，而阳光则是学生快乐成长的状态。

1. 给学生自由的空间，培养自律的品格

毕达哥拉斯说：不能约束自己的人不能称他为自由的人。因此我们还努力培养学生"自律"的性格品质，自律强调的是一种自觉，一种自我的意识，一种自我推动的力量，正如校训所说，努力做最好的我。

(1)荣誉小公民评选

为了引导学生在守纪律、讲卫生、懂礼貌三个方面约束自己，学校给每个学生颁发了荣誉小公民证书，能够在这三个方面做得好的同学，将会获得一枚小印章。学校定期进行总结与表彰，对于表现突出的同学，学校将在升旗仪式上进行表扬，并颁发荣誉小公民的勋章。荣誉小公民证书发到每个学生手里以后，他们便对自己有了一定的要求，在学校生活各个方面严格要求自己，从而养成自律的品格。

(2)志愿服务岗

学校设置了分餐服务员、礼仪服务员、图书管理员等志愿服务岗，岗位种类和职责的设置都是班级的同学自主设计和梳理的。个别的岗位如"分餐员"，学校还会开设专门的讲座，对于分餐的技能和注意事项进行培训。在志愿服务的实践活动中，学生学会了自我提醒、自我管理，学会了做好自己分内的工作，养成了自律的好习惯、好品格，对于班级文化的建设也起到很大的推动作用。

2. 搭建学生展示平台，培育阳光的学生文化

学校尊重学生的不同，给他们搭建不同的展示平台，使得学校每一个学生有得以展示的机会和舞台，帮助他们从中获得自信心和自豪感，建立阳光的心态。

（1）国际文化节

学校已经举办了九届国际文化节。每到这个节日，学生们都是最为快乐活泼的时候，因为文化节会开展很多丰富多彩的活动，包括设计国际建筑，设计异国服装或者民族服装，自主编排话剧等。学生们可以根据自己的兴趣和特长，自主选择参与喜欢的活动，并动手制作，学生的参与率达到百分之百。

（2）学生讲坛

我们的学生在不同的方面有着自己的特长。为此，学校专门设立学生讲坛，给他们搭建了一个展示、交流的平台。学生讲坛开设以来，主讲课题的领域涉及广泛，有科学的，有文学的，还有艺术的。值得一提的是，其中一个热爱文学的女孩非常喜欢写校园文学故事，她在讲坛中大胆地分享了自己创作的校园故事及创作经验，并号召所有的同学一起写校园文学小说。一个月下来，100 多名学生积极投稿，写出优秀作品共计 6 万字。孩子们创作的故事新颖有趣，连老师们都自叹不如。

（3）音乐沙龙

我们还有特色的音乐沙龙活动。清晨走进校园，一定会被婉转悠扬的琴声吸引，琴声传出的地方便是我们特色的音乐沙龙舞台。热爱弹琴的同学可以轮流到这个沙龙舞台上展示自己，学生们用自己的特长为校园文化添上一抹亮丽的色彩。

三、追寻教育本真，畅想未来愿景

我们要给孩子创造游戏的世界、快乐的世界，体现童真童趣，遵循孩子成长的规律，遵循教育的规律，营造更加生态的自然环境，使校园生活变得多姿多彩，让它具有"孩子味、教育味、自然味"。

我们设想，能不能办一所没有围墙的学校？像办大学那样办小学，学生能够凭借自觉、自律获得通行卡，自由选择游戏设施，愉快玩耍；他们还可以放学后不回家，三五结伴去图书馆、去实验室继续学习，享受学习的快乐。

在学校文化的引领下，每一位教师有更高的站位，树立大教育观、大教学观，有自主发展的强烈愿望，涌现出一批勇于创新、精于实践的特色教师、专家型教师。

（本文刊发于《海淀教育》2015年第2期）

同事评说

2014年5月30日，习近平总书记带着微笑走进了海淀区民族小学，参加了一年级孩子们的入队仪式，视察了学校践行社会主义核心价值观的实践活动，他说："海淀区民族小学注重树德育人，组织开展了很多活动，取得了积极成效。刚才，听了几位同学和老师、家长的发言，很有收获。大家都谈到要加强德育工作，引导少年儿童从小就培育和践行社会主义核心价值观。这很好，我们想到一块儿了。"马万成校长感受着这幸福的时刻，聆听着总书记语重心长的教导、嘱托，百感交集、思绪万千。十年的艰辛与付出，十年的坚持与承受，十年的探索和创新，终于以这样辉煌的一笔载入了学校百年历史。

2003年的海淀区民族小学教学区被压缩到了仅有的一座破旧昏暗的老教学楼里。周围环境混乱，学校面临生存困境，激发了马校长一种教育者强烈的责任感，下决心要办一所让社区居民信任的学校。卧薪尝胆十年如一日，从十多年前校园破败凋散到今天古典园林式风格，每一处的设计和布置都体现着民小的内蕴和精神气质。

马校长结合学校自身的民族特色以及教育的普遍规律，提出了"和而不同，快乐成长"的办学理念。通过"和"文化的引领，建设学校自然优美的环境，实现人与环境的和谐；建设一支积极向上的教师队伍，凝聚人心，帮助他们重新焕发活力。通过一系列的手段和措施，将"和"的文化理念，传递给学校的每一个工作人员，使其内化于心，外化于行，推动这所百年老校走出低谷，实现复兴。

马校长有着自己对教育的朴实看法，他认为，我们要培养的是未来社会的幸福公民，小学教育是为人的一生打基础的教育，要遵循自然的规律、人成长的规律去做教育。他说："学校就是学生、教师、家长共同成长的地方。我们应当尊重每一个人的个性差异，允许犯错误，鼓励修正自己的不足，在追求自我完善的过程中达到学校整体的发展。"提出落实社会主义核心价值观、培养未来合格公民的"六个一"工程，即"一手好字、一副好口才、一笔好文章、一个好身体、一份好担当、一生好习惯"。学校成为中国书协"翰墨薪传"中小学书法培训示范学校、北京市中小学书法特色校。

在这一次次改革尝试中，马校长不仅是思想的引领者，还是行动的践行者，为了推动改革，他的身体力行打动和影响了每一位教师，学校也呈现出了教育教学改革百花齐放的局面。作为一所民族小学，在民族团结教育工作中，学校也发挥着巨大的辐射作用。将民族多元文化融入到课程中，组织师生与少数民族地区的学校开展手拉手活动；坚持每月编写民族团结教育宣传小报，印发给海淀区各个教育单位，承担少数民族地区校长、教师的学习培训任务等，使学校在民族教育工作方面具有了一定的影响。

马校长且行且思，畅想未来美好愿景。学校要给孩子创造游戏的世界、快乐的世界，体现童真童趣，遵循孩子成长的规律，遵循教育的规律，营造更加生态的自然环境，使校园生活变得多姿多彩，让它具有"孩子味、教育味、自然味"。能不能办一所没有围墙的学校？像办大学那样办小学，学生能够凭借自觉、自律获得通行卡，自由选择游戏设施，愉快玩耍；他们还可以放学后不回家，三五结伴去图书馆、去实验室继续学习，享受学习的快乐。让师生变得"更自主、更自觉、更自强"。

"雄关漫道真如铁，而今迈步从头越"，在新的历史机遇下，马万成校长在习总书记的嘱托和期望下，将与全校师生一起，共同走向民族小学更加美好的明天。

（北京市海淀区民族小学　　王　晶）

精心打造"四园" 凸显环境育人特色

北京市海淀区上庄中心小学　　毛向军

上庄中心小学地处海淀北部新区，1989 年由三校合并而成，占地 20000 平方米，紧邻上庄翠湖湿地。学校现有 19 个教学班，学生 640 多人（其中借读学生占全体学生的 80%），教职工 43 人。客观的讲，我们的学校在发展上存在着很多劣势，如学校没有悠久的历史、没有宽敞的教学楼、没有更多的建筑空间、生源质量差，相当一部分学生家庭经济状况不好、学习基础弱、没有良好的生活习惯。他们见得少，知得少，没有开阔的眼界。但同时我们也看到，我们的学生淳朴可爱，有积极向上的心态。学校周边有自然清新的环境，有多彩的民间文化和丰富的农业资源。如果我们能根据自身条件，挖掘教育资源，把"少"变成"多"，把"多"变"优"，就能够把普通变成特色，形成促进学校发展的新的生长点。

几年来我们立足本校实际，明确了以"爱"为核心的办学理念，要让学生通过六年的小学生活感受到生活的美好、人性的美好，学会与他人、与自然和谐相处，最终让学生能够成为有爱心、有智慧、自主发展、自信成长的人。努力把学校建成学生探索知识的学园、健康向上的乐园、充满亲情的家园和四季美丽的花园。

学校把环境建设与教育、教学紧密结合，形成整体育人机制，不断满足学生成长的需求，最终实现"环境＋教育＝校园环境教育特色"的目标。

一、校园环境设计重视整体性

校园是学生学习、生活的主要场所，是学生成长、发展的重要环境。如何通过环境的设计，引导学生关注自然，关注生活，自主发展，达到学思结合，知行统一的目的呢？

在校园环境建设的过程中，学校紧紧围绕"以爱启迪智慧，以爱润泽心灵"的理念，以"四园"建设为目标，本着"安全开放、自然和谐、健康生态、实践参与"的校园环境建设原则整体构建校园。

凸显传统元素，以中国红为主色调，形成校园环境的基本底色；以民间工艺、地方戏曲、诗词歌赋等中国传统文化作为楼道、楼厅的重要展示内容；在材料的选用上以天然木材和石材为主，设计图案多以圆形、弧线为主，给人以自然古朴和谐之感。

我们力求避免只有环境，没有教育；只追求时尚，没有本地特色；只有内容，没有思想；只有点，没有面的局面。在整体规划中，始终坚持教育第一、学生需要第一，让校园环境中的每一处角落，都成为启迪学生智慧的"燃点"，引发学生思考，引导学生实践，通过校园小世界，满足激发他们了解身边大世界的愿望。

整体设计以校门迎宾区、办学理念核心区、中心活动区、学生参与实践区和楼厅展示区等主题鲜明的区域构成，每个区域特点突出、特色鲜明。校门迎宾区开阔的广场上，木制花坛里盛开的鲜花和高大的法国梧桐，向每一位进入学校的人展开笑脸。

依树而建的木椅成为学生休息的最佳场所，学生们亲切地称它为同心椅。站在迎宾区的广场上向南望去，绿色的草坪上坐落着作家冰心的雕像，它和爱心石、智慧石、静心潭以及校徽和校训一起，构成了办学理念核心区，形成学校"以爱启迪智慧，以爱润泽心灵"办学理念的生动诠释。楼前圆形广场、升旗台和星光舞台构成了学校南北中轴线。简洁、匀称的圆形广场给人以圆润、聚气之感，体现着人们对圆满生活、圆满人生的追求。广场东西两侧，五彩缤纷的花池、精致的藤萝架、古朴的木栈道、宽敞的木平台、绿草茵茵的草坪、明暗相间的花岗岩甬路，构成了学校东西向中轴线，为学生课间休息、活动提供优雅的去所。校园各个景观之间，既有联系又有区别，浑然一体，相得益彰，构成一幅和谐完美的整体画卷。

二、校园环境设计突出教育性

在校园环境设计中，学校植入浓郁的文化元素，突出科学精神、艺术品位和人文关怀，从而营造积极进取、奋发向上的育人氛围。我们重视"三个相关"，即校园环境与实践活动相关，校园环境与课程开发相关，校园环境与育人相关。

1. 校园环境与实践活动相关

校园应该是学生"习"的场所。学校建成气象站、农夫果园、农心田园、少儿驾校训练场等为学生开展实践活动提供了条件。在气象站里，金太阳社团的同学们每天观测、记录天气变化，并时时向全校师生发布天气变化情况预报。在农心田园里，学生把拾来的稻谷作为种子，亲手种植在园中。他们每天浇水，看到小苗破土而出，欣喜若狂，奔走相告，真实体会着生命之初的精彩。

2. 校园环境与课程开发相关

学校对生源、地域和优秀传统文化传承进行深入的思考，把"二十四节气"作为校本课程内容加以开发，通过二十四节气校本课程使学生知道有关二十四节气的基本知识，了解与二十四节气相关的民俗和文化，感受自然的变化，加强学生亲近自然的机会，增强学生热爱自然、热爱中华民族优秀传统文化的情感。开发校园实践基地，进一步优化学校课程结构，丰富课程资源，培养学生的实践能力，提高学生的综合素质。我们把学校的环境与综合实践课程进行了整合，实现了教育资源的课程化，同时校本课程的开发也伴随着教师专业能力的成长，教师的行动研究能力、信息搜集能力、合作能力都有了一定的提升，为有效实施教育行动打下坚实的基础。

学校是天然的植物园，园中有 21 种树木。春天玉兰、碧桃盛开；夏季垂柳、梧桐郁郁葱葱；秋季山楂、柿子果实累累；冬季松树、柏树苍劲挺拔。我们整理出版的《学校植物手册》，引导学生在认识、观察、照顾园中树木的同时，感受自然的变化，体会人与自然的和谐关系。

学校还整理了《学校楼道景观手册》，方便学生了解学校楼道文化设计的目的、意义，拓展学生的思维。将来我们还会总结社团活动的经验，对定向越野、无线电测向等项目进行校本课程的开发。

3. 校园环境与育人相关

德育的关键是组织和促成学生投身实践活动，让道德教育植根于生动、丰富、现实的生活世界中，帮助学生扮演一个角色，获得一种感受，明白做人的道理；文明礼貌，团结协作；学会适应环境的本领。

学校少儿驾校、警校的成立受到了学生和家长的欢迎。占地面积近千平方米的少儿驾校训练场，设有道路交通的标志、标牌、标线 30 多处，同时还有减速带、环岛等 20 多个训练科目。通过少儿驾校、警校的训练，使学生从课堂、课本中走出来，在实践活动中学习法律知识，树立守法意识，懂得尊重生命，学会关爱他人。这样的体验式德育是一种活动，彻底改变德育枯燥说教的弊端；体验式德育是一个过程，使学生在亲历中获得真实的认识和情感体验，在潜移默化中内化为道德的品质。

学校在促进人的全面发展的整体发展观指导下，通过创造性实践活动，强化了德育与校园文化建设、德育与学科育人、德育与学生发展之间的有效融合，形成了全员、全程、全面育人的局面，使这些基础薄弱的孩子们在校园这个大课堂中，得到健康、快乐的发展。

三、校园环境设计关注学生的参与性

既然我们要把学校建成学生们的家，我们认同学生是学校的主人，那么，家的设计、装饰，就一定要体现学生的主角地位，学生的喜爱、学生的关注、学生的需求以及学生的参与，就成为一件非常重要的事情。只有这样，才能让学生们感到自己是学校的主人，增加学生对学校的认同感和归属感。在校园环境设计中，学生们参与同心椅、心语廊、开心小座等景观的设计、命名、维护等工作，阅览室的卡通窗帘、楼梯扶手上的汉字、楼厅展示区中一件件作品，充分体现了学生们的聪明才智和心灵手巧。每层楼道的墙壁上，都为学生提供了交流展示区，设计了可以随时调换的装置，每个学生都可以把相关的知识、学习感受贴上去，进行互动交流。

楼梯墙面设计，从低到高从一楼到三楼形成了我国历史朝代的教育主线，就像一条时间的长廊，每个时代上方都有一个展窗，结合学校活动、学科教学内容，不定期展示学生最关心的历史故事。楼梯扶手上有35个篆书汉字，我们挖掘出每个字蕴含的教育意义，学生们不仅了解汉字演变的历史，体会着汉字的形体美，同时感受着中国文化的丰厚内涵。它与一楼一年的二十四节气形成了纵横交叉的时空立体设计，既有时间的长度，又有历史的厚度，为学生参与其中搭建广阔的平台。

四、校园环境建设注重趣味性

在校园建设过程中我们更重视校园环境的趣味性，根据学生的身心发展需要，满足学生好奇、求知、爱动的特点，努力建成学生喜欢的乐园。

学生天性好动，喜欢广阔的活动空间。为此我们打通了原有操场的围墙，建起了中心活动区。五彩缤纷的花池、精致的藤萝架、古朴的木

栈道、宽敞的木平台、在绿草茵茵的草坪上铺上明暗相间的花岗岩石块，使学生在花草树木间，软木硬石间，高低宽窄间自由穿梭、行走、嬉戏。

活动区把教学楼和操场巧妙地连成一体，延伸了学生活动的空间，为学生无线电测向、定向越野等提供了场所。有了这样的活动场所，我校科技、体育项目在市、区级比赛中均取得较好的成绩。同时，开放的环境也为学校承办海淀区的定向越野比赛和跳绳比赛提供了条件。

同心椅、心语廊、开心小座都成为学生最喜欢的休息场所。静心潭中一股清澈的水流从造型别致的假山中源源不断地涌出。一架古朴的水车，在水流的冲击下吱吱呀呀地转动着。水中盛开的莲花，迎着朝阳绽放，伴着夕阳合拢；一尾尾锦鲤悠然地在莲叶间嬉戏，平静的池水随之舞动。孩子们时而摸一摸水车，时而撩一撩池水，感受着大自然神奇的魅力，构成了一幅动静和谐的立体画面。

"天人合一"是我国传统文化的重要思想。季羡林先生将其解释为：人与大自然互相理解，结成友谊。我们校园中的假山流水、车水游鱼、花草树木、菜园果园、气象站、驾校训练场与周边的西山、翠湖湿地浑然一体，师生在这里真切地感受着大自然的魅力，享受着教育的美好，在动手动脑、身体力行中，践行着自己的理想，净化着自己的心灵。正如我们校歌《小伙伴》中唱到的：老师、同学、花鸟、鱼虫都是我的好朋友。

（本文刊发于《海淀教育》2013年第3期）

编者感悟

"有了爱就有了一切"，冰心老人的一句话道尽了教育的所有玄机。真正的教育是爱的教育。爱是人与人之间最深层、最持久的联结，爱能唤醒和感化心灵，实现人与人、人与自然的和谐共生。上庄中心小学毛向军校长以"爱"为办学理念，就是要让每个师生都能够感受爱、懂得爱、珍惜爱，领悟爱的价值，拥有爱的力量，实践爱的行为。

毛校长认为，"爱"就是要站在学生的角度想问题，"爱"就是给予学生展现的权利和机会，"爱"就是点燃学生自信的火种，激励学生自主发展。因此，他倡导"以学生发展为本"，注重"儿童视角"，树立了"全员育人"和"全过程育人"的育人理念，坚持以人为本的精神，帮助学生掌握他们所需要的知识和技能。同时，开展了红领巾少儿警校、红领巾少儿驾校、重阳节敬老爱老传统节日、二十四节气等系列活动，满足学生不同的个性发展需求，帮助学生保持健康的身心。

毛校长认为，教育需要的不仅是说教，更需要学习者的亲身体验。应该让孩子们在不断地体验中成长，因为体验的越多，感受也就越深。为此，上庄中心小学打破常规的、一成不变的、静止的校园环境建设模式，赋予它以新的生命力，比如，重新规划学校校园的布局，在校园的南部，分别设立了气象站、农夫果园、农心田园、少儿驾校训练场等学生参与实践区，为学生的发展提供更为宽阔的活动空间，让学校的每一个角落都成为学生进行学习、探究、实践的场所，让孩子们在一片自然、优雅的生活空间里，健康茁壮地成长。

"爱"的教育，不仅要爱生，更要爱师。毛校长说，教师不仅是知识的传授者，更是学生精神的呵护者、情感的依托者，管理者要呵护教师的心灵健康，引导教师摆脱浮躁和喧哗，唤醒教师的教育激情。只有让教师感受到爱，教师才能够用同样的方式去爱学生。为此，在学校管理中，毛校长也采取了诸多的措施来呵护教师的心理健康，激发教师的工作热情，例如，给教师购买书籍、开展读书活动、带领教师走进自然等，都起到了开阔教师视野，陶冶教师情致的作用。此外，学校还专门设立了温馨的教职工之家，让教师在繁忙的工作之余能够放下疲惫的身心，彻底地进行恢复和休整。

学校是谁的？学校为谁而服务？这是毛校长经常思考的问题，对于他来说，所有的答案都是唯一的——学校是孩子们的家，为学生的快乐成长服务是教育工作者的本职。上庄中心小学以"爱"的教育，激发学生爱的情感，唤醒学生爱的行为。正是因为"爱"的教育，学生成为学校的主人，学生的意愿在这里获得了充分的尊重，学生的个性在这里得到充分的发挥，学生的风采在这里得到了充分的绽放。

（北京市海淀区教育科学研究院　　孔　伟）

以诊断找问题　向管理要实效

中国人民大学附属中学实验小学＊　　尹　军

管理要根据实际情况进行，只有对症下药，才能谈得上有效管理。而诊断好坏是学校管理成败的依据，科学准确的诊断是学校发展的主要途径，也是一条捷径。

什么是诊断？就是找出问题是怎样产生的，也就是诊断问题的根源，诊断问题的前因后果。应该如何诊断？第一步，找病灶；第二步，辨病因；第三步，建对策。而诊断的过程不是学校校长一个人的事，也不是领导班子中层的任务，而是学校全体人员的责任，只有学校人人学会问询、学会分析、学会改进，学校管理才可能走上一条科学、高效、可持续发展的道路。

一、学校诊断——全员参与共同谋划

管理分为权威管理、制度管理、文化管理三种类型，其中管理的最高境界是文化管理，即形成共同的组织文化、价值观，使组织的发展愿景成为每一个成员的共同价值追求，实现每个成员的自主发展、与组织的共同发展。2010年假期学校工作大会上，我带领全校教师一起对学校的发展进行了 SWOT 分析，一线教师全员参与，共同谋划学校蓝图，变要我发展为我要发展，变外部推动为内部需求。分析中我们从发展优势与劣势、发展的机遇与挑战四个纬度对学校发展、教师发展、学生发展三个方面进行了分析。通过分析我们明晰了学校发展中的问题：教师队伍建设还要强化，区级以上骨干教师欠缺；学生的学业质量还有待进一步提高，综合素养还需加强培养；校本课程的开发与建设还缺乏系统规划；家长社区的教育资源开发利用不够；学校特色品牌还不明显等。同时提出了学校发展的方向，确立了"举全体之力，办优质教育，让每一朵生命之花幸福绽放"的办学理念，定位在"为学生终身发展奠基，为教师

＊　原为知春里小学，2013 年 5 月更名为中国人民大学附属中学实验小学。

专业发展服务，办社会满意的现代化优质学校"的办学目标，同时提出了"认识自我，挑战自我，超越自我"的发展理念，树立"发展靠人人，人人要发展，人人可发展，人人会发展"的意识，调动师生自主发展的内驱力。只有师生人人都得到良好的发展，才能感受到成长的幸福与快乐，同时也就成就了学校的发展与超越。

"教研组长负责制""月工作报表""教师做主讲""项目招聘"等是学校管理上的改革创新。全体会上变领导一言堂为教师做主讲，读书交流、考察学习汇报、试卷分析、案例研讨等，把更多的空间交给一线教师，让更多的优秀教师得以展示。

"学校校刊我承包""学校校报我来主编""教师社团我做团长"，让教师成为学校发展的主人，让我们的工作更加贴近教师的实际需求。

二、教师诊断——服务为主分层培养

教师队伍是学校发展的重要根基，教学质量是学校发展的生命源泉。而教师的专业程度、教学质量高低最直观、真实的显现就在课堂，所以学校抓住课堂教学指导环节，进行不同形式的课堂教学诊断。组内研究课、专题研讨课、同课异构、课堂接龙、师徒汇报课、评优课、推门课、跟踪课，随着一节一节的听课，日常教学中的诸多问题不断显现：教师对教材的把握不够准确，课堂上没有关注学生，教学模式过于陈旧，没有体现新课程中"自主合作探究"的教学理念。在学校我常告诉教师，"不责怪学生学不好，要从教师身上找原因"。同样，作为管理者也要明确"不责怪教师教不好，要从管理上找原因"。我感到了作为校长的责任，帮助教师走上一条正确的专业发展之路，从研究每一节课开始，知道教什么、怎么教，既是对教师的要求，更是对学生的负责。从研究帮助每一位教师入手，了解不同发展阶段教师的不同需求，帮助指导促进每一位教师成长，既是对教师的负责，更是对学校教育的负责。

基于课堂诊断及教师专业发展需求的问卷调查，我们分析出阻碍教师发展的主要症结，并确定了"以校本培训促进教师专业发展，以敦科研促学校水平提升"的学校发展战略。

面对学校年轻教师多，骨干教师缺乏的现状，在诊断、分析的基础上，学校建立了全方位、多角度、分层次的队伍建设的制度与机制。在规范制度建设的过程中，学校陆续出台了《年级组长职责》《教研组长职责》《教师师德风范基本要求》《教研活动制度》《明星教师评选条例》等一系列学校管理制度，使学校教育、教学管理逐步走上规范、优质之路。

同时，搭建了促教师发展的不同平台："合作共赢"——营造学习共同体；"阅读工程"——提升教师人文素养；"名师工作站"——着力打造名师；"小课题研究"——引领教师智慧工作；"创编教材"——培育教师课程领导力；"青蓝工程"——关注新教师成长；"成果积累"——见证教师成长足迹。正是一个个有效的管理制度的建立与实施，使学校教师队伍成长迅速：我校姚翠雨老师获得了北京市体育教师基本功大赛一等奖；赵天全、龙金辉、贺纬东老师获得了全国"创新杯"教学艺术大赛金奖和银奖；侯莉、牛广华老师在区学科带头人展评课中获得一致好评；杨华的《楼兰之死》参加了海淀区录像课的录制工作，并获得了海淀区教学创新奖。在今年海淀区世纪杯教学展示活动中，我校有三位教师被推荐参赛，王磊老师的音乐课生动活泼，注意激发学生学习兴趣调动学生学习自主性；朱红梅老师的数学课扎实朴实，注重引导学生体验探究，深入思考；语文老师杨华教学基本功扎实，语文素养深厚，深挖教材，引导学生品读感悟。几位青年教师的风采得到了广大评委的好评，也展现了我校青年教师群体的精神面貌及专业素养。

三、学生诊断——关注差异面向全体

学校发展靠诊断，教师发展靠诊断，学生发展更是需要诊断。现在学校教师工作已经在有意识地把科学调研、诊断分析作为工作的基础。

下面是我校数学教师朱红梅老师在进行海淀区世纪杯教学展示时就《比赛场次》这一教学内容做的教学前测学情调研分析。

课前随机对本校 90 名学生进行了问卷和访谈调查。

(1)调查问卷内容：有 5 位小朋友参加聚会，如果每两人都要握一次手，那么应握多少次手？把你所有的解决方法写出来。

前测人数	利用线段图正确解答	列表解答	画图	用组合公式解决	列举方法并正确解答	不会解答
90	55 (61.1%)	2 (2.2%)	7 (7.8%)	6 (6.7%)	±6 (17.8%)	±9 (21.1%)

分析：发现 61.1% 学生能够利用线段图、7.78% 的学生能够用画图的方法解决类似比赛场次的问题。可见大部分学生已经具备了一定分析

问题、解决问题的能力。为学习本课奠定了良好的基础。还有一部分在校外上辅导班的学生在解决此类问题时直接用到了组合公式，用列表的方法解决问题的学生只有2人。

（2）上题中的5个小朋友，如果又来了一个小朋友，握手的方法不变的话，会使握手的总次数增加多少？为什么？你是怎么知道的？

对于"增加1个人会使握手的总数增加多少，为什么？"通过调查，有45.3％的学生能够说出一定的理由，但还是需要借助图作为思考的支撑点。

在调查的学生当中只有两位学生用列表方法解答此类问题，后对学生访问发现，有的学生认为列表太麻烦，有的学生说根本没有想到。

（3）你还记得在解决"鸡兔同笼"问题时我们用的是什么方法吗？你认为这种方法有什么好处？

学生前测情况

前测人数	用列表的方法解答并能说出列表的优点	会用列表的方法解答但说不出方法的好处	用计算的方法或其他方法解答	不能正确解答也不能说出列表好处
90	27（30％）	12（13.3％）	41（45.5％）	17（18.8％）

分析：学生还是能够利用表格的方法解决问题的，但是列表的优越性体会不强，列表的价值体会不够深刻。

（4）在三年级的时候，我们学过比赛场次的问题，给你留下印象最深的是什么？如果涉及球队很多的时候，你怎样解决？

调查中84.9％同学对三年级的知识记忆不深。当涉及球队较多时，只有11.3％的学生想到可以用列表的方法，同时没有一位学生说到从中可以寻找规律。

思考：

基于对学生已有知识经验的调查和研究，可以看出学生有一定的解决问题的方法和手段，但是每种方法的优势学生确实体会不深。更谈不上从这些方法中寻找规律、从简单情形入手解决问题的策略，学生在这一点上根本想不到，也就更谈不上扩展应用这种策略了。基于这几个问题，我将教学重点定位于用多种方法和策略解决实际问题，感受不同策略的价值，重点体会"从简单情形入手"这种策略。在教学中重点引导学生思考、体会三个问题：①可以用哪些策略来解决"比赛场次"的问题？②既然可以直接用公式计算，为什么还要用列表、画图等策略？各种策略的价值是什么？③当遇到数据较大或比较复杂时，可以采取什么样的解题策略？

正是基于对学情认真细致的科学调研分析，朱老师的课在设计时充分关注了学生的学习基础，选择了适合的教学方法，收到了良好的教学效果。

学校"阅读工程"的开展也是基于分析调研的结果。我们对学生家庭基本情况进行了调查，其中关于家庭藏书量一项调查结果显示，在没有扣除学前读物的情况下，藏书不足百本的家庭占据了大半江山，四分之一的学生家庭藏书不足 30 本，更有 4％的学生家里没书。以上数据一方面反映出部分学生家庭经济条件较差，没有能力购买价格不断攀升的各类图书；另一方面也反映出大部分家长读书意识十分淡薄。这一数据同时也对应了我校学生普遍状态，语言行为上的不文明和语文教学中存在的阅读理解差、写作薄弱等普遍问题。

我校学生大部分为外地借读生，父母工作忙、学历低，疏于对孩子的管教，不少孩子学习习惯差，学习能力弱，学习成绩有待提高。为了提升学生的整体素质，我校把"阅读工程"作为一项长期重点工作抓实抓好。

学校开展了评比"书香班级""阅读之星"等学生喜闻乐见的活动，还把"晨诵、午读、暮省"排入班级生活日程表，以此保证学生的阅读时间。邀请当代著名作家曹文轩走进校园，为师生进行阅读与写作的讲座。组织班级开展内容丰富，形式多样的诵读展示活动，低年级的古诗歌谣、中年级的赛诗会、高年级的诗文赏析，让学生充分地展现自我、张扬个性的同时，对源远流长的中华文化有更多的了解，对浩瀚的中华诗文更添兴趣。杨华老师以诗歌形式撰写的七言评语，更是做到了文化熏陶与品德教育的有机结合，学生学习、吟诵、创作诗歌的兴趣得到了充分的激发，并汇编了学生诗集。

班级中特殊学生的增多，给教师的日常教育教学带来很多困惑，产生很多矛盾，如何让每一个学生都能得到适合的教育，不能停留在口号上，而应该落实在实际工作中，应该用教育科学研究做支持。"有效利用课堂生成资源，满足学生不同学习需求"课题是海淀学区国家课题下学校申报的子课题，针对课堂生成、针对不同学生的学习需求教师们开展了深入行动研究，课堂前测后测、课堂生成观察表、个别学生调查表、满足不同学生的教育故事案例、春风师语等，立足课堂，关注个体，运用工具，科学分析，使教育科研真正实现与教育教学结合，真正为改进日常工作服务。资源教室的建立使用也是学校管理上的一个创新尝试。资源教师克服困难、悉心学习、大胆实践，在短短的半年时间就形成了几万字的资源教室方案、实施计划、过程记录、实践反思等资料，并在海淀学区工作会上进行了交流。在学年度的交接工作中，我们更是把学困生作为班主任交接的重点环节，使学困生的辅导能得到持续的关注。在全体教师的共同努力下，我校五年级监测成绩逐年上升，学业质量稳步提高。

四、资源诊断——广泛吸纳学以致用

在北京海淀这个教育大区，大校、名校林立，海淀学区更是有着丰厚、强劲的教育资源，中关村一小、三小、人大附小、万泉小学、海淀外国语实验学校都是海淀教育的佼佼者，我们这所中等规模的小学想要发展，压力可想而知。片内学生流失、优秀教师跳槽、发展资金不足、周边环境脏乱差等，是怨天尤人、自暴自弃，是安于现状、等待帮扶，还是挖掘资源、迎接挑战？

通过诊断分析我们看到，周边的优质教育资源丰厚，既是压力是挑战，更是资源是机遇，北师大、首师大、教育学院，教研室、教科所、教育党校，人大附中、北大附中、八一中学、中关村科技园区……只要我们善于利用，都可以成为学校发展的资源保障。

学校请来了专家定期为教师们进行科研培训：区教科所于士忠老师为教师们进行了"科研论文的撰写"的讲座，激发了教师们撰写科研论文的兴致；邀请北师大心理学院芦咏莉教授为教师进行"科学研究与教育教学""课堂生成资源的利用与研究"等讲座，解决教师们对科研与教学如何结合的困惑；北京教科院的张铁道副院长亲自为学校进行特色项目"美德英语歌曲"的策划与推进；北京教科院的陈惠英教师亲临我校进行"教师如何做研究"的科研讲座，并针对我校各教研组的课题项目提出了指导建议；学校还成为北京市基数所12所实验学校之一，得到了专家一对一的科研工作指导与培训。

我们先后邀请名师特级等实践专家，定期到学校指导教师开展教学研究；我们还请来了大校名校的教学干部、教研组长们为我们介绍如何

在日常教学中落实课标、培养学生、开展教研活动、锤炼基本功。在海淀学区"资源共享、合作交流、携手共进"的理念指引下，我校与中关村三小建立了手拉手交流互助联合体，与他们共享名师资源，三小还派来了教学主任专职帮助我校开展教学管理工作。"借助外力"促进学校发展，使教师们的教学能力、理论水平，都得到长足的进步。

"只要行动就有改变，只要坚持就有收获。"任何工作都不可能一蹴而就，必须坚持。无论成功、失败，都可通过理智分析、周密思考、审慎判断，使其成为进步的起点。

（本文刊发于《海淀教育》2010 年第 6 期）

编者感悟

在尹军校长刚刚领军知春里小学（现为人大附中实验小学）的时候，这所坐落于中关村核心地带的普通小学正面临周边生源大量流失的发展困境。是什么原因使这所位置优越的学校失去了对周边居民的吸引力？尹军校长深知通过科学的分析、诊断，有针对性地对学校的管理和教学进行指导，从而明确管理、教学、教研的方向。借助多层次的数据分析和科学诊断，尹军校长带领这所小学走上了一条蓬勃发展的道路。

在尹军校长看来，数据分析和诊断对学校的发展促进作用体现在学校发展的全方位，利用数据应该是每个学校教育者的一种能力。因此，进入学校之初，尹军校长就发动了一场全员参与的学校诊断。校长亲自带领教师做学校发展的 SWOT 分析。在收获分析结果——找到学校发展的问题和道路的同时，也教会了教师做自我诊断分析的方法。这一过程对学校的发展具有深远影响。一方面，把校长对学校发展的价值观转达到了全校，让全体教职工都认识到学校的决策和发展将建立在科学分析的基础之上，重视证据和科学分析将成为学校发展的主流思想；另一方面，校长为教职工提供了可供模仿和学习的样本，不论是中层干部还是教师都能在校长的此番实践中得知自己可行的分析范围和方法。事实证明，重视数据、重视证据、重视分析的思想从此在学校生根、发芽，带来了学校的新发展。

学校自我诊断的优势在于数据收集的多元化、分析诊断的个性化。尹军校长在进行教师发展诊断时为了数据的全面性，采取了第三方听课观察和教师专业发展需求问卷两种方法。在进行数据分析诊断时，尹军校长作为学校管理者把诊断定位放在了"寻找管理不足，了解教师需求"方面。正是这样全面的数据和定位，让她找到了帮助每一位教师成长的方法。学校在此基础上制定了众多针对性强的制度，完善了学校的现代制度体系，使学校管理走向了精细化、科学化的道路。同时，学校还依据数据诊断设计了多样化教研活动，满足了教师的多样化需求，带来了教师专业上的快速发展。

当基于数据诊断的教育决策思想融入教师的教学，课堂也开始变得高效。教师不再依据经验或习惯进行教学设计，学情分析变得科学、深入。从老师的学情分析过程和结果可以发现，教师对学生能力培养的目标和判断精准、全面，在此基础上进行的教学策略选择准确、高效，学生的校内学习效率实现了最大化。

对数据的重视和诊断还帮助学校打开了发展的视野。当学校明晰自身在教师发展、课程建设、学校管理等方面的需求后，看待学校周边的教育资源、科技资源、家长资源的眼光也发生了转变。它们不再是可有可无的必然存在，学校开始打开大门，广泛吸收各方面"营养"。在自我需求明晰后，学校开始利用周边资源调制"定制版营养大餐"。众多的交流和学习机会就像生长素，促进了学校教师和学生茁壮成长。

多年以后，学校在周边居民中的口碑已经开始发生逆转，这不能不归功于尹军校长当初的方向决策。正是对数据的重视和诊断为学校找到了发展的方向和动力，才带来了发展路径的百花争艳，最终推动了学校的上升和崛起。

（北京市海淀区教育科学研究院　　方　丹）

立足长征主题教育　播撒理想教育火种

北京市海淀区实验小学　　赵璐玫

"适合"是教育的最佳境界，正在我们为"理想教育"苦苦寻觅适合的内容、适合的载体、适合的机会、适合的形式时，一个机会不期而至。

一、发现教育契机

2012 年，经文化部批准备案，我校承办了由中国传统文化促进会主办的《长征组歌》少年版大型音乐会，我校 400 余名学生在人民大会堂出演少年版《长征组歌》。通过合唱、舞蹈等形式表演了《长征组歌》的全部曲目，以艺术手段再现了"中国工农红军二万五千里长征"这一可歌可泣的英雄壮举。一首首荡气回肠的诗篇，一段段昂扬向上的乐曲，一个个艰苦卓绝的画面，震撼着大家的心灵。与此同时，也引发了我们的深思：如何让转瞬即逝的歌舞表演教育效果更持久？如何让历久弥新的长征精神教育活动开展得更深入？

而在此活动过程中，我们不仅展示了学校的艺术教育特色，也从中发现了宝贵的教育资源——长征精神。两万五千里漫漫长征路，每段路都经历过血雨腥风的残酷洗礼，每段路都饱含着"革命理想高于天"的壮志豪情，一次次的绝地逢生，一次次的转危为安，它不仅谱写了举世罕见的伟大史诗，而且铸就了无与伦比的精神丰碑。长征精神，是为了救国救民无私奉献的精神；是顾全大局、紧密团结的精神；是艰苦奋斗、勇往直前的精神。如果把"长征"作为教育"载体"，用它来承载素质教育的多方面内容，在这个过程中，将革命传统教育与理想信念教育结合起来，将民族精神教育与时代精神教育结合起来，将特色教育与养成教育结合起来，一定可以探索一条素质教育的新途径。

有了这个初步的想法后，我们通过多方论证来探讨它的可行性。首先是学校干部展开研讨，大家畅所欲言、各抒己见，在思维的碰撞中达成共识；随后邀请多位专家帮我们一起分析、论证，尤其是教育专家徐刚老师更是用大量丰富翔实的资料进行阐述，丰厚、深化了我们的认识；

接下来，我们又进行了学生、教师、家长调研，从参加组歌演出的小演员到观看演出的各年级同学，从学校的教师再到学生家长，从各个角度、不同人群捕捉和反馈发生在学生身上的细微变化。

随着研讨的开展，我们越来越清晰地认识到，长征不仅是一次人类精神和意志的伟大远征，也是一段中国共产党领导中华优秀儿女寻求中华民族复兴的伟大征程，于是我们确立了"长征主题教育"这个载体。

二、拓宽教育途径

在深刻的思索、积极的探究中，我们尝试借助长征主题教育，通过开展系列活动、创设校本课程、搭建多种载体、营造环境氛围等多种渠道，在活动中、在课程中、在环境中，借助多方位的立体推进，激发学生情感，内化理想信念教育。

1. 开展系列活动，重体验感受

走向心灵的教育，是我们追求的教育理想。走向心灵的教育，要求站在以人为本的立场上，以关注学生心灵成长为出发点和归宿点，只有在学生体验着这些道德情感，进而达到高尚的情感激动时，道德概念才能变为道德信念。所以我们要借助能激起学生积极的感受体验的活动为教育的基本途径。

本着这样的认识，长征精神主题教育开展以来，我们开启了相关的系列教育活动。每周的升旗仪式上由党员干部结合实际为学生讲长征，使学生在了解长征这一壮丽的革命史诗的同时感受长征精神的时代意义；举办"长征歌曲我来唱"合唱节，使学生通过歌唱的方式感受中国革命昂扬向上的精神风貌；开展"长征足迹我寻访"活动，使学生们在追寻先辈足迹的过程中感知长征的艰苦卓绝；开展"传承长征精神，锻炼强健体魄"象征性长跑，使学生在强健体魄的同时磨砺意志。

2. 营造校园环境，重氛围熏陶

除了系列活动的积极开展，我们深知情感是道德发生的基础，营造丰富的情感环境是长征主题教育的又一种途径，我们充分借助环境熏陶的作用加强教育效果。

我校校园文化工作室的老师们整体设计，充分利用墙壁文化创设与之相符的校园宣传环境，学生们可以随时随地了解到长征知识，受到情感熏陶。静态的有校园的操场上有长征著名战役展板长廊，领操台上镌刻着长征诗篇；教学楼内楼道的墙壁上有长征图片展；各班教室的展板上开辟长征教育专栏。动态的有楼道的电视屏幕演示动态的长征路线图；"红领巾电视台"定期播放长征题材影片、歌曲、学生长征教育活动；校门口的大屏幕以"长征历史我了解"为主题有计划地播放长征历史的介绍内容。学生在这种环境布置中潜移默化地了解长征历史、感悟长征精神。

3. 创设校本课程，重认识内化

在各学科的课堂上适时渗透长征教育的同时，为了帮助学生更系统全面地了解这段历史，学校自主编发了《长征》校本教材。这部图文并茂的教育读物，以《长征组歌》的十首歌曲为序，展现了红军长征的全过程，讲述了红军长征途中的感人故事，讴歌了老一辈革命家的丰功伟绩。《长征》还介绍了红军经过的重点区域、革命圣地以及民族知识、风土人情，链接了有关诗词。这本教材在"把有意义的事情讲得有意思"方面进行了积极的探索，既可以供校本课程使用，也可以供学生自主阅读。

依托这部校本教材，我们也开始了对《长征》校本课程以及"长征精神"进课堂的探索与实践。教材每学期安排两次班会时间由班主任老师进行教学，课程的定位是品德学科的拓展课程，是德育教育实践活动课，主要是借助教材内容为切入点，通过阅读课本内容、查阅课外资料、观看视频资料、开展实践活动、小组合作探究交流，在初步了解长征历史的基础上，调动学生情感，激发学习长征精神的主动意愿，进而达到教育内化的效果。

三、展望教育愿景

长征主题教育活动在我校开展近两年的时间里，从学生的收获、成长，家长和社会的关注、反响来看，我们以"长征精神"为载体的关于"素质教育梦"的尝试已经初见成效。

可以说，我们关于以"长征精神"为载体的"素质教育梦"的探索源于对素质教育优质均衡发展的追求，源于对教育创新、内涵式发展的追求，也源于对构建教育特色、提升育人质量的追求。在接下来的教育活动中，我们将继续以"长征精神"教育为载体，利用好校本教材，把握好校本课程，对学生进行民族精神和中华美德的教育。

1. 将"长征精神"教育升华为民族精神教育

民族精神是一个民族生命力、创造力和凝聚力的集中体现，也是一个民族赖以生存、发展的核心和灵魂。民族精神是一个民族的脊梁，一个民族信心和力量的源泉。正是优秀的民族精神，为中华民族自立自强提供了旺盛的延续力。

少年儿童是祖国的未来和民族的希望，承担着建设中国特色社会主义的历史重任，我们要教育学生传承民族精神，重善良，讲友爱；重情义，讲互助；重礼仪，讲孝敬；重诚信，讲承诺；重奉献，讲公益；重群体，讲谦让……将产生于特定历史时期的"长征精神"弘扬开来，升华为民族精神，提供给当代少年所需的精神营养。

2. 将"长征精神"教育融入中华美德教育

中华美德是中华民族优秀的民族品质，是伟大的民族精神、崇高的民族气节、高尚的民族情感、文明的民族礼仪的总和。

我们开展以"长征精神"教育为依托的美德教育，要弘扬民族精神，提升学生的人文素质，强化他们的国家意识。要从不同角度揭示美德内涵，提出育人要求，并树立学习榜样，强调自省自律。我们还要拓展增强民族凝聚力、提高少年儿童道德素质的途径，丰富学校美德教育的内容，全面落实全面育人、全程育人、全员育人的理念。在将主题教育与养成教育相结合、将知识普及与社会实践相结合、将特色课程与社团活动相结合的过程中，发挥学校优势，打造教育品牌。

（本文刊发于《海淀教育》2013年第6期）

编者感悟

海淀区实验小学是一所规模很大的学校，有四个校区，是首批素质教育优质校。赵璐玫校长接手后，以"守真、从善、修美"的实验文化和"雁阵式"管理方略，使学校踏上了内涵发展的新"长征"。赵璐玫校长认为，所谓"内涵发展"就是实验人怀揣理想信念，追求公平、质量，使每一个学生享受最好的教育。

近年来，学校以长征系列主题教育为载体，将"革命理想高于天"的长征精神与学校"守真、从善、修美"的核心价值观有机融合，不断孕育学校管理文化的"雁阵品格"。赵校长认为，学校的"雁阵"管理，干部作为"领头雁"，必须富有远见卓识、充满活力、能担重任，要有强大的领飞能力。于是，她制订培养计划，不断激发干部激情和潜能，坚持从"学习的典范、道德的楷模、业务的行家、服务的标兵"四个层面对干部队伍进行思想引领和业务指导，使大家认识到学校发展必须注入新精神、把握新机遇、争取新突破。恰在此时，长征系列主题教育活动为学校发展带来了新的助力。

"两万五千里漫漫长征路，每段路都饱含着革命理想高于天的壮志豪情"。在整整两年的长征途中，红军从瑞金出发时有8.6万人，到达陕北时，仅剩6500人。正是在这种千锤百炼的革命实践中，广大红军指战员的理想境界、意志品质、战斗作风、团结精神、纪律观念等得到了极大的提升，进而凝练成伟大的长征精神。

怎样把长征精神注入师生成长之中？怎样把"长征"作为教育载体，开展理想信念教育？实验小学以时不我待的使命和责任感，满怀激情、积极主动地思考和回答：必须让转瞬即逝的《长征组歌》演出活动有更持久的教育效果，必须让历久弥新的长征精神教育开展得更深入。这既是对学校原有艺术教育优势的发挥和考验，也是促进德育深化、立德树人的契机。

实验小学长征教育的成功之处在于：第一，要树立正确的教育价值观。实验小学在苦苦寻觅理想的教育，认为"适合"是教育的最佳境界，适合的内容、适合的载体、适合的机会、适合的形式，这就是"长征主题教育"。实验小学将革命传统教育与理想信念教育结合起来，将民族精神教育与时代精神教育结合起来，将特色教育与养成教育结合起来，探索出了一条素质教育的新途径。第二，注重校园环境氛围的熏陶。环境氛围对学生情绪情感有激励和催化作用，实验小学采取动静结合的方式，为学生营造了浓郁的长征教育氛围。操场上有长征著名战役展板长廊，楼道的墙壁上有长征图片展，校园"红领巾电视台"定期播放长征题材影片、歌曲等。第三，注重切身感受体验的系列活动。学校以关注学生心灵成长为出发点和归宿，努力追求教育理想，通过"唱响长征组歌，传承长征精神""少年有志，追梦中国"等系列实践体验活动，使学生通过歌唱、排演等方式感受中国革命昂扬向上的精神风貌，追寻先辈革命足迹，在实践体验中获得情感激励，树立道德信念。第四，注重认识内化的校本课程实践。《长征》校本课程立足"长征精神"进课堂的探索与实践，"把有意义的事情讲得有意思"。通过阅读课本内容、查阅课外资料、观看视频资料、开展实践活动、小组合作探究，激发学生学习长征精神的主动意愿，调动积极情感，完善理想人格。第五，注重干部教师的深度参与。党员干部带头每周升旗仪式上为学生讲长征，各科教师注重学科教学渗透长征精神，校园文化工作室的老师们整体设计校园宣传，等等。可以说，实验小学的每个老师都在用自己的言行理解着长征精神、传递着长征精神、实践着长征精神。

任何学生的教育活动都不是独立于教师之外存在的，而应是教师与学生互动交融的行为，育人活动实质也是教师育己的过程。赵校长和她的团队善于从长征主题实践活动中，挖掘师德师风建设资源，使教师与学生一起实践、体验、感悟，从"长征"这一宝贵的精神财富中汲取发展力量，获得精神滋养，提升思想道德境界。干部教师强大的精神动力促使学校发展的整体优势更加明显，四校区各具特色：花园村校区书香静美，阜成路校区童趣本真，苏州街校区自然崇善，北洼路校区清新雅致。

时至今日，长征精神早已成为中国精神中最重要的组成部分，在中国地图上，人们很容易找到长征的起点，在事业发展中，长征永远是我们勇攀高峰的精神之基。实验小学将"长征精神"教育升华为民族精神教育，进一步完善"守真、从善、修美"的实验文化，使学校教育迸发出蓬勃向上的育人活力，铸就和奠基了学生的"理想人格"。

（北京市海淀区教育科学研究院　　闫顺林）

改变课程实施方式，为学生发展创造"大空间"

北京市海淀区七一小学　　张建芬

七一小学在海淀区课程整合自主排课实验中，借鉴加德纳多元智能理论，在充分考虑学生心理和认知阶段性特征的基础上，从内容维度上设置了语言文字、科学探索、艺术发展、社会责任、运动健康、海军海洋、国际视野七个领域。每一个领域的课程形式又分为必修课、选修课、主题融合课和实践体验课四个类型。每一个年级的课程领域有不同要求，目标由低到高，由少到多，由浅入深，有效开发学生的多元智能，指向学生的全面、主动发展。

一、跨学科主题单元教学——实现内容整合

如果说课程设置是形式上的改变，课堂则是我们满足孩子需求的主战场，也是实施课程理念的有力保障。为此，我们着眼课堂，构建自主、互助的学习方式。针对以往教学中的问题，将个体学习、小组学习与全班学习有效结合，倡导不同学科教师有效整合教学内容、实施跨学科主题单元教学。

"跨学科主题单元教学"是指学生运用学科中的学科知识和技能，及超学科技能分别对主题进行探究的学习。学生不是学习一堆互不关联的零碎知识和技能，而是围绕一个特定的问题、任务或主题，学习多个相关学科领域的知识和技能，并利用他们解决问题、完成任务或理解主题。

长期以来，我们习惯于在一个个的科目中学习系统的知识。每个科目都是一个知识系统，并且不同科目的知识系统之间较少关联。从表面上看，这种做法对于高效率的获取学科知识具有优势，然而在遇到实际问题时，这些相互分离的知识很难发挥作用。而小学生在认知事物时是不分学科的，遇到实际问题也不会想到用那个学科的内容去解决。"跨学科主题单元教学"是针对分科过细这一缺陷提出来的，实现教学内容上的整合与学生能力发展上的综合。

在具体实施方式上，首先是各学科教师在一起沟通有共同主题的授

课内容，然后制订这个主题的教学目标，再由不同学科的老师分别上课，彼此间相互联系，互有衬托。

举例来说，我们在四年级以"花"为主题开展跨学科主题式整合课，从"认识自然状态下的花"切入，为研究提供基础和资料。通过"单元导读"并提出问题的方式整体把握单元学习内容。本单元通过"赏花""画花"展示"花之美"（外在美）；通过"咏花""唱花"展现"花之魂"（内在美）；通过"赠花"展示"花文化"，表达感恩之情。具体课表为：

课时	学科	课题	主要内容
第一课 （60分钟）	科学 美术	花的基本结构 （室外课）	通过观察、解剖、绘画等认识自然状态下花的构造
第二课	语文	《花》单元导读	整体把握《花》单元框架
第三课	语文	《种一片太阳花》	写花、赞花（花之魂，花之品质）
第四课	语文	《花之咏》	
第五课	音乐	《刺梨花》	吟花唱花，再度创作
第六课	语文	古诗颂"花"	诵读赏析有关"花"的古诗
第七课	品德	赠花	展示花文化、体会花之魂

从实施效果上看，对学生而言，跨学科主题单元进行课程整合研究，使学生学习的不再是一堆互不关联的零碎知识、科目不相干的技能，而是将学习理解为最有意义、持续时间最长、参与思考水平最高的体验式课堂活动，并且它将推动学生"概念性知识"的获得，这样能更好地满足和促进学生个性化的学习，促进学习者的理解与运用。

对教师而言，一是提升老师们的研究能力；二是教师在一起做整体性工作，促进教师的职业满足感，建立积极的人际关系。我们的教师已经适应了从教科书教学向主题计划教学的转变。在主题计划中，不同学科领域之间的联系加强了，而教学内容对学生来说则更富有意义和更加相关了。

二、开展体验活动——创造无边界课堂

"体验"是最好的教育形式，孩子们在课程设置的各种活动中体验着不同领域的校园生活，收获着快乐，感悟着知识，建立了自信。

比如，七个系列中的国际视野系列，我们开设了外教课、视频交流、

文化箱传递、主题节日、互访交流等活动进行跨国际理解教育。我们借助北京市专家引导，深入思考、探索小学国际教育的途径，构建国际教育的课程体系，形成我们自己的校本教材。让学生拥有世界眼光、多元文化是我们的战略目标之一。

一年级开设了适应性体验课程——好奇宝宝总动员。孩子们在老师的带领下参观专业教室、参观行政办公区、图书馆，了解学校文化，然后通过画学校的活动，培养孩子了解学校，喜欢学校，缩短适应环境的时间。在六年级开设了毕业体验课程，学生们走进五十七中，请十一学校的老师讲授中学的生活及课程，使同学们提前为中学学习做好准备。

七个系列的学习内容，不同的课程形式让校园生活生动而充满活力。表演、说唱融入语言文字的学习；走出教室、细心观察，发现自然的神奇；和海军叔叔在一起，学习他们的责任、自律；与世界各国的伙伴交流学习，体验不同文化的魅力；操场上，孩子们追求体育精神，享受健身快乐；舞台上，孩子们表达对美的理解和追求，表现对艺术的执着和尊重！

三、家长走进校园——课程成为家校联系的纽带

家长参与课程改革，不仅有利于家校的良好沟通，更主要的是使孩子们开阔了视野，增长了见识。

在一年级，我们组织了多次家长座谈会，征询家长意见，每个学期开设至少5节家长课，家长们充分发挥自身的专业优势，课程设计融入趣味性、互动性、参与性，深受孩子们的喜爱。火车知识讲座、航空知识讲座、民乐赏析……孩子们听得聚精会神，畅游在书本以外的自由海洋。中午的快乐大课间活动也有家长的参与。良好的家庭学校的教育合力正在形成。

四、选修课设计——提供个性发展空间

为了促进学生个性、全面的发展，有必要提供丰富的、可选择的课程，以应对学生的差异，提供个性发展的空间，即通过"丰富性"应对"差异性"。另外，学生的认知方式和认知水平也是有差异的，我们以不同层次的差异性课程应对差异，即通过"层次性"应对"差异性"。

我们在每周一至周四的下午为一、二年级的学生开设了选修课，分

别提供了"体育艺术类""学科探索类""社会视野类"课程，孩子们通过网上平台自主选课，在选择中逐渐发现和培养自己的兴趣。如今的选修课已经成为孩子们最期待的事情，他们期盼新的体验，期盼与更多的小朋友玩耍交流，期盼自己的创作。

五、必修课的改进——促进三维目标融合

在新的课程理念推动下，我们努力在必修课中以融合三维目标为手段，促进学生自主能力的发展。

语文课，不仅涉及课文讲读、写字指导，还有经典积累、课中操等内容，学生在读一读、写一写、动一动的活动中发展多项能力。小组合作学习教学模式的应用给课堂教学注入了活力，它不仅可以使师生之间、学生之间更有效地进行交际和互动，而且还可以培养学生的合作意识、团队精神，进而促使学生相互学习、共同提高，实现"会学习会交往"的育人目标。

（本文刊发于《海淀教育》2014年第1期）

编者感悟

见过张建芬的人，都会感动于她的真诚、坦荡、平和。她是一所坐落于海军大院的小学的校长。她以母爱般博大的情怀带动了学校的发展，秉承并丰富了七一小学"为学生的幸福人生奠基，为教职工的幸福人生添彩"的办学理念。她以严谨、笃学、淡泊的学者气质自律，带着强烈的使命感钻研业务。她把"为师生幸福护航"作为自身使命，把孩子和老师在学校的感受作为第一要义。她的自尊自律和定位高远不仅带给这所学校自然发展，也给她带来了在海淀区校长民意测评中排名蝉联前列的殊荣。

抓教学出身的张建芬特别在乎孩子们在学校的感受和收获。她认为目前小学分科过细，割裂了孩子认知的整体性，不符合小学生的认知特点。当海淀区发起"课程整合，自主排课"实验时，她敏锐地抓住这一机会，使七一小学在海淀区120多所小学中脱颖而出，成为14所实验学校之一。借助实验赋予的自主权，她对学校的课时安排、课程内容、授课形式等多个方面进行了全面改革，力争让孩子们在学校学得更快乐、更适切、更丰富。

张建芬认为，对于一至六年级的学生全是 40 分钟的课是不太合理的，不符合学生的年龄特点。七一小学根据孩子的年龄特点，设计了"大小课""长短课"。一、二年级孩子注意力集中的时间比较短，学校在数学、英语、音乐等课程上尝试实行 30 分钟教学。虽然一节课的课时缩短了，但学校通过增加频次的方式来保证国家规定的课程总课时量不变。

张建芬认为，教的目的是为了不教，怎么让学生学会学习，提高他们自主学习的主动性，这才是现在的课堂应该思考研究的问题。以往的课堂模式是老师"铺好石头"，学生"踩着石头过河"就成，学生没有"独立过河"的机会，没有完整思考问题、解决问题的经历，没有问题，只有答题；现在学校的课堂要以"自主研究"为基础。她提出，只要学生的学习还没有开始，老师的教学就不能开始。因此，七一小学在课程改革中特别看重学习中的"交流"。为了师师间能更好地交流，他们整合了课程内容，形成"多学科渗透的主题教学"；为了师生间更好地交流，他们改变了课堂授课的方法，借助学习单等工具使小组学习，合作学习成为课堂常态；为了生生间更好地交流，他们改变课桌的摆放形式，学生的课桌全是四人围成一组，方便学生在独立思考的基础上与同伴交流分享。形式的改变终于带来实质的变化，七一小学终于化解了传统教学形式和新课改理念的矛盾，在课堂上建立了师生学习共同体，教师的角色、学生的行为都发生了真切的改变。

张建芬认为，"体验"是最好的教育形式，各种体验活动可以帮助学生收获快乐，感悟知识，建立自信。七一小学开展了多种形式的体验活动，创造无边界课堂。七一小学地处海军司令部大院内，有众多海军子女就读。为了把学校教育和学生的生活实际结合，七一小学把培养学生的海洋情怀和国际视野作为学校的培养目标之一，开展了大量以海洋和国际理解为主题的体验活动和综合课程。学校还注意分析不同年级学生的特点，为一年级和毕业年级的学生设计幼小过渡、小初过渡的体验课程。七一小学的课程改革，让课程内容更适合孩子的所知和所需，让课程的形式更适合孩子的理解能力和水平。

张建芬与很多同龄的知识分子一样，对国家的培养怀有深切的感恩之心，对国家发展的责任意识强烈，总是希望能回报国家和社会。她尽力改善自己所处的小环境，公正、公平、良知是她心里永恒的追求。她曾经把七一小学比作浩瀚的大海，学生就像美丽的浪花，亮丽而富有活力；老师就像温柔的海风，亲和而富有热度；干部就像远航的风帆，坚毅而富有智慧；家长就像温馨的港湾，慈爱而富有责任。那么，校长就是这片大海的守护者，所有呕心沥血都为这片大海的风景。

（北京市海淀区教育科学研究院　　方　丹）

秉承杜丽丽精神的德育实践课程

北京市海淀区第四实验小学　　　张秋敏

北京市海淀区第四实验小学由 1948 年建校的门头村小学和 1966 年建校的红旗村小学于 2006 年合并而成，2008 年更名并迁入现校址，学校坐落在空气清新、景色优美的香山脚下。1997 年 5 月 19 日，学校年轻的音乐教师杜丽丽在大拖车失控冲向候车学生的危急时刻，用双手将身边的两个孩子奋力推开，献出了年仅 21 岁的青春年华，谱写了壮美的生命诗篇。此后，学校师生一直以杜丽丽为榜样，每年开展纪念活动，九月向一年级新生宣讲杜丽丽烈士事迹，评选"杜丽丽式好教师""杜丽丽式好学生""杜丽丽式教研组"等。杜丽丽老师是实验四小的骄傲，她"善良、爱生、乐业、求知"的精神一直激励着实验四小的每一名师生。

学校地处海淀区唯一的民族村，周边地域文化独具特色，为学校开发与实施"杜丽丽德育课程"提供了丰富的资源。校长利用假期查阅相关资料并与老师交流、碰撞，在这一过程中梳理出了"善良、爱生、乐业、求知"的杜丽丽精神，既概括了烈士深刻厚重的向善情怀和积极进取的精神品质，又体现了其尽职尽责的爱生和追求发展的求知职业特征。学校充分挖掘特有的教育资源，开展丰富的德育实践活动，形成了育人特色。

党的十八大把立德树人作为教育的根本任务。我们经过广泛讨论、征求意见，以杜丽丽老师"善良、爱生、乐业、求知"的精神为引领，根据学校的办学理念，确定了让每一个学生都成为"有爱心、负责任、乐创造"的人这一育人目标，深入挖掘杜丽丽烈士这一独特的教育资源，并利用周边丰富的教育资源，研发"杜丽丽德育课程"，这为弘扬烈士精神，促进全面而有特色的育人和学校的可持续发展奠定了坚实的课程实践基础。

"有爱心，负责任，乐创造"不仅是我们学校的育人目标，同时也是学校"杜丽丽德育课程"的目标体系。围绕育人目标，学校各个部门积极响应，教师树立全员育人的意识，学校形成了全面育人、全程育人的工作格局。

一、教师是"杜丽丽德育课程"开发的主体

1. 校长讲堂弘扬"杜丽丽精神"

假期中，为了让每一位教师对烈士精神耳熟能详，并融入心中，转化成教育教学行为，校长特开设德育课程，在全体教师会上讲述杜丽丽烈士的感人事迹，弘扬烈士精神，传递烈士情怀，使全体教师知晓精神实质，并能够进行宣讲。在学习、宣讲和内化的过程中，干部教师团队的责任意识更强了，在烈士精神的引领下，不断挑战困难，超越自我，追求卓越。

2. 教师文化践行"爱生"品格

把杜丽丽精神作为学校德育课程的价值追求，引导教师争做"杜丽丽式好教师"。老师们将杜丽丽的师德品质和职业态度传承发扬，转化为每天充满正能量的教育教学行动，广大师生向杜丽丽学习已蔚然成风。我们还变革会议文化，践行杜丽丽求知品格。全体教师会由四个板块组成：信息发布，让故事在校园流传，工作亮点，实时关注。会后用 PCK 形式，对会议内容进行整理、梳理，达到经验交流、共同分享的目的。大家在交流的过程中分享，在思考的过程中固化，同时也开阔了干部的管理视野，更新了管理思维。

3. 青年聊吧追求"乐业"境界

学校于 2013 年 4 月正式成立了"青年聊吧"，领导班子和党员受邀参加，并秉承"信任、自由、公开"的宗旨，让老师在聊吧中畅所欲言。单周周二下午为"青年聊吧"活动时间，由团组织具体负责实施，策划了"我为校史馆出建议""四小那些事""我工作中的困惑"等系列主题。这个交流平台的搭建，给了青年教师一个答疑解惑的地方，给了青年教师一个发挥聪明才智的舞台，更给了干部一个发掘教师潜能、整合管理资源的窗口，老师们越来越喜欢四小和这份工作。

4. 党、政、工、团携手联动，传承"求知"品质

为吸引教职工更好地参与到党组织活动中来，学校开展了以"走家乡，转视角，品文化"为主题的系列培训活动。截至目前，系列培训活动已成功策划完成了三期，已经走进团城、走进中国科学院植物研究所、走进李大钊烈士陵园，第四期将走进北京植物园（一二九纪念亭）。每期的策划案以领导班子成员为联络员，具体策划人大都是由一线教师组成。

他们首先要确定培训地点、培训目的，再就是要查阅大量资料并编辑出活动手册，协调好培训时间并通知到每位组长。通过这样的活动，既增强了教师们的责任感与荣誉感，又增强了教师们的合作能力与协调能力。更为重要的是，通过创新工作机制，使教师队伍整体素质得到了提升。

二、育人是"杜丽丽德育课程"的核心

教师成为"杜丽丽德育课程"开发的主体，围绕学校"有爱心、负责任、乐创造"的育人目标，老师们自主开发了系列"杜丽丽德育课程"。

1. 升旗仪式课程

每个学期约有 20 周，每周一的升旗仪式为各班展示班级文化的第一舞台。围绕学校学期重点工作，少先队确定大主题，各年级结合年级特点，制订计划，组织内容，学生人人参与，各个登台，彰显个性，提升自信，充分体现了我校"人人绽放"的培养目标。例如，上学期重点工作是让图书流动起来，深入开展阅读工程，各班围绕阅读设计各具特色的升旗仪式。如何把丰富的校园文化内容从墙上搬下来，发挥其教育的功能，变成教育师生的载体？本学期学校一项重点工作是阅读校园文化，从开学典礼第一次升旗开始，班班精心策划，楼道、校史馆、明德园、历史上的今天等成了学生探究的平台，呈现在全校师生面前的是校园文化的精神大餐。

2. 毕业季课程

第二学期一开学，六年级的学生就进入了毕业升学的特殊时期。从这时直到暑假离开校园，老师们开始思考：临近毕业的这个学期，除了提高孩子的学业质量，还能为学生做些什么？虽然并不能解决学生成长中的每一个问题，但是可以为每一个孩子提供家庭般的鼓励、支持和帮助。老师们开展了以"牵手互爱，感恩成长，创意制作"为主题的毕业季课程。例如，在牵手互爱为主题的活动中，大手拉小手种下希望树苗；幼小衔接做引路人；新生入队重温誓言等和低年级小同学共同开展了系列活动。毕业季活动中，老师以参谋的身份出现，不再事事亲力亲为，学生难以完成的任务，老师再帮助出谋划策。学生们在参与活动课程的过程中得到了锻炼，增强了责任心。

3. 多学科融和实践课程

由各年级语文老师，根据教材内容与本年级授课教师进行沟通，之

后确定下来实践活动内容。不同学期、不同年级实践活动地点不同，授课教师会提前踩点、设计实践活动记录单等，让每一个孩子带着任务参加实践活动，让每一个孩子都有所收获是多学科融合的目标。利用周边丰富的植物资源，开展生态环保教育，强化可持续发展的理念，为学生走向社会奠定基础，建立了三个实践基地。以烈士"杜丽丽"命名的社团也不断壮大，已形成了"杜丽丽民乐团""杜丽丽跆拳道社团""杜丽丽种植、养殖社团""杜丽丽摄影社团"等30多个社团，开拓学生视野，发展学生特长，培养学生兴趣。特别是每年国庆节前，杜丽丽种植社团组织的"海棠采摘节"成为学生最喜欢的实践活动之一，学生在收获果实的同时，也体会到劳动的艰辛与快乐。

三、通过环境文化营造浸润心灵成长

校园环境是校园隐性文化，能够反映出学校的教育价值观，以其独特的风格和文化内涵，影响着师生的观念和行为，学校精心创设的环境氛围中充分发挥着育人功能。2013年9月，海淀区教育工会为杜丽丽烈士铜像揭幕并颁发"海淀区师德教育基地"牌匾，每年的海淀区新教师入职仪式在这里举行。杜丽丽烈士的铜像就矗立在学校的明德园广场，每一名少先队员都以站杜丽丽文明岗为荣，每一名教师都以烈士为榜样，把烈士精神落实在工作的每一方面，努力做人生路上最好的自己。

1. 甄选校花

通过前期了解学生想法，纯真、善良的海棠花正是烈士精神的具体体现，校园内最美丽的风景莫过于校园里的50株海棠树，因此把"海棠花"定为我校校花，并据此整体设计了办公楼楼道文化、教学楼楼道文化。例如，细雨楼三层分别为地域文化、北京文化和世界文化；和风楼三层分别为火车发展历程、各民族建筑风格和七巧板DIY。依据海棠花的特点，还设计了班牌造型与颜色，使其兼具功能性与美观性。

2. 征集吉祥物

为进一步丰富校园文化内涵，学校向教师、学生和家长公开征集"校园吉祥物"。结合学校的校花以及蜜蜂"博采众长、乐于奉献"（有爱心）、"勤奋敬业、文明自律"（负责任）、"忠诚和谐、精益求精"（乐创造）的特点，把"蜜蜂"作为校园吉祥物。

3. 建设校史馆

校史馆不仅是校园文化建设的硬指标之一，更蕴藏着学校的文化底蕴。假期中，学校完成了校史馆的建设，以及《杜丽丽宣传画册》和《学校宣传画册》的编辑、出版。在这一过程中，老师们得到了历练，也增强了团队荣誉感。"杜丽丽"烈士的感人事迹成为了校史馆的重要内容。

4. 丰富楼道文化

我校每个学期都坚持做"师生共成长"阅读工程。我们加强阅览室的精致管理，使环境更加温馨；为了使学生随处可看、随手可拿图书，设计了书槽，根据学生年龄特点放入书籍，并定期更换。为了能够达到一种耳濡目染的效果，学校将《三字经》《弟子规》和《论语》印制在上下楼梯的墙面上。校园三本书、学科资料库、每天知道多一点（历史上的今天）……吸引着师生的视线，让师生一进校园就沉浸在书香中。

四、挖掘特色资源充实"杜丽丽德育课程"

"杜丽丽德育课程"立足从整体上构建符合各年级学生身心发展规律的课程内容，注重校本课程目标的阶段性和渐进性，包含语言与阅读、数学与科技、运动与健康、艺术与审美、品德与实践五个领域，形成基础课程、主题实践课程、拓展课程三类课程层级，以满足不同学生的课程需求。为更好地实现"杜丽丽德育课程"的系统性和内在的关联性，根据学科特点，结合教育实际，开发出适应学生发展与需求的主题实践类德育课程，形成学校德育特色资源课程。

1. 地域课程——依托优越的地域资源

学校位于香山脚下门头村地区。这里居住着汉、苗、满、回、蒙、土家族、藏族七个民族，门头村是长江以北有祖居的苗族聚集地，是海淀区唯一的一个民族村。这里还蕴藏着丰厚的八旗文化。团城演武厅就在学校的北侧，充满了民族特色，至今还保存着清代攻打大小金川时所用的云梯。学校就处在八旗之一的镶蓝旗。以此为依托，开设了"知家乡，爱海淀"实践活动课程。

2. 红色课程——利用悠久的历史资源

学校周边历史遗迹众多，有毛主席居住的双清别墅，有一二九运动纪念亭，有李大钊烈士陵园、佟麟阁、无名烈士墓等，这些地方都成为学校德育活动的优势资源。

3. 自然课程——体验丰富的生态资源

学校西靠西山国家森林公园，北临香山中国科学院植物研究所（简称"南植"），北京植物园（内有曹雪芹故居、北纬42°界碑），自然环境优美，地理位置优越。

学校依托这些资源，在校园里开辟了开心农场，开展了多种多样的种植、养殖活动，新建的温室大棚，更为学生的科技体验提供了新天地。

多样化的杜丽丽德育课程满足了学生不同的兴趣、爱好和需要，为学生个性特长的发展提供了有利条件，落实了学校的育人目标，充分体现学校教育的人文关怀，反映学校"用心做教育师生共成长"的办学理念。

近年来，学校的德育课程内容蓬勃发展，老师们由"要我开"到"我要开"，学校现有杜丽丽德育课程门类众多，年级走班制课程形式初步形成。在海淀实验四小这片沃土上，在杜丽丽精神的感召下，全校师生以实际行动践行"挑战困难，超越自我，追求卓越"的校训，做人生路上最好的自己。

（本文刊发于《海淀教育》2014 年第 5 期）

编者感悟

海淀区实验四小位于景色优美的香山脚下，从外表看这是一所极为普通和朴实的学校，没有漂亮的大门和宏伟的建筑，没有奢华的装饰和华丽的堆砌。近年来学校发展迅速，办学水平显著提升，师生素质明显提高，是什么带动了学校改变？促进了师生的发展？

张秋敏校长曾说过：学校的立足，在于每一个学生的成长，而根本在教师的发展。为此，给教师发展注入精神动力是她这些年持之以恒的中心工作，也是她做校长的成功之道。她努力激发教师的高层次需要，为教师找到精神坐标，促进内在改变；她不断思索、琢磨，终于追寻着英雄的足迹，把平凡而伟大的"杜丽丽精神"作为实验四小文化精神的标志和指引。于是，在她的带领下，师生开始走近英雄、热爱英雄、崇敬英雄，用心去触摸和感受英雄那真实、灵动与火热的生命，感受杜丽丽在千钧一发的瞬间舍生取义、挽救孩子生命的壮举。这位年轻女教师的青春朝气和崇高力量，时时激荡着师生灵魂，净化着人们的心灵。英雄就在自己身边，这是历史赐予实验四小的宝贵精神财富。张校长以身示范，设立"校长讲堂"，亲自宣讲和践行杜丽丽精神，秉持善良、真诚的品性，用心做教育，用思想和精神引领干部教师走出了一条勇于挑战、卓越发展的新路。

学校在校园最显著的位置建立了以杜丽丽烈士事迹为主要内容的校史展览馆，让校史闪光，铸师德之魂，成为学校立德树人的核心工作。校史馆再现了杜丽丽的成长历程，其短暂的教师生涯凝聚着"善良、爱生、乐业、求知"的精神，潜移默化积淀为学校的文化，"用心做教育，师生共成长"的理念逐渐成为教师的自觉追求。张校长带领干部教师把"杜丽丽精神"融入学校文化建设、队伍建设、环境建设和课程建设，处处彰显"杜丽丽精神"的独特育人价值，提升育人质量和学校的影响力。

张校长认为，抓住青年教师的心，才能保持学校发展的生机与活力。学校成立了"青年聊吧"，倾听青年教师建议、发挥青年教师的聪明才智，共谋学校和谐发展。张校长重视教师专业发展，采取了区分层次、各有侧重的教师发展策略。对新任教师，重指导，重帮教，促其胜任教学工作；对青年教师，重引领，重示范，结对子，拜师傅，促其提高教学能力；对骨干教师，压担子，搭台子，请名师，重锤炼，发挥引领与辐射作用。每学期为教师做引路课，鼓励他们承担研究课，让他们在实践中得到锻炼，促其形成自己的教学风格。

张校长注重学校课程建设，组织干部教师全面梳理学校文化理念，调研学生需求，搭建教师发展平台，改善课程资源条件。她带领核心团队和专家座谈讨论，反复论证，最终提炼出"有爱心，负责任，乐创造"的育人目标，进而不断细化二级、三级指标，逐步形成了"五个领域、三个层级"的学校课程体系，这对一所小学是非常不易的。几年来学校一直坚持课程全面育人、课程整体育人，加强课程的针对性、丰富性，取得了良好的育人效果。

环境与资源的建设和利用，体现了张校长开放融合的资源观与教育发展观。学校利用香山、植物园等地域资源，给予学生具体的实践体验。不同楼层的主题文化墙设计各具特色；吉祥物小蜜蜂的设计独具匠心，"博采众长，乐于奉献"体现的是爱心，"勤奋敬业，文明自律"体现的是责任，"忠诚和谐，精益求精"体现的是创造。杜丽丽精神激励与润泽每个人的生命状态，渗透在学校工作的方方面面，形成了实验四小独特的育人特色，置身其中会感到浓郁的环境浸染和强烈的人文氛围。

实验四小的快速发展靠的是"杜丽丽精神"，张校长秉持"用心做教育，师生共成长"的理念，带领一班人不断学习，勇于超越，自我提升，使学校迈上了"夯实基础，均衡发展，强化特色，打造品牌"的道路，造就了一所普通小学的不平凡的发展轨迹。

（北京市海淀区教育科学研究院　　闫顺林）

转变思维方式　激发教师内驱力

北京林业大学附属小学　　高慧贤

作为学校的管理者，以前经常被这些现象所烦恼着：收上来的反思不是网上"down"下来的就是敷衍了事完成任务；耳边充斥着对学困生的抱怨、对工作的牢骚……似乎老师们真的陷入了职业倦怠的怪圈。时间长了，作为一名管理者，我似乎也陷入了同样的管理倦怠与麻木：上级布置的任务照例完成，给老师们布置的任务照例检察，常规工作日复一日照例续作……

直到有一天，我听到了这样一则故事：昆虫学家法布尔将巡游毛毛虫首尾相连地沿着花盆边缘放了一圈。然后这些毛毛虫开始动了，像一条长长的游行队伍，没有头没有尾。法布尔在毛毛虫队伍旁边摆了一些食物。法布尔预料，毛毛虫很快会厌倦这样毫无用处的爬行，转向食物。谁知没有一条毛毛虫这样做，出于纯粹的本能，这些毛毛虫沿着花盆边一直以同样的速度爬了七天七夜，直到饿死累死。

当我听完这个故事时，我心里悚然一惊，感觉自己就是这其中之一的毛毛虫。日复一日形成的固有的工作模式使我的思维渐渐麻木，所有的一切都只是像毛毛虫一样在依照惯例熟悉地做着。繁杂的工作虽然让我每天忙忙碌碌，但却从没有停下脚步，抬起头想一想：我前行忙碌的方向正确吗？我的工作方式科学吗？我的思维先进吗？有没有更好的方法改变自己的这样忙碌低效的工作状态？看来要想改变老师们的职业倦怠，首先要改变学校的思维方式和管理模式。

作为一名教师，只有肯于思考、主动思考才能成为有思想的教育者，而不是一名教书匠。写随笔就是一种非常好的促进教师由被动思考向主动思考转变的方式。为促进教师的主动思考，学校以前也经常要求老师们写随笔，但总是感觉老师们写起来动力不足，基本都是敷衍了事以完成任务，而不是针对自己的教育教学实际深入反思。时间一长，这样的随笔学校也就懒怠阅读，直接束之高阁而存档。久而久之，老师们写随笔也就成为一种形式。

如何改变这样的现状呢？我们决定改变一下思维方式。首先，放低对随笔要求的起点。对于随笔，我们要求重在内容要与自己的实际教育教学相结合，宁写一句实话，不写十句空话，有话则长，无话则短。其次，对于教师上交的每一篇随笔都由学校专人进行批注，反馈，并印制成册下发到每一位教师手中，以供教师们互相学习、分享、带动与启示。这样尝试下来，第一、第二期的教师随笔仍比较空洞，显示出教师仍处于被动思考和完成任务状态。但因随笔是人手一册，受随笔写得好的老师的启示、带动和学校逐篇反馈的鼓励，教师们的随笔内容开始丰富起来，开始贴近自己的教育教学。而学校为了更好地引导教师们主动思考，也有针对性地开展了系列培训活动，例如，"共同研究我们的课堂——课堂观察""提高工作效率，关注课堂质量""如何确立自己的教学研究点""巧用'5W'法，提升教师自我反思能力""转变思维方式，享受幸福工作""提高课堂实效，减轻学生课业负担""找准教学的基点，从了解你的学生开始""重温师范生活，提升教师专业素养"……

渐渐地，教师们的随笔开始鲜活起来，深刻起来。短短一年的时间，我们的《林小教师随笔》已有 17 期之多。现在，每期《随笔》出来后就会看到这样一道风景：我们老师会第一时间翻阅它，彼此分享着。大家会笑着说："这可比韩剧好看，这是我们的原创作品啊！"

我们常说好孩子是夸出来的，其实好老师也是夸出来的。在工作中当我们真诚地发现并表扬老师的一个小小改革举措，一个小小的进步时，老师也会像孩子一样开心不已，整天都是好心情。

因此，去年的年终考核我们便打破了常规，设计了一份特殊的年终考核表——请老师们写下别人的优点。但我们事先没有告诉老师们要做什么，因此我们收集上来的是老师们最原生态的想法。我们边看边赞道：群众的眼睛是雪亮的，老师们有那么多的优点，肯定他们自己也没意识到呢！如何让老师们本人也能分享到这份快乐呢？我们设计了好几种方案：互相传阅或发给本人？平平淡淡没有创意！集成一封信寄给家人？每人情况不同，不便操作！哈哈，有了！我们为每位老师做一份年终考核的奖状吧！让每位老师都能珍藏这份来自同事之间的友情与鼓励。

说干就干，为了给老师们一个惊喜，我们几位领导加上美术老师五人一起创意、设计、制作每人的考核结果奖状。高老师是个有爱心的人，我们就将考核结果制成了爱心的图案；车老师在大家心目中像只小鸟那样可爱，我们就为她制作了小鸟的图案；宋老师是个年轻时尚一族，总喜欢高科技产品，我们就设计成了苹果标给她；何老师的名字中有凤，我们做只漂亮的蝴蝶吧；夏老师刚刚抽到车牌号，送辆汽车给她吧……要知道将这些纸剪成碎碎的纸片，再将这一片片的碎片拼成一幅幅传递爱意的作品花费了我们足足两天三晚的时间。直到30份含义颇深的奖状制作完之后，我们才长长出了口气，彼此欣慰地笑了。

在开考核会的时候，老师们真的很激动，我们在分享老师考核结果时，老师们都拿着自己的考核奖状说出了发自肺腑的话，李老师说：我不是那颗最明亮的星星，但最普通的星星也会发光；赵老师说：梅花香自苦寒来，我会更加努力地工作；何老师说道：身无彩凤双飞翼，心有灵犀一点通……霎时间，老师们的才华迸发了出来，老师们的感动流露在眼角，老师们彼此的心碰撞在一起，彼此欣赏着别人对自己的肯定，自信的笑容挂在了嘴角。

同样，年终考核的绩效奖我们也采用不设名额的方式，采取达标制：只要你够格，你就可以拿一等奖奖金！这样在老师中就形成了"不和他人比、争做最好自己"的良好工作心态。

反思学校以前的管理，更多的是出于管的层面，而现在则是改变原有的管理思维方式，更多的是采用"正面强化"的思维方式。正是在这种思维理念的引导下，教师们的内驱力被激发了出来。老师们工作起来信心十足，干劲十足，也经常赞美别人、欣赏别人，不由自主地取人之长，补己之短。同时我们也发现，学校的这种思维方式已经被老师们不知不觉地运用到自己的教育教学中，开始用"正面强化"的方式鼓励、引导学困生和调皮生了。现在，老师们的抱怨少了，笑脸多了。

在现在的大教育背景下，老师们工作日趋繁重，这是我们很难改变的。我们不能改变大环境，但我们可以改变思维方式，可以改变管理模式。科学的、高效的管理模式会改变老师们的心态，提升老师们的工作效能。如果老师们的心态阳光了，工作效能提高了，老师们就不会沦为工作的机器，就能富余出时间来品味生活，享受生活，从而幸福工作、幸福生活，体验作为一名教师的职业幸福感。

（本文刊发于《海淀教育》2015 年第 4 期）

编者感悟

在海淀区名校如林的中小学教育天地中，林大附小原本是一所鲜为人关注的学校。附小位于林业大学幽静的校园内，500 余名师生在那一方小巧精致的校园，快乐地学习、生活。他们尽量排除外界的喧嚣和干扰，专心致志办学，演绎着自己的故事，缔造着自己的幸福，创生了一种"世外桃源"般的教育生活。

在 50 余年的办学历程中，林大附小依托北京林业大学，培养了一代又一代的大学子弟，可以说是"躲进小楼成一统"，从来就"与世无争"。直到 2007 年，林大附小参加了海淀区小学五年级教学质量监测，学生学业成绩名列榜首，此后连续几年，监测结果都是名列前茅，在"业内"引起了"小小的震动"。学校培养的毕业生不仅学业成绩好，各方面素质也很突出，每年的毕业生大部分都被示范高中校录取。至此，这所普通的小学才引起了人们的广泛关注。"创办一流的学校，争当一流的教师，培养一流的学生"，是林大附小多年来孜孜以求的办学目标，可以说，他们做到了，而且做得很沉静，很优雅，很幸福。

那么，林大附小发展的"密码"与"核心武器"是什么呢？那就是对教师的管理之道。正像高慧贤校长在文章中写到的，她在多年的办学管理中逐渐领悟到管理的真谛，那就是转变思维方式，激发教师工作的内驱力，这是对"以人为本"的最好注脚。可以说，"以人为本"的管理原则尽人皆知，但"知易行难"，管理效果能得到教职员工广泛认同的并不多见。如何切实激发教师工作的内驱力，这不仅取决于领导者对"以人为本"管理信条的笃信不疑和躬亲实践，还需要管理者心地纯净，对教师充满真诚和信任，这才是转变思维方式、产生行动效果背后的深意和源泉。

高校长的教师管理策略不是从"高大上"的教师专业发展规划制订开始，而是从书写教师日常教育生活的切身体验开始。教师职业本是一份受人尊敬的职业，每一位最初入职的教师，大部分都是以这样的认识进入教师队伍的，并且怀着各自的憧憬，想踏踏实实干一番事业。但现行的管理方式和随之而来的工作压力，往往使一大部分教师产生了职业倦怠。由于教师工作成效的滞后性和工作的复杂性，使得这一职业更容易令人产生倦怠感。如何克服和弥补这一职业中"天然"的缺失和不足？那就是以组织文化建设创设一种教师共同体的生活，让教师在其中有归属感，有成就感，有价值感，有幸福感。高校长率先垂范，引领教师们从写教育随笔入手，让教师在日复一日的重复劳动中，体验到生命的价值，感受到成长的喜悦；促进教师由被动思考向主动思考转变，将教师专业发展的外部压力和牵引力，转化为教师追求自我实现的内驱力和生长力。

林大附小促进教师专业发展策略的高明之处，还在于他们十年如一日的坚持。高校长放下对功利目标的追求，与老师一起写随笔，鼓励老师"宁写一句实话，不写十句空话""有话则长，无话则短"，将写作的自主权交给老师。更为难得的是，以校长为首，对于教师上交的每一篇随笔都阅读并进行批注、反馈，还印制成册下发到每位教师手中，供教师们互相学习、分享、带动与启示。由此看出，林大附小的校长和教师，完全把自己对工作的所思所想融入自己的教育生活。一个单位、一个部门的组织文化，受领导者的影响最大。高校长善于思考，以出众的亲和力与管理智慧，为小小校园营造了浓厚的民主与关爱的氛围，教师干部彼此的分享、坦诚的交流，让他们在教育教学工作中没有恐惧，没有焦虑，而能够把焦点都聚集到关注学生发展上。

令人印象深刻的是，高校长避免让老师沦为工作的机器，想提升老师们的工作效能，费尽思量，为每位教师制作年终考核奖状，别出心裁地对教师进行"正面强化"。这样，校长通过思维方式的传递，使教师不知不觉地将"正面强化"运用到自己的工作中，减少抱怨，传递期待，鼓励、引导学生"做最好的自己"。

林大附小校园物理空间虽小，但情感空间很大，校长、教师一起勤勉工作，分享得失，品味幸福，一起创造美好的教育生活。

（北京市海淀区教育科学研究院　　宋世云）

构建"和乐"育人环境　促进师生"和乐"发展

北京市海淀区和平小学　　丁　刚

"一水护园将绿绕，两山排闼送青来。"依傍着青山绿水，坐落着我们美丽的校园——海淀区和平小学。

和平小学创建于 1955 年，隶属中航工业 621 所，是军工企业的子弟小学，从小教育孩子要牢记使命，因此取名"和平小学"，并精心设计了学校的校徽——橄榄枝环绕下的和平鸽。历任学校领导和广大教师，团结奋进，在继承中求发展，培养出一批批优秀的毕业生，得到地区居民的广泛认可。1996 年，学校更名为温泉中心小学。随着教育改革，为促进教育均衡发展，为继承和平小学传统，弘扬学校文化，调动区域内各种资源参与学校建设，实现学校内涵式发展，2015 年 9 月 1 日学校恢复原校名——北京市海淀区和平小学。

一、以"和乐自然，君子不器"作为价值追求

2010 年，学校把"和乐自然，君子不器"确定为学校的校训，突出一个"和"字，取和谐、和平、和气、和睦、和乐、和美之意，以此教育师生无论是与自然、与社会、与他人，还是与自己，都能保持一种和谐的心境，快乐生活工作学习，努力做谦谦君子型的、有理想、有抱负、有作为的创新型人才。

"和乐"发展，是师生共同的价值追求。我们把学校大门的右侧主体建筑构建成了一支钢笔尖的抽象造型。"钢笔尖"直插云霄显得格外雄伟壮观，中间的圆形设计是我校的校徽就像钢笔的笔芯，下部设计成了彩虹的样式，象征着这里是探索科学的摇篮。刚入学的孩子好比一张白纸，渴望通过学校这片沃土获得知识和技能，用手中的画笔谱写着自己"和乐"的七彩人生。

走进大门是个圆形的屏风，采用圆形的构造，源于"君子周而不始，小人比而不周"的传统文化，以此折射出君子的含义和君子的气度。圆形屏风中，用象形的艺术篆书书写着"和乐"二字，寄托了学校对师生们的

殷殷期望。

我校是科技教育示范校，又毗邻航空航材研究院和国家计量所，因此科技教育是我校的办学特色。为了突出我校的人才观，我们在屏风旁制作了一组雕塑：小男孩席地而坐手捧电脑，女孩仰望星空，手指蓝天，"郭守敬"若有所思，三个人物形成一种穿越感，充满童趣。"郭守敬"身后错落摆放的书籍，告诉师生"读万卷书、行万里路"的道理。

二、以"绿色"为底色，创设"和乐"环境

2009 年，我们明确了绿色办学理念，"绿色"已经成为学校教育、管理的底色。绿色是生命的颜色，是和谐的颜色，是发展的颜色。绿色代表健康；绿色寓意爱心；绿色代表可持续发展；绿色代表着和平。绿色教育，播下的是快乐、健康、和谐、希望。

学校紧扣绿色发展理念，利用三面环山的区位特点，以"白、绿、蓝"作为学校建设布置的"三原色"，化山景为校景，使其干净、宁静、安静，彰显和谐之美。这样既能节约绿化成本，又解决了校园小无绿化用地的难题。

为实现化山为景，南文化墙设计为立体镂空栏架，上书"和乐自然，君子不器"。围墙前建有两段回廊，围墙上设计了扇形、菱形、半月形等多样的造型，仿佛一扇扇小窗。在各种造型上采用碎切等艺术表现手法，上书论语经典名句，三字经、百家姓、千字文和文房四宝，既体现了历史传承，又对校训做了进一步的诠释。廊架下陈设着古朴的小座椅，供师生休憩。墙壁上还做了垂直绿化，廊架上面挂满了师生亲手培植的花草。白色围墙、绿色镂空廊架、回廊、垂直的绿化以及墙上"文化小窗"，组成了一幅幅画卷，增强了学校深度和通透感，与学校周围山色浑然一体，表现出自然和谐之美。

三、"和乐"发展，构建书香校园

一个崇尚读书的校园是一个健康而充满生机的校园。"最是书香能致远"，努力创建"书香校园"是我们追求的目标。让阅读成为教师专业成长的生命节律，让阅读成为学生心灵栖息的后花园，让阅读成为师生生活方式，传承文化精髓。在每层教学楼我们设置了造型各异的小书架，小小书架摆放着学生喜闻乐见的图书，休息时可以信手拈来，读书已经成

为孩子们的一种乐趣、一种习惯。

2013 年，我校建设了学校阅览室、专业教室和心理辅导室。沿用"百年树人"的建设思路，引导学生"以好书结友，以好书交友，以好书会友"。专业教室突出学科特色和实用性，既是师生教学相长的活动基地，又是师生积累收获的展示橱窗。

四、"和乐"发展，构建和谐身心

走进干净、整洁、明亮的楼道，精神为之一振。明亮的门厅左手边百年树人、绿色生活造型，清新自然；右手边墙面采用了象征航材院研究的各种材料的多彩金属板装饰，庄重肃穆。墙上镶嵌一株成长树，启示学生"天生我材必有用"。

为了引导师生低碳生活，东文化墙采用的是篆书设计的运动项目，形象地表达出生命在于运动，时刻提醒着师生坚持运动强健体魄。

"和乐"教育，要求我们关注孩子们的心理健康，心理辅导是我校特色之一。2013 年，学校翻新了心理辅导室，虽然空间不大，却温馨、舒适。墙壁上挂着天真的儿童画，小桌上摆放着美丽的鲜花。坐在沙发上，心情会不由自主地安静下来。2014 年，学校又新建了"资源教室"，为开展心理辅导、特教工作，提供了必要的场所，学校还被评为资源教室建设示范学校。

和乐发展，安全是前提。2015 年，学校新建了楼后回廊，雨天避雨，平时防坠物。回廊内布置了"四季文化"知识窗，墙壁上设置了学生作品展示窗，地上绘制了"跳房子"，置身其中，孩子们不仅能收获知识，而且愉悦了身心。

五、"和乐"发展，构建快乐的校园生活

结合学校所处环境，我校整合课程资源，创设有趣、好玩的校园生活。每年定期召开"红叶节"和"玉兰节"。开辟了"红叶、玉兰展室"，定期召开枫叶文化和玉兰文化展览。动手采集，制作标本；搜集材料，制作绘本；动口吟唱，动笔书写。人人参与，课内外结合，极大丰富了学生在校生活。利用学校的一切设施设备，展示师生活动过程、成果。置身校园，一眼望去，高大玉兰树耸立在楼前，紫藤长廊下，鸟语花香。门厅里，橱窗中，墙壁上，展示着制作精美、形式多样的师生作业、作

品，令人赏心悦目。

根据小学生天生有爱心，善于观察植物，喜欢小动物的特点，我们在分校建设了小小种植园、养殖园。大青菜、大萝卜、小白菜、小辣椒等，伸出篱笆外的，爬在架子上的，长在园子里的，应有尽有。养殖场中，学生们饲养着各种小动物，什么珍珠鸡、孔雀等种类繁多，学生们通过动手劳动，体会着劳动的艰辛，通过观察、体验生命的历程，学会了珍惜生命。

六、"和乐"发展，构建和乐的评价机制

学校自 2014 年年初，进行了"和乐卡"评价改革。全体教师充分利用手中的"和乐卡"从学习习惯、学习态度、学习效果、知行合一全面评价学生，学生通过积累"和乐卡"晋级争卡，累积进步。学校研发了七种颜色"和乐卡"，与学校大门设计相呼应，创造孩子们的七彩人生。完善了奖励方法，我们建立了班级、学校"和乐"榜，物质和精神奖励并举。在此基础上，2015 年 2 月，我们经过对学生、家长的调研，了解学生在家中表现的优势和不足，开发设计了家庭版"和乐卡"，把学校评价延伸到家庭和社区评价。学校版和家庭版的"和乐评价"，得到了家长们的高度认可，同时加速了孩子们各种好习惯的养成，成为了同学们进步和成长的助推器。

我们坚信，践行"和乐"的教育梦，永远在路上，在"和乐"的育人目标引导下，我们一定能还孩子一个快乐、有趣的童年，让全校师生在学校的乐园里更加健康、快乐地学习和生活。

（本文刊发于《海淀教育》2015 年第 6 期）

专家评述

和平小学倡导的"和乐自然，君子不器"的价值追求，教育师生无论是与自然、与社会、与他人，还是与自己，都能保持一种和谐的心境，做有理想、有抱负、有作为的创新型人才。他们提出了绿色办学理念，"绿色"已经成为学校教育、管理的底色。正像丁刚校长所言，绿色代表可持续发展，绿色代表着希望。绿色教育，播下的是快乐、健康、和谐、希望的种子。

绿色教育的核心，是教育的尊重。首先是尊重生命。对每一个孩子、每一个生命个体的尊重。从学校的物理环境来说，体现对孩子的安全健康保护；从心理方面来说，孩子在这个地方需要有一个安全的心理环境，因此，学校建有心理辅导室，在心理健康教育方面下了不少功夫。学校

管理上还体现民主参与，学校举行一些活动都有社区人员的参与。其次是尊重规律、尊重教育规律、尊重学生成长规律。最后就是尊重发展的多样性。孩子在不同的年龄段，身心发展有不同的规律，尤其在小学阶段，给他提供什么样的课程，提供什么样的教育经验，让他们在学校里面得到什么样的有价值的成长，如何实现因材施教，和平小学的和乐卡就是一个非常好的抓手，能够把每一个孩子的个性特点体现出来，使不同孩子都能得到发展的机会。

绿色教育对人的培养，有几个关键词，有人文、有生命、有科技、有个性，绿色教育能够很好地把我们人类的两种需要——科技的需要和人文的需要结合起来。和平小学倡导绿色教育，有一个非常大的优势，就是地处的社区环境。中航下面的两个研究所，一个是研究材料的；一个是测量的。学校跟这两个院所开展了一系列教育活动，体现了学校在科技与人文教育的结合方面做出的探索。

第二个方面就是体现任务取向和关系取向的结合。任务取向就是学校要完成的各种目标。此外，还有一个管理者需要关注的，也是容易被忽视的，就是关系取向。在一个团体里面，人与人之间的关系如何，有时是决定工作成败的重要因素，和平小学倡导的和乐自然，对促进学校教育目标的达成，以及构建人与人之间的关系，如师生关系、干群关系、学校和社区间的关系、家校之间的关系方面，发挥了积极的引导作用。

一个学校的学生培养目标，不能脱离开这个学校的历史，几十年的办学历史积累下来的传统是什么，绿色教育也好，生命教育也好，不是凭空出来的，要基于历史文化的营养，同时也要考虑现实情况。在温泉地区，我们所处的是一个什么样的社会环境？我们的这些学生，大部分是什么样的家庭背景？他们的未来发展走向是什么？应该进一步去思考。和平小学的学生，当他们完成小学学业，走出校门的时候，我们希望他具有哪些和别的小学的学生不同的特征和气质？这就关系到学生的核心素养问题。在绿色教育这个范畴上，和平小学的学生培养目标落实在了关注生态和人的可持续发展上面。

所谓生态，不仅仅是环境教育这么简单，人和自己，人和他人，人和自然之间的关系，这些都凝聚在学校的校训里面。"和乐自然，君子不器"，这是对学校办学追求最好的诠释。

（北京师范大学　　余　凯）

生生进　时时修

北京市海淀区教师进修学校附属实验小学　　王亚苹 *

北京市海淀区教师进修学校附属实验小学成立于 2014 年 8 月，由西山小学、巨山小学和陶行知小学合并而成，目前一校三址，共有 63 个教学班，学生 2000 余人，教职工 162 人。办什么样的学校？培养什么样的人？基于学校的历史文化基因，我们认为应以文化育人理念来引领学校发展。

一、内化于心，挖掘和培育独有的"进修文化"

"进修文化"的诞生经历了走访调查、顶层设计、研究探讨、总结提升四个阶段。首先，学校通过问卷调查、访谈和集体研讨的方式了解教师、学生、家长和周边企业眼中好学校的概念。其次，基于文化建设的内生性原则，将校名资源、历史渊源及深入人心的观念充分融合；依据系统性原则，兼顾到师、生、家长等多种不同人群的要求；依据差异性原则，发现"进修"文化具有独创性。最后，学校组织多次全员性的文化研讨，不断丰富"进修文化"的内涵，最终通过总结提升，形成了进修附小独一无二的"进修文化"。

基于"进修文化"，我们提出了独有的办学理念："生生进，时时修"。"生生进"中的"生"是先生、学生，再一层意思是生命，而生生连用，具有"生生不息"和"教学相长"之意。"进"指的是进步。"生生进"，意为每一个人都会不断地获得进步。"时时修"中的"时"指的是时间、时空。"修"指的是学习修炼，"时时修"寓意为成长和进步没有时间限制，每时每刻，随时随地。

"生生进，时时修"，我们修什么呢？我们在经典文化中寻找答案。《礼记·大学》："古之欲明明德于天下者，先治其国；欲治其国者，先齐其家；欲齐其家者，先修其身；欲修其身者，先正其心……"我们在党的教育方针中寻找答案，国家提出了培养德智体全面发展合格人才的教育方针。

---

* 2016 年 4 月，王亚苹调任北京市海淀区海淀青少年活动中心主任。

综上，我们提出了"进修文化"的三个内容维度，即"修身，修心，修识"。

在此基础上，我们进一步明确了办学方向和育人目标：创办"有色彩、有生命、有故事的成长乐园"，培养"敢于担当、善于合作、乐于学习、具有民族魂和国际视野的中国公民"。

我们的校训是"今天我进步了吗？"它用一种轻松的、俏皮的口吻提醒孩子反思自己有没有"生生进"，从而激发他们"时时修"的动力。音乐组老师和专家一起创作了校歌《今天我进步了吗？》，欢快的曲调，熟悉的歌词，让"进修文化"入脑入心。

二、创设环境文化，让校园一草一木都体现"进修"精神

如果"进修文化"是一粒种子，想要生根发芽，就要找到适合的土壤。而这片"土壤"就是学生的生命体验和发展需要，即尊重学生和发展学生这两大原则。在孩子眼中：校园是彩色的，师生是充满活力的，校园中处处是有故事的。归纳为三个元素就是有色彩，有生命，有故事。

1. 建设一所有色彩的学校

校园中的每一处景色、每一种色彩，都成为一种文化的表达。结合进修文化的内核，我们文化建设团队进行了校园色彩设计：将四季色引入校园，与"生生进，时时修"这一理念结合，寓意春夏秋冬，时时刻刻都有学生们修心修身修识的身影。比如，低年级孩子更喜欢亮丽又活泼的颜色，校内一、二层教室采用绿色和粉色，象征生机勃勃、繁花似锦的春天和夏天。

2. 建设一所有生命的学校

"修"是一种方式，更是一段过程。因此，我们强调孩子们在"修身，修心，修识"的过程中，获得生命体验和感悟。在进修附小，班班有绿植，处处有花草。一年四季，感受生命流转。校园不仅是表现生命力的地方，也是赋予生命力的地方，嘉园校区有许多冷冰冰的管道，我们把它们装扮成一棵棵椰子树和香蕉树，赋予其生命力，这几棵"大树"让校园几个角落顿时鲜活、温暖起来。

学校的地下一层是创意生活体验中心，一个体验生命活动的地方。它的设计重在体验，无论在五味轩感受酸甜苦辣，还是在一粟堂亲自下厨，学生都能感受到生命力的流转，一粒种子变成一粒米，而后又变成食物，再滋养我们的生命，我们再去种下一粒种子。这正是生命教育所

重视的"让学习过程就是一种享受生命的过程"。

3. 建设一所有故事的校园

"生生进，时时修"的理念，不仅修出生命的深度，更修出学识的宽度。为了让学生乐于学习，善于学习，学校做了学习兴趣调查，发现低龄段学生对自然、科技、艺术主题最感兴趣，而高年级更偏爱人文类主题。于是"八大文化、一大书院"出现在进修附小的走廊上，包括一、二层的"足球小明星""探索自然世界""科技大发现""民族大团结"，以及三、四层的"民间艺术汇""老北京胡同""文学梦""地球村"。这八个主题都是图文并茂，以孩子喜爱的文学形式——故事——表现出来的。

进修附小致力于培育具有民族魂和国际视野的合格公民。在环境创设中，以中华传统文化为地，国际理念为天，脚踏实地，仰望星空，发展进修附小中西合璧特色。因此，一方面，在走廊文化的设计中利用"民间艺术荟""民族大团结""老北京胡同"三大主题文化从不同侧面讲述了祖国传统文化的精粹，并利用"地球村"介绍各国文化的精彩纷呈。另一方面，我们把专业教室分为中式和西式，教师根据课堂需要，选择不同风格的学科教室。学生得以在丰富的感官体验中，学习中西方知识，培养民族意识和国际观念。

进修附小里的故事之家在古朴典雅的进德书院，还在每层随处可见的美观实用的小书架前。进修附小致力于书香校园的打造，师生在共同阅读中"修身，修心，修识"，校园环境文化对学生的教育发挥着潜移默化的作用。

三、彰显行为文化，让师生的一言一行都透出"进修"精神

故事可以育人，人可以创造故事。故事不仅仅在走廊上，在书本里，更在师生之间、同学之间。

利用好已经基本成型的校园环境文化制订恰当活动方案，是当前德育工作的一个突破口。校园环境文化与行为文化应相辅相成，共同落实精神文化。我校德育工作团队做了很多尝试。比如，为了进一步加强师生对中华传统文化的认识，一方面结合"民族大团结"主题，开展民族文化月活动。孩子们设计制作民族服装，跳民族舞蹈，读少数民族的故事等，走进多民族文化的精彩世界；另一方面整合"民间艺术荟"主题和传统文化进校园课程，引导学生通过剪纸、扎染等多种多样的传统民间艺

术表现形式，感受祖国传统文化的博大精深，增强了民族自豪感，自信心。

为开拓学生国际视野，除了组织友好学校互访，学校借"地球村"文化主题，面向全体学生开展利一系列"走进地球村"活动。活动期间每个班级都认领了美国的一个州，全班一起查找这个州的相关信息，制作海报，最后以任务卡方式让孩子们去了解美国的每一个州。全校学生借此活动如同在美国各州游览一遍，不出校门达到了开拓"国际视野"的目的。这些行为文化活动点燃了孩子们的学习动机和学习热情，这也恰恰达到了"生生进，时时修"的目的。

进修附小在"生生进，时时修"的进修文化的引领下，坚持环境育人、活动育人，在浓郁的校园文化氛围中，实现了"苟日新，日日新，又日新"的先贤理念，为师生创设了自由成长、不断前行的广阔舞台。

（本文刊发于《海淀教育》2015 年第 6 期）

⊙ 记者观察

2014 年 8 月，原北京市海淀区巨山小学、西山小学和陶行知小学并为一校，更名为北京市海淀区教师进修学校附属实验小学。从此，在首都北京美丽的西山脚下，又多了一所孩子们非常向往的成长乐园。作为一所新兴学校，如何站在新的起点，以更优质的教育质量让孩子们能够幸福、自信地成长，是王亚苹校长和进修附小人面临的重要课题。

新定位：创办"有生命，有色彩，有故事"的成长乐园

"有生命"，是进修附小这所成长乐园追求的标识。尊重生命，让每一个孩子都可以享受到平等的阳光照耀；呵护生命，是师者仁心最基本的释义；敬畏生命，是从一颗种子到参天大树的陪伴和期待。而一所学校的生命，更在于其特有的精神和文化。海淀进修附小用一年时间，将"生生进，时时修"塑造成为新的名片，作为独具特色的文化烙印，以优质定位和文化立校展示着全新的自己。

大厅中悬挂的校徽——由蓝、绿、黄三色彩带组成的人的形象更为栩栩如生，似乎让我们看到了小朋友欢呼跳跃、自由奔跑的身影。王亚苹校长希望积极向上的变化发生在每时每刻、随时随地，并在改变中进行创意创造和创新。进德修业，温故知新。在一楼大厅里，"生生进，时时修"六个大字明亮耀眼，时时提醒着师生：互为人师，共同进步，时刻保持学习、上进的状态。而在大厅左边，"合知行，悦身心，共成长"作为学校校风悬挂在墙上，同样显得庄重而不失活泼。一所学校一旦形成自己特有的精神和文化，其中的每一个人的生命成长都会得到她的滋养。

新梦想：以课程建设和教学改革促进师生发展

王亚苹校长带领的教师团队经过研究，紧紧抓住第二轮课改的契机，以课程与教学的改革为突破口，打造系列特色课程，创新教与学方式，描绘进修附小在 21 世纪的新梦想。

王校长深知课程要适应学生，而非学生适应课程。在全面分析了学校生源变化、学校转型和社区需求的基础上，经过不断修整，最终形成了"基础课程、拓展课程、创新课程"的课程结构体系，其中基础课程即为国家课程，而拓展课程是在基础课程之上的深度拓展，以活动性和操作性为主要特点，涵盖了快乐阅读、智慧数学、外教英语、小乐手、舞蹈、戏剧、跆拳道、足球、花样跳绳、科学实验、创意纸工、德育等琳琅满目的校本课程。而"学校社区协同构建特色课程体系"是进修附小依托学校周边的教育资源，与社区协同构建的校本课程，让学生利用各类社会实践基地进行各类探究活动，着重显现课程的体验性、探究性，启迪学生在反思和探索中形成创新思维。

王亚苹校长深知贯彻"先学后教，以学定教，自主学习"的教学思想的重要性。她带领团队，从"提升学生思考力"入手，开始了对于学习方式与教学方式的变革。进修附小引进了思维图的教学，思维图迅速成为进修附小教学改革的强有力工具。

新追求：培养具有民族魂、中国心、国际视野的创新人才

进修附小将他们的培养目标描述为"乐进步，善合作，会创造"。如果说"乐进步"是对生命个体的赏识与包容，那么"善合作"则是对生命群体力量的赞赏，而"会创造"，是对生命价值的美好的充分尊重。

进德修业，立德树人，已经融入进修附小多彩的德育活动之中。通过营造多彩的育人环境、研发校本德育课程、开展主题教育活动、实施学科德育和多元评价体系，让学生在多彩的德育中实现自主发展。除了国旗下的荣誉，丰富多彩的社团活动也在帮助孩子们体验成长的快乐和生命的色彩缤纷。进修附小为孩子们开展了跆拳道、围棋、民乐、话剧、儿童集体舞、经典诵读、书法、航模、编织等多种社团。孩子们在管乐、舞蹈、戏剧等社团中进入了高雅、美妙的艺术殿堂。进修附小探索国际化的发展之路，学校与美国、德国等中小学结为友好校，并进行深度交流，他们在国际化教育的舞台上演绎出自己的精彩，而这份精彩，是属于进修附小的具有鲜明核心育人价值观的中国文化。

进修附小用丰硕的改革成果办出了让人民满意的教育。像是微风温柔地穿过林梢，也仿佛是细雨低声呢喃，蓦然回首，其实生命的花朵早已绽放，她开在进修附小师生的笑脸上，开在八大处和香山的沃土上，开在未来学校优质发展的新征程的路上。

（人民日报人民论坛　　刘智文）

后 记

作为全国著名的文化教育区，教育是海淀的一张金色名片。在海淀这篇教育沃土上，生长出一大批植根于海淀教育文化、体现海淀教育精神的名校长，他们是一笔宝贵的精神财富。众所周知，校长是一个专业性很强的职位，领导一所学校，校长不仅要会想、会干，还要会说、会写，这样才能使自己的教育思想和智慧发挥更大的价值。

近年来，《海淀教育》杂志加大了对校长教育思想和办学经验的宣传报道，让校长们的教育思想不只限于本校共享，而且能在海淀区域内外传扬远播。作为海淀区教委的机关刊物，自 2007 年开始，《海淀教育》以"封面人物""校长思考"等栏目，报道了众多校长的教育理念和办学实践，至今已有 9 年。同时，《海淀教育》也从学校教育教学管理、学校课程改革、学校文化建设等多个层面，为校长专业发展提供了广阔的平台。9 年来，《海淀教育》先后刊登了近 200 篇校长的文章。这些文章对于研究校长专业发展、校长成长规律、校长人格特质等，都提供了宝贵的第一手材料。本书所收录的 44 篇文章，是从 2007—2015 年的《海淀教育》杂志中精选出来集结而成的。

本书收录了 44 位校长的文章，选文依据是截至 2016 年仍然在职在任的校长。每一位校长的文章之后，都附了一篇短小精悍的评析文字，这些文字有的是教科研人员的"编者感悟"，有的是教育专家在相关会议上的"专家评述"，有的是出自记者手笔的"记者观察"，有的是来自学校的"同事评说"。通过这 44 位校长的书写和 44 篇评析文字，能够较为全面地呈现海淀一大批学校的特色发展之路，诠释海淀一大批名校长的办学理念和实践智慧。

《海淀教育》通过关注中小学管理变革，关注校长成长之路，书写今天的教育画卷，记录昨日的教育历史，传承海淀教育文脉，弘扬海淀教育文化。让我们通过本书，回望校长办学所走过的实践路，领略海淀教育人采撷的风景，为海淀教育新跨越加油喝彩。这种温故知新，激励着每一位海淀教育人奋发有为，锐意进取，朝着我们的教育理想，矢志不渝，并肩前行。